康震讲

苏东坡

康震 著

中华书局

图书在版编目(CIP)数据

康震讲苏东坡/康震著. —北京:中华书局,2018.1
(2020.12 重印)
ISBN 978-7-101-12969-4

Ⅰ.康… Ⅱ.康… Ⅲ.苏东坡(1036~1101)-人物研究
Ⅳ.K825.6

中国版本图书馆 CIP 数据核字(2017)第 300613 号

书　　名	康震讲苏东坡
著　　者	康　震
责任编辑	陈　虎
出版发行	中华书局 (北京市丰台区太平桥西里 38 号　100073) http://www.zhbc.com.cn E-mail:zhbc@zhbc.com.cn
印　　刷	北京瑞古冠中印刷厂
版　　次	2018 年 1 月北京第 1 版 2020 年 12 月北京第 9 次印刷
规　　格	开本/710×1000 毫米　1/16 印张 17　插页 10　字数 200 千字
印　　数	78001-98000 册
国际书号	ISBN 978-7-101-12969-4
定　　价	46.00 元

目录

序

《中国诗词大会》火了！

一时间，人人争说诗词好，诗词魅力不得了。我很荣幸，参与了《诗词大会》的策划与现场点评，切身感受到亿万观众重温中华诗词的巨大热情。这热情，点燃了每个人内心的诗词世界，也点燃了弘扬中华优秀传统文化的燎原之火。

中华诗词是中华文化最优美的篇章，中华诗人是中华民族最深情的歌者。我认为，无论新兴传媒多么发达，要真正深入了解诗人、理解诗词，根本之道还是要下笨功夫读书。只有一行行、一页页地认真读，反复看，才能记得准、记得牢、记得久，才能将那些优美深情的诗词刻在心里、融入血脉、化为基因。

阅读的过程，也是体验的过程，更是与诗人们面对面举杯小酌、谈心交心的过程：李白是一阵清风，只要他愿意，便可飞越重重关山，飞向他想去的任何方向；杜甫是一条长河，蜿蜒曲折，波澜壮阔，承载着不尽的忧思和希望；韩愈是一柄宝剑，利刃出鞘，无所畏惧，锋芒所及，披靡所向；柳宗元是一叶孤舟，在浪涛汹涌中起落沉浮，但从不曾放弃自己的执着与立场；欧阳修是一座大山，山间林泉磊落，万木竞秀，生机勃发，郁郁苍苍；苏洵是一株老树，根深叶茂，繁密成荫，在他的近旁，新松茁壮，材堪栋梁；曾巩是一方青砚，纯正坚实，温润如玉，尺寸虽小，墨韵悠长；王安石是一团烈火，敢于烧毁一切落后陈腐，意志坚定，勇于担当；苏辙是一座火山，表面沉静，内心炽热。为人谦和敦厚，为政刚柔并济，处置有方；李清照宛如一枝腊梅，芳香宜人，端庄淡雅，看似柔弱如花，实则骨气刚强；至于苏轼，很难用一句话来形容，他是“秉性难改的乐天派，是悲天悯人的道德家，是黎民百姓的好朋友，是散文作家，是新派的画家，是伟大的书法家，是酿酒的实验者，是工程师，是假道学的反对者，是瑜珈术的修炼者，是佛教徒，是士大夫，是皇帝的秘书，是饮酒成癖者，是心肠慈悲的法官，是政治上的坚持己见者，是月下的漫步者，是诗人，是生性诙谐爱开玩笑的人”（林语堂《苏东坡传》）。

我常常想，如果我的身边有这样一群诗人、朋友，我会成为一个怎样的人？我会拥有怎样的人生？

古诗云：年年岁岁花相似，岁岁年年人不同。《中国诗词大会》，像传承中国诗词文化的锦绣繁花，年年都在春节这个中国人最幸福、最重要的时刻，在全家人、全村人、全县人、全国人的面前美丽绽放。我相信，每个中国人，都会由衷点赞《诗词大会》。因为我们都是中国诗词的忠实粉丝，不论我们身在何方、身处何时，只要心头浮现那些经典诗句，我们就会露出会心的微笑，即便远隔千山万水，也能从诗词中感受到浓浓的亲情、友情与爱情，也会分享到深深的惬意、美意与诗意。中华诗词，就这样陪伴着我们，成就了每个人的生长、生活与生命。

衷心感谢每一位翻开这本书的读者。这 10 册小书，是我研读诗人、诗词、文章的一点心得，不揣浅陋拿出来与大家分享，希望大家喜欢。书中错谬、不足之处难免，也请多提宝贵意见。感谢您分享我的文字和感受。我们可能并不相识，但从这一刻起，我们开始相遇相识，因为我们拥有共同的理想与朋友：中华诗词。

康震

2017 年 7 月 1 日

序《康震讲苏东坡》[①]

（一）

古人吾尚友，三不朽中卜。
持以论两宋，东坡尤所服。
为文不择地，涌似泉万斛。
一日泻千里，平地滔滔汩。
与山石曲折，赋形每随物。
行于所当行，止于不可不。
辞章余事耳，襟怀人难蓄。
上欲狎玉皇，下陪乞儿属。
不合入时宜，用填便便腹。
无怪黄惠儋，半生困贬逐。
诗穷而后工，福祸相倚伏。
赤壁有词赋，脍炙千秋读。

（二）

央视开讲坛，百家论学术。
吾门子康子，颇有追星族。

① 本书初版书名为《康震评说苏东坡》。

谪仙说方罢，坡仙推又出。
唐宋两文豪，占籍巧皆蜀。
长江初发源，葡萄醅涨渌。
万里下南东，一气卷飞瀑。
恰似君辩才，悬河无断续。
嗟彼制片人，允称龙眼独。
书局贵中华，青睐催刊木。
索序不能辞，襞笺遥相祝。
学问上上乘，浅出而深入。
所以南宗禅，慧能能兴佛。

自注：予友台湾大学某教授伉俪，妇曰其许嫁之初，一日，婿谓曰："台大诸师皆赞汝。"妇曰："谓何？"婿曰："赞汝为独眼龙。"妇诧曰："安得有是语？"婿笑曰："诸师皆赞汝独具只眼。非独眼龙耶？"予爱其言诙谐，故用之。又，主管此书出版事宜者、中华书局副总编辑顾青先生，亦予友，"青睐"盖双关云。

丁亥仲秋南京钟振振撰并书

第一章 少年成名

一个人的成功是多方面因素综合作用的结果，既需要个人的努力，也需要良好的教育，有时还需要一点点运气。对于苏轼，他的成功之路同样包括这些方面。

在中国文化史上，苏轼犹如一颗璀璨夺目的巨星横空出世，以他的天才、渊博，他的超逸、多情，为后人留下了一笔笔精神财富和一段段传奇佳话。

当我们登高望远，面对滔滔江水，会禁不住高声吟唱：“大江东去，浪淘尽、千古风流人物。”

当我们中秋佳节合家团聚，望着皎皎明月，会禁不住深情吟诵：“但愿人长久，千里共婵娟！”

当我们徜徉在庐山风光中，会禁不住感慨：“不识庐山真面目，只缘身在此山中！”

当我们沉醉流连西湖美景，会禁不住抒情：“欲把西湖比西子，淡妆浓抹总相宜。”

当我们遭遇人生的无常，会禁不住发出无奈的叹息：“世事一场大梦，人生几度秋凉。”

当我们面对生活的挫折，会禁不住宽慰失意的自己：“回首向来萧瑟处，归去。也无风雨也无晴。”

……

苏轼的诗、词成为我们滋养、丰富精神世界的重要源泉，成为我们提升寻常生活趣味的涓涓溪流。那么，这些流传千古的名篇佳句究竟是如何诞生的？其中蕴含着苏轼怎样的人生况味？

除了巨大的文学成就，苏轼在政治上也取得了很大的成功，他曾担任过翰林学士，负责为皇帝起草诏书，参与重大朝政的决策，地位很重要；还担任过兵部尚书、礼部尚书，大体上来说，相当于今天的国家部级干部，都是朝廷的要职。

我们不禁要问：苏轼是如何取得这么大的成绩的呢？

一个人的成功是多方面因素综合作用的结果，既需要个人的努力，也需要良好的教育，有时还需要一点点运气。对于苏轼，他的成功之路同样包括这些方面。我们还是从苏轼的出生讲起吧。

眉山奇秀　人杰地灵

传奇人物的出生总是伴随着一连串的传奇故事，苏轼也不例外。

传说宋仁宗景祐三年（1036）的一天，四川眉山市原本郁郁葱葱、百草丰茂的彭老山，不知为什么忽然花草凋零、树木枯萎；更奇怪的是，六十多年后，宋徽宗建中靖国元年（1101）的某一天，荒芜多年的彭老山忽然又重放光彩，恢复了蓬勃的生机。这到底是怎么回事？据当地人说，在彭老山草木忽然败落的景祐三年，苏轼在眉山诞生了，彭老山的钟灵毓秀就都集中到苏轼的身上，被他带走了；而建中靖国元年，苏轼在江苏常州去世，这些钟灵毓秀就又回到了彭老山，彭老山又重新焕发了生机（宋张端义《贵耳集》）。

这显然是一个美丽而多情的民间传说，但我们倒宁愿相信这是发生在苏轼身上的真实的故事。故事中的苏轼不像传说中的诗仙李白，乘着酒兴，化作一道月光永，久地离开了人间，充满了仙道之气；也不像传说中的杜甫，最终因食物中毒或溺水身亡结束了生命，结局沉重悲凉。

苏轼身上有让我们痴狂的神仙气，使我们对东坡无比的神往、向往，但更有让我们觉得亲切的人间气，使我们对东坡无比的贴近、亲近。这个传说是这么的富有情趣、灵动而超逸，却又如此的普通自然，似乎不过是身边的一件寻常之事。超逸却又亲近，空灵却又温情，执着却又洒脱，幻灭却又牵挂，这，也许正代表了苏轼在人们心目中的形象。

传说虽不可信，但苏轼的家乡四川确实是个人杰地灵的地方，孕育了如司马相如、陈子昂、李白等众多的大文人、大诗人。苏轼出生的眉山，地方虽然不大，但读书的风气却非常浓厚。苏轼和弟弟苏辙进京参加进士考试那一年，眉山县举荐参加进士考试的就有四十五人，考中进士的有十三人，中榜率近四分之一，这在古代科举时代可是很了不起的成绩。

苏轼的家庭是个典型的小康之家、耕读之家，家里有丰富的藏书。父亲苏洵一共有六个子女，三男三女。苏轼和苏辙的前面还有一个哥哥三个姐姐，但他们都不幸早逝，而恰恰就是苏家硕果仅存的这兄弟二人，日后竟然成为苏氏家族中最著名的人物。

这兄弟俩可不得了！他们都是大文学家，与父亲苏洵一起名列“唐宋八大家”之选，父子三人同在文坛上大放光彩，这在中国古代文学史上是不多见的。同时，苏轼、苏辙兄弟在政治上也拥有很高的地位，苏辙曾经担任门下侍郎，相当于副宰相，二品大员。

严父慈母　言传身教

为什么苏轼兄弟会在文化与政治领域都取得如此耀眼的成绩呢？关键在于家庭教育。

怎样的家庭教育才造就了这样两个优秀的儿子？这首先要归功于他们的父亲苏洵。苏洵虽然一辈子没做过什么大官，但他是北宋著名的散文家、学者。苏洵对他这两个儿子的要求非常严格，苏轼曾经在一首诗中记叙了小时候父亲监督自己读书的情景：

夜梦嬉戏童子如，父师检责惊走书。

计功当毕《春秋》余，今乃粗及桓庄初。
怛（dá）然悸寤心不舒，起坐有如挂钩鱼。

——（《夜梦》）

这首诗的意思是说：晚上梦见自己小时候贪玩儿的事，父亲对学习监督得很严格，按照学习计划，当天本来应该读完《春秋》这部史书，结果才读到桓公、庄公部分，不及全书的三分之一。心里担心父亲来检查家庭作业，所以感到提心吊胆总是不踏实，好像嘴里挂了鱼钩的小鱼一样焦虑不安。

这是一首很有趣的诗，写这首诗的时候，苏轼已经六十多岁了，被贬到遥远的海南岛，过着清苦艰辛的生活。在这种情况下，他还梦见儿时父亲督促自己读书的事情，可见童年记忆的深刻。

除了严格监督学业，苏洵对两个儿子的人生教育也很到位。他曾专门写了《名二子说》一文，从苏轼、苏辙两兄弟的名字说起，告诫他们做人的道理：

轮、辐、盖、轸，皆有职乎车，而轼独若无所为者。虽然，去轼则吾未见其为完车也。轼乎，吾惧汝之不外饰也。

天下之车，莫不由辙，而言车之功者，辙不与焉。虽然，车仆马毙而患亦不及辙。是辙者，善处乎祸福之间也。辙乎，吾知免矣。

文中的“辐”指车轮中连接轴心与轮圈的直木。“盖”指车盖。“轸（zhěn）”指车厢底后部的横木。“轼”指车厢前端供扶手的横木。“辙”指车轮碾过的痕迹，也指道路。这篇短文先是说：对一辆车来说，车轮、车辐、车盖、车轸都有各自实际的用途。只有车轼，好像没什么实际的用处。但是如果去掉车轼，也就不再是完整意义的车了。

苏洵是想告诫苏轼：我之所以给你取名为轼，就是提醒你，才华横溢必然导致锋芒毕露，锋芒毕露必然会招致嫉恨、暗算，希望你在今后要收敛锋芒，而应该像车轼一样，虽然身处车子的显要位置，却很善于掩饰、保护自己，这就是无用之用。

而对于苏辙，苏洵是想告诫他：行车必有车辙，而大家说起车子的功劳，不会想到车辙，如果有了翻车之祸、马毙之灾，罪责也算不到车辙的头上，车辙很妥当地处于祸福之间。我知道你将来一定能够避免祸患。

俗话说：知子莫如父。苏轼、苏辙兄弟日后的经历，真真切切地印证了苏洵老爸的这篇文章中的担心。苏轼一生之所以麻烦、风波不断，一个很重要的原因就在于个性真挚坦率，面对问题，面对矛盾，只要心中有不同的想法、观点，都恨不能一气全说出来。他的诗文创作更是口无遮拦，如鲠在喉，不吐不快，不善于掩饰自己，结果麻烦一个接着一个。但这似乎也正是他可爱的地方，也是我们大家喜欢他的地方。

苏辙与他的哥哥相比就要稳健得多，冷静得多，个性也比较平和深沉，含蓄不露，所以他一生虽然也历经风波，但终归以七十多岁的年寿平安度过晚年。不过在我们这些读者心里，苏辙似乎就少了许多快意恩仇、潇洒自在的魅力，就不像他的哥哥苏轼那么可爱了。

父亲的言传身教，一方面使苏轼兄弟接受了正规而良好的文学艺术教育，另一方面也赋予了他们不拘礼教、开拓进取的卓然之气。与此同时，来自母亲程氏的教育对苏轼兄弟的成长也至关重要。苏轼的母亲程夫人出身官宦之家，文化素养深厚，个性仁慈而果断。她对苏轼的人格教育，也很值得我们学习。

在《宋史·苏轼传》中记载了这样一件事：苏轼十来岁的时候，程夫人给他读《后汉书·范滂传》中的故事。范滂是东汉时代的著名政治家，他查办贪官污吏，铁面无私，结果遭到奸臣陷害，被判处极刑。上刑场前他与母亲诀别，说："母亲，我对不起您。今后只有靠弟弟尽孝心了，我就要跟随父亲在九泉之下，生者和死者，都各得其所。只求您舍弃难以割断的恩情，不要增加悲伤。"他母亲深明大义，对他说："你今天能够与忠义之臣齐名，死有何恨！既已享有美名，又要盼望长寿富贵，岂能双全？我支持你为了理想舍弃生命。"

这真是一个荡气回肠的故事！

我们想想看，苏轼听完这个故事会有怎样的反应？当时，十岁左右的苏轼站起身来，激动地说："母亲，倘若我也要做一个范滂这样的人，您同意吗？"

大家注意，他是在反问母亲："您同意吗？"那么，程夫人又会做出怎样的回答呢？

可能会有几种答案。第一种是：真是妈妈的好儿子，我同意！第二种是：儿子真乖，范滂是个好人，不过妈妈可不想让你去死！第三种：别瞎说，妈妈还指望你养老送终呢！

你不能简单地说这几种回答哪个对哪个错，让我们看看程夫人的回答。

程夫人很平静地说："你如果能做范滂，我难道不能做范滂的母亲吗？"

什么叫人格教育？什么叫道德教育？什么叫潜移默化？什么叫以身作则？为什么苏轼一辈子疾恶如仇、光明磊落、爱憎分明、百折不回？为什么有那么多人仰慕苏轼的人格魅力？良好的家庭教育，尤其是父母的人格教育对于孩子的成长实在是太重要了！

程夫人个性果敢坚毅而又仁慈善良。苏轼家里的庭院种满了各式各样的花草树木，显得生机勃勃，引得许多鸟雀都来这里栖息、筑巢。

苏轼和小伙伴们看到这么多小鸟来家里，当然高兴啦！可是程夫人却担心小孩子不懂事，会弄伤鸟雀，伤及幼雏，于是“下令”严禁小朋友捕鸟！如此一来，来这里安家筑巢的鸟儿自然越来越多，有些胆子大的鸟儿甚至把窝筑到了低矮的树枝上。苏轼兄弟和小伙伴们常常围在鸟窝边，逗弄可爱的小鸟，给它们喂食。苏轼曾在《异鹊》诗中深情回忆起童年这段有趣的场景：

昔我先君子，仁孝行于家。
家有五亩园，幺凤集桐花。
是时乌与鹊，巢鷇（kòu）可俯拏。
忆我与诸儿，饲食观群呀。

程夫人这种刚柔相济的个性，对苏轼一生有着非常大的影响。近千年来，人们之所以热爱、敬仰苏轼的人格，之所以喜欢诵读他的文学作品，不就是因为这些作品表现出了苏轼那宽厚、仁慈、博大的精神世界吗？苏轼这种思想个性的形式，与他的母亲程氏显然有着直接的关系。

勤于学习　巧于读书

除了父亲在学业方面的严格督促，母亲在道德方面的悉心引导，苏轼自己也以坚强的毅力与科学的方法进行学习。

第一是下笨功夫，打好扎实的基础。苏轼曾经将一百卷的《汉书》手抄了三遍！《汉书》的字数有多少？将近七十五万字。抄写三遍，这得有多大的毅力，这是多么深厚的基础！苏轼抄写《汉书》也很有讲究：最初抄写一段文字，以三个字作段落题目，第二次以两个字为题，最后只需一字题目便可概括全段大意，真正做到了记忆与理解的有机结合。有人从《汉书》中随意举出一个字，苏轼便可由此字开始一直背诵下去，没有一字差错，真正达到了倒背如流的程度。

第二是下巧功夫。苏轼发明了八面受敌读书法（苏轼《又答王庠书》），其实就是分主题阅读法。比如我们读《西游记》这本小说，第一次围绕唐僧专心取经这个主题通读；第二次围绕孙悟空斩妖除魔这个主题通读；第三次围绕猪八戒三心二意这个主题通读等等，从每一个主题去读的时候，就等于是一本新书。通过这种方法，一本《西游记》可以变成两本、三本甚至十来本书，所以说这种分主题阅读可以真正地将书读懂、读透。

苏轼本来就天资聪颖，再加上父母的精心调教和自身的勤奋好学，他少年时代写文章就出手不凡。少年苏轼曾经在一篇习作中写道："人能碎千金之璧，不能无失声于破釜；能搏猛虎，不能无变色于蜂虿。"意思是说，一个人有勇气摔碎价值连城的美玉，却可能被锅釜的破裂声吓一大跳；敢于和猛虎搏击，却可能在野蜂毒蝎面前惨然失色。这两句话含义深刻、耐人寻味，说明人们能够过得去大风大浪，却可能在小阴沟里翻船。一个十来岁的孩子能写出这样的文字，的确令人吃惊。这两句话在文字上和思想上都已经非常成熟，这就是千锤百炼之后所获得的学习成果啊！苏洵对儿子写的这两句话非常欣赏，苏轼自己也曾在《颜乐亭诗（并叙）》《黠鼠赋》中两次引用这两句话，可见的确是他自以为得意的佳句。

一举成名　天下皆知

古人说，"学而优则仕"，苏轼兄弟十年寒窗苦读，最终就是为了要参加科举考试，进入仕途。

宋仁宗嘉祐元年（1056）三月，二十一岁的苏轼与十九岁的弟弟苏辙，在父亲的带领下前往北宋都城开封参加科举考试。这对于父子三人都是一次严峻的考验，父亲苦心孤诣的教育会是什么效果？两个儿子的十载寒窗能否取得相应的回报？面对人生路途中的第一次重要挑战，苏轼兄弟会有怎样的表现？这场至关重要的科举考试是否会改变苏轼的人生命运？这些都还是未知数。

当时的科举考试分为三步走。

第一步，苏轼与苏辙首先参加了当年七月京城开封府组织的举人考试，顺利通过。

第二步，兄弟俩参加了次年正月由朝廷礼部（相当于今教育部）组织的省试。礼部考试的题目是《刑赏忠厚之至论》，翻译成白话文就是：请论述古代君王奖惩赏罚都是本着忠厚宽大的原则。这个题目是很刁的，你得有很丰富的历史知识，还得有点理论水平，才能把这篇文章作好。

按照宋代科举的考试法规，为了防止考生徇私舞弊，在试卷收齐之后，先由办事员将所有考卷登记在册，然后由专人将所有考卷重抄一遍，将抄写的试卷送交考官评阅。这样，考官手里的试卷，看不到作者的姓名，更无法辨认考生的笔迹，从而最大限度地保证了公平公正，这对我们今天的考试制度还是很有借鉴意义的。

那么苏轼这篇文章到底写得怎么样？是否能够得到主考官的赏识呢？

这一天，此次科举的主考官、礼部侍郎、翰林侍读学士，当代文坛宗主欧阳修，读到一份答卷，这篇文章见解独到深刻，文字质朴自然，笔力稳健通达，隐隐传递出一股大家的风采。欧阳修非常喜欢这篇文章，本来决定将它列为第一名，可是转念又一想，这篇文章写得如此之好，作者会不会是自己的得意门生曾巩（也就是后来名列“唐宋八大家”的曾巩）呢？可是如果将曾巩列为第一名，自己的行为不是徇私舞弊吗？为了维护考试的公正，欧阳修决定忍痛割爱，将这篇文章列为第二名。

发榜之后，欧阳修才发现曾巩并不是第二名，他读到的这篇好文章根本就不是曾巩写的。欧阳修只知道他的学生曾巩的文章天下第一，哪里知道，有个来自眉山的小伙子文章更为出众，其文章才是天下第一，此人姓苏名轼字子瞻。这份答卷是苏轼的。要想得第一名，当然必须文章写得好，而苏轼却因为文章写得太好了，只获得了礼部考试的第二名。

进入考试的第三步，由皇帝宋仁宗亲自主持殿试，苏轼兄弟与其他三百八十多位举子都顺利通过，并为同科进士及第。这一年苏轼二十二岁，苏辙才十九岁。按照古人的说法，“三十老明经，五十少进士”，也就是说五十岁中进士都不算老，苏轼兄弟俩真是名副其实的少年成名啊！

在三关考试最关键的第二关——礼部考试之中，本来可以稳拿第一名的苏轼却获得了第二名。这对苏轼来说虽然有些委屈，却给后人留下了一段佳话。我们不禁要问，苏轼在这篇颇有点传奇色彩的文章里头到底写了些什么？主考官欧阳修为什么对它那么青睐？围绕这篇文章，欧阳修与苏轼这对师生之间会发生怎样的故事呢？

欧阳修这次虽然认对了好文章，却点错了好名次，而且眼下他还有点儿纳闷，原来对于苏轼这篇杰出的文章，老先生还有一个疑问没有解开。苏轼的《刑赏忠厚之至论》中有这样一段论述：

> 当尧之时，皋陶为士，将杀人，皋陶曰“杀之”三，尧曰“宥之”三，故天下畏皋陶执法之坚，而乐尧用刑之宽。

意思是：上古尧帝的时代，司法官皋陶三次要判一个罪犯死刑，尧帝三次赦免他。因此天下人都惧怕皋陶执法之严厉，而乐见尧帝用刑之宽仁。

熟悉古代历史的人都知道，皋陶本是舜帝任用的法官，后来曾被大禹举荐为继承人，怎么在苏轼的笔下成了尧帝的执法官呢？

一次，欧阳修就问苏轼："你文中所用的这个典故出自哪本书？"苏轼顺口答道："在《三国志》孔融的故事里。"苏轼走后，欧阳修将《三国志》中有关孔融的部分细细读了一遍，却没有发现这个典故，他更加纳闷了，第二次见到苏轼，就又问这个问题。

苏轼这才老老实实地交代说："这是我想当然编造出来的。当年曹操灭掉袁绍之后，将袁绍漂亮的儿媳妇赏赐给自己的儿子。孔融对此不满，说：当年武王伐纣，就将商纣王的宠妃妲己赏赐给了周公。曹操忙问此事的典故出自哪里？孔融说：想当然罢了，今天能发生这样的荒唐事，古代肯定也有。我想，尧帝为人宽厚，司法官非常严格，想当然，自然会发生这样的事吧。"（事载宋杨万里《诚斋诗话》）

如果换在今天，您的学生这样回答，您会有什么表现？我想大部分人都会眉头一皱，训斥他不学无术，态度不严谨，用猜想代替证据。而欧阳修的表现又如何呢？欧阳修一听苏轼如此回答，非常欣赏。后来他多次对别人谈及此事，说："苏轼这个人真是善于读书，善于运用知识，以后写文章一定会独步天下。"（语载宋杨万里《诚斋诗话》）他还高兴地说："读苏轼的文章，真是感觉后生可畏，身上不禁直冒汗，真是太令人高兴了！我要避开一条路，好让他出人头地！"（语载欧阳修《与梅圣俞书》）又对自己的儿子说："再过三十年后，不会再有人提到我的名字。"（语载宋朱弁《曲洧旧闻》）

想想看吧，以欧阳修在当时较高的政治地位和文坛领袖的身份，他这样高度地评价苏轼，苏轼又怎能不名满天下呢？就连数百年之后的我们，也不禁为欧阳修宽广的胸怀、过人的见识和奖掖后进的热忱而深深感动。

苏洵虽然没有参加科举，但是他的文章也得到当时文坛的高度评价。欧阳修这样形容他们父子三人在当时的影响："他们父子三人在京师游学，我将苏洵的文章献给朝廷，朝野公卿士大夫争相传阅。苏轼、苏辙都考中进士高第，也以文学著称于世。眉山是个距离京城西南数千里之遥的小地方，而苏氏父子一日之内就名动京师，文章传遍天下，后生学者争相仿效学习。”

苏轼用他天才的文思与妙笔，一举成名天下知。可是，因为母亲程夫人的不幸去世，苏轼只得返回家乡服丧。三年之后，也就是宋仁宗嘉祐五年（1060）二月，当苏轼兄弟陪父亲再次来到京城的时候，一次北宋皇朝最高级别的人才选拔考试——制举考试即将举行。曾经在三年前的进士科考试中小试牛刀、一举成名的苏轼兄弟自然不会放过这次千载难逢的好机会，他们准备向这次制举考试再次发起冲击。那么，制举考试到底是一种怎样的考试制度？而苏轼兄弟在这场制举考试中又会有怎样的表现？少年成名的苏轼还会带给人们更多的惊喜吗？

制举不同于三年举行一次的“进士”“明经”一类的“常科”，它是由皇帝特别下诏并亲自主持、为选拔非常人才而特设的一种考试制度，倘若被录取，就可以获得较快的擢拔提升。参加制举考试的考生必须由朝中大臣推荐，然后由六名考官先行考核，及格者才能参加皇帝主持的考试。制举开设次数极少，两宋三百年历史中，只举行过二十二次制举考试；资格审查也极为严格，能够参加考试的人很少，能够考中的就更少，考中而成绩优异者则少而又少。宋朝三百年中考中制举的才有四十人左右，而考中进士的则有将近四万人，相差近一千倍[①]。

① 本书有关宋代政治、经济、文化生活的部分数据与观点，参考了《宋史》《宋会要辑稿》《文献通考》《续资治通鉴长编》等史籍，以及漆侠《中国经济通史（宋代经济卷）》（经济日报出版社 1999 年版）、程民生《宋代地域经济》（河南大学出版社 1999 年版）、朱瑞熙等《辽宋西夏金社会生活史》（中国社会科学出版社 1998 年版）、白钢主编《中国政治制度通史（第六卷）》（人民出版社 1996 年版）等著作。限于体例，行文中不再单独注出，特此说明。

苏轼所应考的是“贤良方正能直言极谏科”。“贤良方正”是说文学出众道德端正，“能直言极谏”是指善于策论，勇于给皇帝提意见。宋仁宗嘉祐六年（1061）八月，苏轼以所作五十篇策、论通过制举考试。显然，苏轼应考制举的策论文章再一次得到了主考官的赏识，不过这次赏识他的还有当朝皇帝宋仁宗。仁宗皇帝与司马光等考官将苏轼点为制举第三等，这是极高的荣誉。按照宋代制举等级的惯例，一、二等都是虚设，实际最高等级为第三等，其次为第三次等、第四等、第四次等，第五等算是不及格。自从北宋开设制举以来，只有吴育以“才识兼茂明于体用科”通过第三次等，其他人都在四等以下。因此，苏轼得第三等是破天荒的大事。弟弟苏辙也不示弱，获得了第四等的好成绩。这一年苏轼二十六岁，苏辙二十四岁。

苏轼兄弟的学习和考试经历很值得我们当代人深思。他们一路斩将刈旗，取得这么好的考试成绩，秘诀在什么地方？现在很多学生都害怕考试，有的人也对应试教育提出很多批评的意见。但是我们说，真正善于读书的人，读书读得很优秀的人，不会成为考试的奴隶，而会成为考试的主人。

从苏轼的读书生活中可以总结出几个很重要的因素：第一，他有良好的家庭教育，父母对他要求很严格；第二，他有非常扎实、雄厚的基本功；第三，他有非常科学的、有效的读书方法；第四，他善于灵活地运用知识；第五，良好的机遇，在人生的关键时刻，名人欧阳修对他的提拔奖掖也起了重要作用。所有的这些因素综合到一起，才造就了少年成名的苏轼。正是这样善于读书的人、勤于读书的人，才能成为考试的主人、成为大文学家，才能在政治上实现宏伟的志向。

现在，苏轼有礼部考试第二名、制举第一名的辉煌业绩，还有宋仁宗以及诸位考官的高度评价，年轻的苏轼一定要迎来一个无比辉煌的成功了吧？他一定会得到比一般人快得多的提升吧？少年成名的苏轼在仕途上是否也会一举成功呢？

请看第二章《步入仕途》。

第二章 步入仕途

他离开京城虽然是为了避开是非，但他绝不是个书呆子。事实证明，苏轼是一个有能力的好官，更是一个受人尊敬和喜爱的大文学家。

苏轼进京赶考金榜题名，二十多岁的他即将走进官场、步入仕途。作为一个年轻的文章家，苏轼在应试时能够一举成名，那么，他在仕途上会不会一帆风顺呢？他能否成为一个官场上游刃有余的强者呢？初出茅庐的苏轼会遇到哪些具体的困难和挫折？

初涉官场　饱受磨练

苏轼担任的第一个官职叫作“大理评事、签书凤翔府（治所在今陕西凤翔）判官”。宋代的官制分官、职、差遣三种，前两种代表名誉、品级，差遣才是实际的职务。“大理评事”是司法机关的属官，但这只是代表苏轼名誉品级的“官”，他的实际职务是“签书凤翔府判官”，是凤翔知府的助理官员。

按照北宋官府惯例，只有相当资历的官员才能担任“签书判官厅公事”这样知府、知州的助理官，而苏轼这个二十六岁的年轻小伙子刚走上工作岗位，就担任这个比较重要的职务，主要是由于他在进士、制举考试以及文章写作方面出类拔萃的表现。

苏轼决心在这里埋头苦干，做出成绩，实现自己用世报国的理想。但他万万没有想到，自己的脚底板刚走进凤翔府衙门没几天，就遭遇到一连串的不顺心。这到底是怎么回事？苏轼年少而才高，深受仁宗皇帝以及朝中大臣的器重，难道还会有人欺负他、给他小鞋穿不成？还会有人小看他、给他找不痛快？还真有。这个人就是苏轼的顶头上司、凤翔知府陈公弼。

陈公弼也是眉山人，是苏轼同乡，论起辈分来算是苏洵的长辈。在苏轼为陈公弼所作的传记中，我们能够看到，陈公弼这个人身材不高，又黑又瘦，目光冰冷如霜，语言犀利，平时脸上少有笑容，有时更是当面给人下不来台。他疾恶如仇，秉公办事，从来不会考虑自身的祸福得失。对于那些贪官污吏，他严加惩办，绝不留情，但对于那些贫寒人家，却又轻财好施，有恩多义。士大夫们在一起游乐玩赏，听说知府来了，就都不说也不笑，连吃的喝的似乎都没有味道了，纷纷散去。他就是这么一个严肃得令人望而生畏的老头儿。

苏轼是什么性格？开朗豁达，口无遮拦；加上少年成名，以才气自负，性格上就难免与这位陈知府发生矛盾。而陈公弼呢？才不管你是科举考试的第一名还是第二名，来到官府就是个普普通通的公务员，少摆“少年成名”的架子。苏轼刚到凤翔府，陈知府顺手就给了他几个下马威。

第一，苏轼在制举考试中是以“贤良方正能直言极谏科”的科目被皇帝点为最上等，有一个同事就尊称苏轼为“苏贤良”。有一次让陈公弼听到了，他很不高兴地说：“一个小小的判官有什么贤良的？”二话不说将那个同事打了好几板子，让苏轼非常难堪。

第二，宋朝规定每年的七月十五日为中元节，官府按照惯例聚会，苏轼赌气没有去，结果被罚了八斤铜。宋朝每一千文铜钱的标准重量通常是五斤，八斤铜等于罚款一千六百文。钱多钱少倒是次要的，关键是太伤情面！

第三，苏轼以文章得名天下，可陈公弼经常对他起草的文章圈圈点点，反复修改，往往要几易其稿，才得交差，这简直就是对苏轼的极大侮辱。想想看，我苏轼的文章，连当朝文坛宗主欧阳修、当今皇上都说好，你一个区区的知府却乱点笔墨，真是倚老卖老！

所以苏轼在诗中不无郁闷地写道：“虽无性命忧，且复忍须臾。”（《客位假寐》）什么意思？待在陈公弼的手下，倒也不用担心丢掉性命，只是经常不得不咬紧牙关，忍受“人在屋檐下不能不低头”的委曲（事载宋邵博《邵氏闻见后录》）。

此时的苏轼只有二十多岁，年轻气盛，由于才华出众、科场得意，就连仁宗皇帝都对他倍加赏识，这更加使得他对前程充满自信。可是，初涉官场，苏轼偏偏遇上了陈公弼这样严厉倔强的上司，陈公弼的百般挑剔，让他实在难以忍受。那么，面对苛刻严厉的上司，他是逆来顺受还是针锋相对呢？

按照苏轼的性格，他当然无法忍受，他在等待一个合适的时机，报复一下这个小老头儿。机会终于来了！

陈公弼在官府后园建了一座楼台，取名“凌虚台”，供官员们休闲时使用。楼台建好了，陈公弼请苏轼为这座凌虚台写一篇文章，留个纪念。

苏轼的这篇《凌虚台记》是怎么写的？全文不到四百字，其中有一段这样写道：

> 尝试与公登台而望，其东则秦穆之祈年、橐泉也，其南则汉武之长杨、五柞，而其北则隋之仁寿、唐之九成也。计其一时之盛，宏杰诡丽，坚固而不可动者，岂特百倍于台而已哉！然而数世之后，欲求其仿佛，而破瓦颓垣无复存者，既已化为禾黍荆棘丘墟陇亩矣，而况于此台欤？夫台犹不足恃以长久，而况于人事之得丧，忽往而忽来者欤？而或者欲以夸世而自足，则过矣。盖世有足恃者，而不在乎台之存亡也。

这段话的大意是说：登上凌虚台远望，可见方圆四周都是秦汉隋唐以来帝王的宫室殿堂遗址。想当初它们是多么的富丽堂皇、坚不可摧，比这小小的凌虚台可要宏大得多了！然而多年以后，想要再看看它们的模样，却只剩下一堆残垣断壁，当年宫殿的基址早已化为一片长满庄稼、荆棘的破败田地了！宏伟的帝王宫殿尚且如此，这小小的凌虚台又能如何呢？恐怕也很难长久。凌虚台尚且如此，更何况纷纭莫测的人事变化呢？谁又能预料到个人的穷达得失？命运的反复忽来忽往真是难以把握！有人想借助在世间炫耀自己来满足虚荣之心，这是大错而特错了！世间万物的发展自有持久不绝的生命力，哪里会在乎凌虚台的存亡呢？

文章的确写得好，虽然是借着小小的亭台而感怀古今，但其中蕴含着一股郁郁勃勃、不可阻挡的生机与活力。不过明眼人也可以看出来，这篇短文也是“小苏”向“老陈”射出的一支小小的讥讽之箭。

那么陈公弼的反应如何呢？依照他冷面的性格，该不会勃然大怒、再罚苏轼一百斤铜吧？恰恰相反，读了这篇文章后，一向没有笑脸的陈知府却笑了，他说：

> 吾视苏明允（苏洵，字明允）犹子也，某（指苏轼）犹孙子也。平日故不以辞色假之者，以其年少暴得大名，惧夫满而不胜也，乃不吾乐邪？（宋邵博《邵氏闻见后录》）

大意是：我对苏洵就像对自己的儿子一样，苏轼就好像是我的孙子，我平时之所以对他分外严厉，故意不给他好脸色，是因为看他年纪轻轻的就名声大振，担心他把握不住自己，骄傲自满，盛名之下其实难副。所以要想办法挫一挫他的锐气，让他头脑冷静一些，没想到这个小伙子还真往心里去了，对我满肚子的不高兴！

陈公弼虽然是个严厉的上司，但他的心胸非常开阔，他让下级把这篇文章一字不改刻石立碑于凌虚台旁。也许，陈知府就是要通过这篇碑记告诉后代的年轻人，究竟应当怎样正确看待少年成名，怎样才能真正做一个成熟的人，就是要让年少才高的苏轼领会他的一番良苦用心。

陈公弼对苏轼的态度很值得我们思考。现在有不少的孩子，因为学习成绩优秀，就成为家长、亲戚、教师、同学心目中的小明星、小皇帝，大家对他们真可以说是众星捧月。这容易使他们形成一种观念，觉得自己拥有的一切都是理所当然的，都是上天赐给他们的，都是他们自己努力的结果，与自己的家人、朋友、老师都没关系。其结果是即便顺利考上了重点中学、重点大学，也只不过是个自高自大、自私自利、以自我为中心的人，而不是一个心理、生理健康、健全的人。

苏轼是幸运的，在家里有严父慈母的教诲，在学习中有欧阳修这样的导师奖掖提携鼓励，到了工作岗位上，又有陈公弼这样严厉的长辈时时敲打他，这对于苏轼人格的健康成长有很大帮助。多年以后，苏轼曾不无悔悟地回忆起这段往事，他在《陈公弼传》中写道：

> 轼官于凤翔，实从公二年。方是时，年少气盛，愚不更事，屡与公争议，至形于言色。已而悔之。

意思是：我在凤翔做官的时候，年少气盛，不懂事，屡屡与陈公弼大人发生争执，有时候甚至怒形于色。现在想起来真是非常后悔。

苏轼写《凌虚台记》的时候，只有二十八岁，他对世事、对官场的认识还很肤浅；而当他写《陈公弼传》时，已经四十六岁了，在经历了仕途、人生的风风雨雨、曲曲折折之后，他自然理解了当年陈公弼严格要求他的良苦用心，所以他以撰写传记的方式表达对长辈陈公弼的深深敬意。苏轼一生只写过十篇传记，其中只有二篇传记涉及当代人物。这十篇传记中，为陈公弼所写的这篇最长，也最为详尽。

新旧党争　针锋相对

苏轼在凤翔任职三年，于宋英宗治平二年（1065）正月回到了京城。皇帝后来想将他招入翰林院，负责起草诏书，做皇帝的机要秘书。但是宰相们认为苏轼的资历还太浅，经验不足，需要经过更多的锻炼，于是让他改任直史馆，负责编修国史，这对苏轼来说也是个很重要的岗位。

然而，就在这个时候，一连串的不幸事件降临到苏轼的头上。首先，这一年五月，他的夫人王弗在京城不幸去世，年仅二十七岁。妻子的丧事还没有料理停当，第二年四月，父亲苏洵又与世长辞了，享年五十八岁。于是苏轼、苏辙兄弟护送苏洵的灵柩回四川老家，按照规矩须为父亲守丧三年。

苏轼此时并不知道，这是他最后一次回到家乡。熙宁元年（1068）冬，当他准备重返朝廷的时候，等待他的将是一场激烈的政治风暴，而自己后三十年的人生命运将不得不与这场政治风暴紧紧地联在一起。当年离开家乡去参加科举的时候，他曾与弟弟苏辙相约，功成名就之后返回家乡共享田园之乐，但他没有想到，这一次离开眉山，这个愿望将永远无法实现了。

那么等待苏轼兄弟的究竟是一场怎样的政治风暴呢？就是著名的王安石变法。

王安石为什么要变法？这还要从宋朝的开国皇帝宋太祖赵匡胤说起。赵匡胤通过陈桥兵变、黄袍加身以后，他吸取唐朝因藩镇割据而最终亡国的教训，采取一系列措施加强中央集权，把全国的军权、财权、行政权等统统集中到自己手中。这虽然保证了国家秩

丁酉秋 康震

乱石穿空惊涛拍
岸卷起千堆雪

东坡先生壮词大江东去

康震

序的稳定，但也带来许多弊端。比如宋太祖一方面通过“杯酒释兵权”，解除武将的兵权，交给文臣掌管；一方面又常常调换、换防各地军将、士兵，目的在于“兵不识将，将不识兵”，避免出现军阀拥兵自重的局面，但这样一来却大大削弱了军队的战斗力。

对于地方政权机构，朝廷也实行分散权力、互相牵制的措施。例如，地方政府设置知州为地方行政首长，又设置通判，是为副首长。然而通判往往由朝廷派遣京官充任，虽然是副职，却有权直接向皇帝上奏。地方事务也由知州与通判共同处置。这种安排当然是为了防止出现地方政权专断独行，但是也会造成行政资源内耗、行政效率低下等弊端。当时官场上流传一个笑话：有个人爱吃螃蟹，他要求去担任知州，有人问他愿意去哪里，他回答道：只要是有螃蟹而没有通判的地方就行（事载宋欧阳修《归田录》）。由此可见知州与通判的紧张关系。

再比如财政，对内，朝廷要求地方财赋大多数上交中央。而北宋朝廷优待百官，官员的俸禄在中国封建时代中是非常高的。当时宰相一个月的俸禄有五十多万文，按照那时的物价，一斗高价米也不过五十文，这五十万文能买一万斗（十二万斤）高价米。随着官僚机构的极度膨胀，用于官员俸禄的财政负担越来越重。对外，北宋一直处在辽、西夏等少数民族政权的威胁之中，为了换得暂时的和平，宋朝每年向西夏交纳七万两白银、五千匹绢、三万斤茶叶，向辽国交纳二十万两白银、三十万匹绢，这又是一笔沉重的经济负担。

正是在这种形势下，二十岁的宋神宗即位后，决心锐意变法，富国强兵。王安石就是他相中的主持变法的最佳人选。宋神宗熙宁二年（1069）二月，神宗任命王安石为参知政事（相当于副宰相），建立负责变法的专门机构“制置三司条例司”，统筹改革户口、赋税、财政收支、粮食漕运、工商收入、兵器制造等关系国计民生的事宜。在财经、军事等方面推行一系列的新政策，其核心目的在于强国富民，缓和国内矛盾，巩固朝廷统治。

但是变法的大幕刚刚拉开，就遇到了空前巨大的阻力。北宋皇朝是个需要求变图新的社会，又是一个习惯成自然的保守社会，新法一出台，就在朝廷上下引起了激烈的论争。总的来看，变法派的代表是王安石，反对派的代表是司马光，两派的观点简单归纳起来就是：

变法派说：要迅速打破烂摊子，尽快重建新规矩；反对派说：还是维持老规矩，慢慢改掉老毛病。变法派说：国库空虚，要用行政权力监管经济，将财富从地主、商人的手里赚回来，装到国家的腰包里；反对派说：你这是与老百姓争夺利益，会扰乱经济秩序。

这真是一桩难断的官司。

从原则上来讲，王安石变法是对的，国家对经济生活进行宏观调控，增加国库收入也是对的。关键在于：如何把握行政权力干涉经济生活的分寸。国家行政过度干预经济生活，肯定会出问题。而变法派一出问题，反对派们就开始提意见、乱拆台，造成变法派越来越刚愎自用甚至专权独裁，于是两派形成剧烈的政治斗争。只要有一方斗争获胜，就立刻打击报复对方。这样一来，不仅变法寸步难行，而且造成了混乱的政治局面。

当时朝廷有五位宰相，曾公亮老迈不吭声，富弼多病总告假，唐介不久即病逝，赵抃连声只叫苦，只有王安石虎虎有生气，当时人称这个宰相班子是“生、老、病、死、苦”（事载宋朱熹等《宋名臣言行录》）。朝中还有很多社会声望较高的老臣或者称病引退，或者自求外任，以消极抵制的方式表示他们的不满。但宋神宗与王安石变法的决心丝毫没有动摇，他们一如既往地坚持推行变法革新政策。由于原有官吏的引退、罢免、外迁，王安石不得不大量起用新人，一些投机取巧的小人乘机混入变法者队伍。

当时流传这样一则笑话：一天，一个皇家马戏班子的小丑故意骑着一头驴来到百官朝拜的大殿外，大模大样地要进去。卫士阻拦说：驴子怎么能够进朝廷？这个小丑故作惊讶地说：现在不是凡有脚的都能上朝廷吗？这说明变法派在选拔人才方面的确存在很多的问题，严重损害了变法派的形象。

这就是当时的朝廷：变法派与反对派唇枪舌剑，怒目相向；变法举措纷纷出笼，如火如荼；人事调整大起大落，鱼目混珠；社会舆论是非难辨，人心惶惶。为父亲守丧期满的苏轼就是在这样的情形下，重返京城，担任殿中丞、直史官，差判官诰院（负责颁发官吏授官凭证机构）。那么，面对这样的局面，苏轼究竟会站在哪一边呢？苏轼不赞同王安石的变法，他是个典型的反对派，原因非常复杂，简单概括主要有三点：

一、苏轼认为，变法的关键主要在用人而不在改革现行体制，他认为王安石的变法是要动摇朝廷的根本制度，同时在用人方面存在重大失误，所以坚决反对。

二、苏轼认为，针对当时的朝政局面，变法应循序渐进，不应急躁冒进。他认为王安石的变法方式过于激烈，所以坚决反对。

三、苏轼与一大批反对变法的元老重臣、名门贵戚之间有着非常密切的渊源关系，这些大臣的态度影响着苏轼的政治立场。

总的来说，苏轼希望能够进行和风细雨式的改良，他不能接受疾风暴雨式的革新变法。客观地讲，三十多岁的苏轼当时对北宋皇朝的社会弊端、社会问题认识还不够深入，他的从政经历还不很丰富，对于王安石变法的积极方面认识不足，消极方面则估计得过于严重，总的来说，他在政治上是个保守派。苏轼给神宗先后上《议学校贡举状》《谏买浙灯状》《拟进士对御试策》《上皇帝书》《再上皇帝书》等多封奏章，系统阐述自己反对变法的理由和态度。

他告诫皇帝，现在的变法："譬如乘轻车，驭骏马，冒险夜行，而仆夫又从后鞭之，岂不殆哉！臣愿陛下解辔秣马，以须东方之明，而徐行于九轨之道，甚未晚也。”（《拟进士对御试策》）意思是说，现在的变法，就好比有人在深更半夜坐着马车奔跑在山间小路上，前面是骏马狂奔，后面是马夫拼命地鞭打，随时都有车毁人亡的危险。希望陛下解下马鞍，喂饱骏马，等到天亮后在大路上慢慢行走，也并不晚啊！

他警告皇帝：如今的为政之道、变法举措，就好比医生在患者身上用毒药，以性命的死生来检验药效。大宋百姓，都是陛下的子民，难道可以用他们来试验毒药的药效吗？如今的变法之政，小用就会有小失败，大用就会有大失败，如果一意孤行不加以制止，终究会导致国家大乱败亡。我并不是在危言耸听，自古国家存亡都寄托在百姓、军队、官吏、士人等四类人心之上，朝廷失去了这四类人心，就会发生变乱。如今陛下占有所有这些不利的因素（见《再上皇帝书》）。

宋神宗一向很欣赏苏轼的才干，他曾经当面询问苏轼对变法的意见，表示即便是当面指出自己的过错也不会怪罪。苏轼的回答果然也不客气，他说：“陛下生知之性，天纵文武，不患不明，不患不勤，不患不断，但患求治太速，进人太锐，听言太广。”（《上皇帝书》）意思是说：陛下英明神武、天纵英才，不可谓不英明、不勤勉、不果断。但是：一、太急于求成；二、提拔官员太快，都是些“直升机”干部；第三、耳朵太软，什么意见都听。请陛下静下心来，细心观察，徐徐图之。神宗对苏轼的这三点意见非常重视，表示一定深思熟虑，认真改过。

当时，王安石为了统一国内的舆论思想，着手重新解释儒家经典著作。他规定，自己的解释是科举考试的标准答案。苏轼对这种做法极为反感，当时流传着许多苏轼嘲弄王安石学术观点的笑话。比如，当时王安石发明了一种标新立异的文字学，它对汉字的结构意义重新解释。一次，苏轼问王安石，波涛的“波”怎么解释，王安石回答：水之皮。苏轼马上说：那滑冰的“滑”不就是水之骨吗？又一次，王安石问苏轼，斑鸠鸟的“鸠”怎么解释？苏轼回答：《诗经》上说，一公一母两只鸤鸠（布谷鸟）停在桑树上，它们的孩子共有七个（鸤鸠在桑，其子七兮）。这一公一母两只鸟加上七只小鸟一共是九只鸟，所以鸠字左边一个九，右边一个鸟啊。王安石深表赞同，过了好一会儿，才醒悟过来，是苏轼在戏弄他（事载宋曾慥《高斋漫录》）。

苏轼的一系列反对变法的言论以及真真假假的嘲弄之语，让王安石非常恼火和气愤，这些言论会助长反对派的嚣张气焰，会给变法造成损害，所以他要想方设法削减苏轼的影响力。

宋神宗先后两次想让苏轼担任重要的官职，王安石均表示坚决反对，他对神宗说：“苏轼确实有才华，但学问的路子不正，像苏轼这样的人，其学问很少能够有用于世，反而会有害于世，陛下不可不明察。”（语载清黄以周等《续资治通鉴长编拾补》）一来二去，神宗皇帝对苏轼也有点儿看不顺眼了，他曾对司马光说：“苏轼并不是一个道德品质好的君子，我觉得你对他并不了解。”（语载宋李焘《续资治通鉴长编》卷 214）而改革派的一些爪牙们已经开始罗织罪名，打算拔掉苏轼这颗眼中钉、肉中刺。苏轼深知，再在朝廷这个是非之地待下去，肯定会惹火烧身，于是他主动向皇帝申请离开京城到外地去做官。他想，无论怎样，在地方上总能为百姓做点实际的事情。

说实话，神宗很希望才华卓著的苏轼能够留下来参与变法，但这显然不可能，神宗只好批准了苏轼的请求，他在批示中写道，派苏轼去安徽颍州担任知州（相当于今市长）。可宰相办公室却改为担任通判（相当于今副市长）。更有趣的是，神宗笔锋一转，又改为：派苏轼去杭州担任通判。杭州城风景秀丽、物产丰饶，富甲一方，到这里做官可是一个大大的美差，宋神宗对苏轼真可谓用心良苦啊（事载《续资治通鉴长编》卷214）！

这一年，苏轼三十六岁。

为官一方　政通词美

苏轼这次外任杭州担任通判，固然是为了躲开是非之地，但也是第一次担任大城市的行政官员，这对他的政治才干是个巨大的考验。杭州任期满后，按照宋朝官制三年期满一调任的规定，他还先后被调往密州（治所在今山东诸城）、徐州（今属江苏）、湖州（今属浙江）担任知州，前后算起来有八年时间。

那么，在这八年时间当中，苏轼这位科举考场上的成功者，在实际工作岗位上是考“糊”了，还是考成功了呢？苏轼总是抨击新法、抨击王安石，那么他自己到底有没有实际的治国才能呢？他会不会也像李白、杜甫那样，只是个诗文高手，在政治上却施展不开呢？在繁重的行政工作面前，这位大文人还能否做到行文如流水、潇洒任自如呢？

先说说最有代表性的地方行政工作。

苏轼这八年的地方工作，最引人注目的业绩是在徐州担任知州期间。徐州位于黄河下游，最大的问题是黄河水患。苏轼刚到任不久，黄河就给了他一个下马威。徐州地区连续大暴雨，洪水来到徐州城下，水位高达两丈八尺九寸，高出城中平地一丈零九寸，随时有可能冲毁城墙，淹没全城，形势万分危急。在这紧要关头，苏轼沉着果断，表现出高度的组织才能，分步骤展开抗洪抢险。

第一步，稳定民心。洪水来临时，徐州城中的有钱人纷纷要求出城避难。苏轼深知如果民心大乱，徐州不保，他慷慨激昂地表示，城中富户如果弃城逃命，必将使得民心动摇。只要有我苏轼在，洪水绝不可能冲毁徐州城！将要走的人劝回城中，稳定了人心。

第二步，迅速调集五千民夫日夜加固城墙。

第三步，他亲自冒雨请求驻防徐州的禁军提供支援。宋朝禁军的调动直接听命于皇帝，地方官不能擅自调配。但眼下情况紧急，在苏轼的再三恳求下，禁军将领集合全体官兵奔赴抗洪第一线。在军民的共同奋战下，终于在最大洪峰到来之前，在徐州东南方向筑起了一道长九百八十四丈、高一丈、宽二丈的大堤，确保了徐州城的安全。

第四步，他召集水利专家商议决定，立刻开凿徐州北部的清冷口，将围困徐州的洪水引入黄河故道，从根本上解除威胁。

第五步，调集人手和粮食，援救城外被洪水围困的百姓。

这些天里，苏轼整天身披蓑衣，脚穿草鞋，拄着木杖，指挥抗洪抢险，累了就打个盹儿，渴了就喝一口凉水，饿了就啃一块饼子。这场洪水围困徐州七十多天，随着洪水回归黄河故道，徐州城终于解围了，百姓们欣喜若狂，载歌载舞。

苏轼也高兴，但他有更长远的计划。为了确保徐州的长治久安，他向朝廷递交了修建徐州防洪大堤的计划与预算报告。第二年，朝廷给徐州拨款两千四百一十万钱，准许徐州动用地方财政六百三十四万钱，粮食十万多斤，用工七千多人，修筑大堤。神宗皇帝还专门下诏表彰苏轼在抗洪中的卓越表现（事载苏轼《奖谕敕记》）。八月中旬，徐州防洪大堤竣工，苏轼特别在大堤旁修建了一座十丈高的楼台，取名“黄楼”，取黄土克水之意。远在南都（今河南商丘）任职的苏辙还专门撰写《黄楼赋并叙》，为兄长志贺。

徐州的抗洪抢险只不过是苏轼八年地方行政首长工作的一个侧面。地方工作大都非常具体甚至琐碎，需要对实际问题有详尽的调查研究，需要拿出切实有效的解决方案，老百姓才能满意。比如在杭州，苏轼与其他官员精心研究修整方案，历经周折，终于修复了坍塌废置的水井，解决了杭州居民长期吃水难的大问题；比如在密州，严重的蝗虫灾害使得百姓流离失所，苏轼就走向田间地头，与百姓一起研究剿灭蝗虫、预防蝗虫和援救孤儿弃儿的方法，努力将蝗灾的损失减少到最低限度。

八年的辛勤工作证明，苏轼不是书呆子，是个有较高行政才干的好官。可是八年当中，工作这么忙，这么累，苏轼还能写出优秀的文学作品吗？还能在文坛上独占鳌头吗？回答是肯定的，事实上，恰恰由于多年地方工作的锻炼，使苏轼的眼界更加开阔，思想更加深刻，从而锻造出许多优秀的文学艺术作品。

俗话说，上有天堂，下有苏杭，在苏轼的眼中，杭州西湖简直比美女西施还要美一百倍：

> 水光潋滟晴方好，山色空蒙雨亦奇。
> 欲把西湖比西子，淡妆浓抹总相宜。
> （《饮湖上初晴后雨》）

说得多好啊，我们一想到西湖，脑海里就浮现出这首诗来，“西子湖”也因此成为西湖的别名。苏轼在杭州创作了大量诗歌，后来结为《元丰续添苏子瞻学士钱塘集》刻印出版，奠定了他在当代诗坛的地位。苏轼在杭州留下许多优美的诗篇，也留下许多浪漫的故事。就说一个女粉丝的故事吧。

一天，苏轼和几位朋友在西湖孤山竹阁前一临湖亭子里闲坐聊天，忽见一艘画舫缓缓靠近亭子，船上一位美貌女子，娴雅端庄，低眉鼓筝一曲，筝声缥缈如梦，如怨如慕。一曲未了，却听那女子对苏轼说：“我自幼就仰慕苏大人的才华，凡是您的诗文我都尽力收集阅读，爱不释手。可惜无缘相见，我早就嫁人了，本不该抛头露面，可今天听说您要来湖中游玩，实在忍不住要来见您一面，了却多年的夙愿，给您献上一曲，聊表心意。”说罢返回船舱，不一会儿画舫就消失在湖山的深处，只有隐约的筝音在湖面飘荡（事载宋张邦基《墨庄漫录》、宋袁文《瓮牖闲评》）。

感伤的美丽引出感伤的词句，苏轼的词创作生涯就是在杭州开始的，他写道：

> 凤凰山下雨初晴，水风清，晚霞明，一朵芙蕖，开过尚盈盈。何处飞来双白鹭，如有意，慕娉婷。 忽闻江上弄哀筝，苦含情，遣谁听？烟敛云收，依约是湘灵。欲待曲终寻问取，人不见，数峰青。（《江城子·江景》）

凤凰山下，雨过天晴，清风吹拂，晚霞明媚。那水中洁白的荷花，轻盈美丽。不知从何处飞来翩翩白鹭，与这荷花相映成趣。忽然传来一阵哀怨的筝音，其中自有一段苦苦的相思之情，令人不禁动容。曲终之后正要询问你的姓名，却不见了你的踪影，只有隐约的青山陪伴着我……

如果说杭州是苏轼词创作的起点，那么，在密州任职期间则是苏轼词创作的飞跃阶段。一个中秋月夜，苏轼无比思念多年不见的弟弟苏辙，心情非常苦闷，他喝了一个通宵，酩酊大醉之际，为我们带来千古中秋绝唱：

> 明月几时有？把酒问青天。不知天上宫阙，今夕是何年？我欲乘风归去，又恐琼楼玉宇，高处不胜寒。起舞弄清影，何似在人间？ 转朱阁，低绮户，照无眠。不应有恨，何事长向别时圆？人有悲欢离合，月有阴晴圆缺，此事古难全。但愿人长久，千里共婵娟。（《水调歌头·明月几时有》）

词的上阕，诗人想要乘着清风，飞到月宫里去，因为现实生活是如此地令人沮丧！但很快诗人就否决了这个想法。还是回到人世间来吧，天上宫阙固然潇洒自在，可千里月光传递的却是一缕缕的人间温情。这正是苏轼的本来面目，他超然达观，却从不孤芳自赏；他热情好客，却从不世故圆滑；他才华横溢，却从不自鸣得意。这首词中，饱含着巨大的人间深情与超越智慧。

这个中秋月夜，苏轼欢饮达旦，大醉之际更加怀念弟弟子由。苏辙的文才尚难与兄长相媲美，但他却是苏轼生命中最重要的朋友，他的书信与关怀是苏轼在尘世喧嚣中所能听到的最清澈的知己之音。当苏轼身边高朋满座、宾客如云的时候，子由的情意也许并不显得更多、更深厚，但当苏轼不小心得罪了权贵，变得形单影只，子由那平淡笃实的情怀便几乎成为苏轼体味温情世界的全部内容，成为苏轼复原精神气力的重要源泉。

想当年，他们通过制举后各奔前程，苏轼的诗句中便充满了宿命的伤感："亦知人生要有别，但恐岁月去飘忽。……君知此意不可忘，慎勿苦爱高官职。"（《辛丑十一月十九日既与子由别于郑州西门之外马上赋诗一篇寄之》）细算起来，兄弟二人已有整整五年没有见面了……所以今夜，这一点点月光，又如何消解内心如潮的涌动？如何填满我内心无边的怨愁？手边的酒樽缓缓移动，洋溢着久违的醇香，仿佛只是一刹那的错愕、幻觉。诗人在月影酒香里一阵眩晕，恍惚间，他喃喃自语："明月几时有？把酒问青天。不知天上宫阙，今夕是何年？"

微醺的诗人在问谁？是远方的子由还是醉醺醺的自己？是迷离的月光还是小巧的酒樽？无论如何，这都是一个满怀幻想的追问，他在意的或许并不是答案，而只是这孩子气的追问本身。似乎只有这样，才能使自己在深深的渴求与失落中找到一缕轻烟般缥缈的安慰，只有这样才能给自己的醉意阑珊寻找到一个聊以解嘲的答案。

苏轼醉了，他俏皮的微笑在酒樽边上荡漾着扑朔迷离的色彩：

不要那么高，不要那么清冷冰寒，不要动不动学嫦娥赌气飞走。就这样起舞吧，就在此刻与月共舞，与影同行，与酒共醉。还记得那个诗人吗？“花间一壶酒，独酌无相亲。举杯邀明月，对影成三人。”（李白《月下独酌》）——幻觉似乎成为孤独心声的最后支撑，为了不使自己深陷精神的囹圄，李太白努力在寂寞里寻找快乐：“我歌月徘徊，我舞影零乱。醒时同交欢，醉后各分散。”其实天上人间、人间天上从来又有什么分别？

这便是人间世事中的苏轼，也是苏轼眼中的人间世事。

“一向年光有限身”（晏殊《浣溪沙》），蓦然回首之际，人生憾恨固然苦多。但如果对无限年光的追求必须在天人分离中实现，那还不如好好地把握现世，把握每一个美妙夜晚，在酩酊大醉中感受实实在在的人生快乐。或许，超越有限、追求无限并不意味着由人间而天上的机械提升，而是人间天上的相互渗透与相互交融，是在充分享受现实生活的过程中对未来图景的想象与展望。所以，不必在月宫里起舞，人间清影自然胜却仙境无数。

其实月光又懂得什么？它不过是儒生笔下的一缕情思、老庄眼中的一线光影、禅者心中的一段话头。

苏轼何尝不明了这些？但他不愿意明了，只希望在朦胧混沌的一派月色、酒香中放纵一回——你说我醉我便醉，你说我佯醉我便佯醉，我只愿这样醉着，便将人世间的长长短短、离离合合、真真假假、风风雨雨看个明白、认个清楚；我只愿这样醉着，便可都不作理会，只顾着自己在月、酒里身轻如叶，漂转如影，来去自由，潇洒快活！其实，又能有几分真的快活？他那心里，想的、念的、梦的、醉的、说的，都是子由，都是那个近在眼前却不能相见的亲人，都是那些平平淡淡、反反复复、罗里罗嗦的世事深情。

苏轼何尝不明了这些？所以他的中秋才如此的不同寻常：他追求遗世独立的人格境界，但并不止于老庄的虚无悲凉，否则怎会如此一往情深？他渴望现实人生的完满团圆，但并不止于人伦亲情，否则怎会如此旷达、超逸？他不是屈原，没有那样执着，但洞彻人生的他对现实生活也依然保持着足够的热情：“谁道人生无再少？门前流水尚能西。休将白发唱黄鸡。”（《浣溪沙·山下兰芽短浸溪》）这仿佛是对世事的回归，其实又更加衬托出人生的悲凉意味：“人生到处知何似？应似飞鸿踏雪泥。泥上偶然留指爪，鸿飞那复计东西。”（《和子由渑池怀旧》）所以熙宁九年（1076）的这个夜晚，并不因孤独的思念与长久的落寞而走向寂灭、干涸乃至疯狂，相反，它是如此的丰厚、充实、平静、温和，饱含着人间深情与超越的智慧。

熙宁九年的这个夜晚，词人走进一个苏轼的中秋，这里有苏轼式的语言、苏轼式的领悟、苏轼式的深情眷恋与潇洒气派。熙宁九年的中秋，只属于苏轼。

他说：“人有悲欢离合，月有阴晴圆缺。”

又说：“但愿人长久，千里共婵娟。”

超越的结局不是寂灭，而是回归。回归人生，回归情感，既然有情感，就有圆，就有缺，因为一切都是终点，一切都是永远；一切都是空幻中水天明媚，一切都是寂灭中生机宛如。

永远有多远？月光有多远，就有多远。

苏轼的这首中秋词开创了中国古代词史中超旷清迈的词风。这首词一出现，所有写中秋的诗、词似乎都可以忽略不计了！

现在，我们似乎可以回答刚开始提出的那个问题了：苏轼虽然坚定地反对新法，他离开京城虽然是为了避开是非，但他绝不是个书呆子，他在杭州修复水井，在密州捕杀蝗虫，在徐州抗洪修坝，为民造福，成绩显著，得到了神宗的嘉奖，也得到了百姓的好评。而他在此期间所创作的优秀诗文，使他获得了崇高的声誉，也让杭州、密州、徐州笼罩上了传奇色彩。事实证明，苏轼是一个有能力的好官，更是一个受人尊敬和喜爱的大文学家。

宋神宗元丰二年（1079），四十四岁的苏轼将要调任湖州知州，当他带着老婆孩子奔赴湖州的时候，他做梦都不会想到，一个巨大的灾难将紧随其后来到湖州。那么苏轼到底得罪了何方神圣，又遭遇了怎样的灭顶之灾？是谁最终解救了他？

请看第三章《大难临头》。

第三章

大难临头

此时此刻的苏轼，神经也是高度紧张、高度敏感。其实即便旷达超迈如苏轼，一旦面对死亡的威胁，又如何能做到心如止水？

苏轼为了躲避朝廷中围绕变法的是是非非，主动申请到外地做官，八年当中连续担任杭州、密州、徐州三个地方的行政首长，也取得了不错的政绩。宋神宗元丰二年（1049）四月，苏轼又来到了湖州（今浙江吴兴）担任知府。新的环境，新的开端，苏轼开始酝酿新的工作计划，要为地方百姓多做些实实在在的好事。然而，这一切却都不可能实现了，一场突如其来的灭顶之灾，彻底打碎了他的美好愿望。事情还得从头说起。

黑云压城　山雨欲来

苏轼在地方工作的这几年，朝廷的政局发生了很大的变化。当年吵得热火朝天的变法派、反对派的核心人物，都已经先后离开了朝廷。强硬的变法派领袖王安石在三年中先后两次被罢免宰相，后来只好心灰意冷地闲居在南京。反对派的领袖人物司马光则长年闭门著书，不问国事。

当时的朝廷上，主要活跃着这么几类人物：

一是宋神宗。他二十岁继承皇位，在王安石的辅佐下大力推行变法改革。如今十多年过去了，神宗已经三十多岁，由一个锐气十足的小伙子变成了一个成熟老辣的独裁者。随着改革进入攻坚阶段，他迫切需要建立牢固的个人权威，因此对反对变法的传统势力采取越来越严厉的压制态度。换句话说，熙宁年间变法刚刚起步的时候，反对派的声音还只是不同政见，不是什么罪过；但是到了元丰年间，变法早已成为庙堂国是，谁再要抨击新法、表达反对意见，那就是反对国策，就是反对神宗皇帝，就是犯罪。

二是王安石的门生以及他提拔的新进之士，代表人物是御史中丞李定、权监察御史里行舒亶、何正臣。他们的工作是负责监察、审理、审讯、监督朝廷官员，其职能大体类似于现在的国家监察部。这些人都是依靠革新和变法的潮流走上朝廷高位的，根底较浅、声望较低。他们最担心的就是司马光、苏轼这样反对变法的旧党人物卷土重来，危及自身的利益。所以他们对于旧党人物时刻保持高度警惕，只要有适合的时机，便不遗余力地予以抨击、打击。

三是宰相王珪等人。从严格的意义上来说，这些人没有什么一定的政治主张、政治原则，也没有什么实际的政治才干。比如王珪，就是所谓著名的"三旨"宰相—— 请来圣旨、得到圣旨、传达圣旨（事载《续资治通鉴长编》卷356）。他们既不是变法派，也不是反对派，之所以能够在朝廷站住脚跟，靠的就是察言观色、见风使舵、固步守成，但这批人最大的危害就是心胸狭隘、嫉贤妒能。

看起来，这三种人都有自己的小算盘，但是有一点可以促使他们拧成一股绳，那就是为了共同的利益所在，要拿吵嚷不休的反对派开刀，给旧党人物一次强有力的打击，借以巩固自身地位。前台主刀的是李定、舒亶等人，王珪是个敲边鼓的角色，至于宋神宗，则是那只隐藏在幕后的看不见的手。

前文曾说，由于种种原因，变法与反变法的争论，最后已经逐步演变为排斥、打击异己分子的残酷政治斗争。那么，拿谁开这第一刀呢？他们把目标锁定了苏轼，认为他最合适。归结起来，原因有这么几个：

第一，苏轼在反对变法的旧党人物中，名气比较大，声望比较高。欧阳修去世后，苏轼逐渐成为文坛与学界的领袖人物，身边聚集了如“苏门四学士”“苏门六君子”等一大批著名的文人学者，在社会上具有很大影响力。如果扳倒了苏轼，也就扳倒了拥护他的那些文人，扳倒了一大半反对派。

第二，在反对派当中，苏轼敢说敢为，反对新法的声音比较高，抨击力度较大。虽然这七八年他一直做地方官，但还是呈给皇帝不少反对新法的奏章，写了不少抨击新法、嘲弄新法人物的诗文，在社会上引起强烈的反响。他虽然距离朝廷远，可是他声音大，是个大喇叭。把他给扳倒了，等于就把这个喇叭给堵起来了。

第三，宋神宗虽然不满意苏轼的反变法言论，却非常欣赏他的才华。皇宫里的人都知道，神宗吃饭的时候，只要停下筷子阅读，那肯定是苏轼的诗文或奏章（事见宋王巩《随手杂录》）。偏偏他这几年在地方上干得不错，政绩突出，深得百姓爱戴，还得到了宋神宗的嘉奖。保不准哪一天神宗会一声令下，将苏轼调回京城加以重用呢？对于李定等人来说，这是个极不稳定的危险信号。所以他们坚决不能让苏轼这样的人再次回到朝廷，不但要把他扳倒，最好能置之于死地，这就会使得反对变法的旧党人物失去一次东山再起的机会，起码失掉一员大将，这对于巩固自身的地位是非常有好处的。

祸从口出　罪从天降

但是究竟怎样才能真正扳倒苏轼、置苏轼于死地呢？李定等几个人一碰头，想来想去，“讥讪朝政”“愚弄朝廷”“指斥乘舆”是比较适合苏轼的致命罪行。说白了，就是苏轼讽刺新法，藐视朝廷，训斥皇帝——这么严重的罪名，够砍一百次头了！但是你空口白牙地说人家有罪，谁相信呢？所以，要想扳倒苏轼，必须得点燃一根导火索，让这股火苗一直烧到宋神宗头上，才能达到最佳效果。

导火索终于找到了。苏轼到达湖州之后，按照惯例，给皇帝写了一封表示感谢的奏章，即《湖州谢上表》。这封奏章按惯例在朝廷的邸报（内部新闻通报）上发表，供群臣传阅。李定等人反复细读这份短短的三百多字的上表，终于从字里行间挖出几处刺眼的文字——

苏轼说湖州“风俗阜安，在东南号为无事；山水清远，本朝廷所以优贤”，即湖州风俗纯朴，是东南地区平安悠闲的城市；山水清秀，是朝廷礼遇贤能的好地方。这分明是在埋怨朝廷不给他委以重任嘛！

苏轼说“臣性资顽鄙，名迹堙微。议论阔疏，文学浅陋。凡人必有一得，而臣独无寸长”。自己个性古怪顽固，人微名小，才学浅陋，议论不当，别人各有所长，自己却毫无所长。这分明是正话反说，借此自我吹捧嘛！

苏轼说自己在仁宗朝就在中央做过官，现在又连续担任地方长官。这分明是摆臭架子、老资格，向朝廷邀功请赏！

苏轼说皇上“知其愚不适时，难以追陪新进；察其老不生事，或能收养小民”，意思是说皇上知道我愚昧不合时宜，难以追随那些升迁迅速的官员，知道我年老不会惹是生非，也许还能照顾百姓。这分明是对维护变法的新进官员的人身攻击。还自诩“老不生事”，难道朝中的人都在惹是生非？

神宗元丰二年（1079）六月二十七日，权监察御史里行何正臣首先发难，他上奏神宗皇帝说：苏轼在《湖州谢上表》中妄自尊大，大放厥词，愚弄朝廷，中外人士无不惊叹。他指责苏轼怙恶不悛，却还泰然自若，对朝廷诽谤谩骂无所不为。但凡有水旱灾害、山林盗贼，苏轼一定会归咎于新法，甚至有一种幸灾乐祸的样子，似乎唯恐灾害还不够深重。何正臣认为，在推行新法的关键时刻，在变法尚未完全成功之际，朝廷必须要明确赏罚，以示天下。对于像苏轼这样的大恶之人，难道可以不加以惩治吗（语载《续资治通鉴长编》

卷 299）？

七月二日，权监察御史里行舒亶第二个上阵。他将苏轼在杭州出版的《元丰新添苏子瞻学士钱塘集》这部诗集献给神宗皇帝，认为苏轼的诗文处处都在讽刺新法、侮辱朝廷甚至皇上。这些诗文在朝廷内外造成很恶劣的影响，对皇上、对朝廷实在是大不敬。皇上给贫民发贫困补助款，苏轼在诗中讽刺说“赢得儿童语音好，一年强半在城中”；皇上颁布新法令考核官员，他讽刺说“读书万卷不读律，致君尧舜知无术”；皇上兴修水利，造福农桑，他讽刺说“东海若知明主意，应教斥卤变桑田”；皇上下令盐业专卖，严禁私营，他讽刺说“岂是闻韶解忘味，尔来三月食无盐”。总而言之，只要皇上、朝廷有新举措，他就应口而言，极尽讥讽之能事。这些言论或者刻在书版上，或者刻在石碑上，广为传播，自以为能。而苏轼最近所上《湖州谢上表》，更是对变法横加指责，其言论在街头闾巷广为流传，志义之士无不愤怒。舒亶请求神宗皇帝立即将苏轼交付有关部门，严加惩处，杀一儆百（语载《续资治通鉴长编》卷 299）。

但是三十二岁的宋神宗并没有明确表态，也许他觉得时机还不成熟，还在观望犹豫。

就在舒亶上言的同一天，御史中丞李定终于亲自出马，他上奏皇帝，明确指出苏轼犯有四大该杀之罪——

第一，苏轼此人本来不学无术，只不过偶然考中科举，浪得虚名，在朝廷滥竽充数罢了。他三番五次诽谤朝廷，当今圣上皇恩浩荡，宽宏大量，不追究他的罪名，给他改过自新的机会，没想到他依然怙恶不悛，其罪恶昭然天下，该杀！

第二，古人说，对于恶人，先行教导，如果不听从，然后可以诛杀之。陛下等待苏轼悔过自新已经很久了，可是他不仅不知悔改，反而变本加厉，面对朝廷、圣上，依然口出狂言，傲慢无礼，为中外人士所知，该杀！

第三，苏轼讥讽、诽谤、抨击圣上、朝廷的诗文言论，虽然没有什么道理，却颇能蛊惑人心，混淆视听。为官之人，不遵循陛下的法令，内心冥顽不化，不服从皇帝的教化，按照先王的法令就该杀头！

第四，苏轼精通史传，应该懂得侍奉皇上要遵守君臣之礼，诽谤圣上就是死罪。但他却为了发泄自己内心的私愤，公然诋毁圣上的名誉。苏轼怨恨陛下不重用他，所以对陛下所施行的一切政策都彻底地诋毁，真可谓明知故犯，该杀（语载《续资治通鉴长编》卷299）！

连续四大罪状，连续四个该杀，这个导火索一点着，火苗就"呼呼"地直接烧到皇帝头上，苏轼不死也难啊！现在，神宗手里攥着好几张措辞激烈的起诉书，他必须也可以做出决定了——他下达圣旨，将苏轼的案子交付御史台调查处理。

御史台自汉代以来又被称为"乌台"，所以苏轼的这个案子被称为"乌台诗案"。

李定等人立即布置派遣太常博士皇甫僎前去缉捕苏轼。皇甫僎带着儿子与两名军士一行人快马加鞭，日夜兼程赶往湖州。情况万分危急，可苏轼还蒙在鼓里！

千里缉捕　锒铛入狱

最先得知这个坏消息的是驸马王诜，他的夫人是宋神宗的姐姐。王诜与苏轼交情深厚，他火速通知在南都（今河南商丘）任职的苏辙。苏辙听到这个消息，简直惊呆了，立刻派人飞马奔赴湖州，希望赶在皇甫僎之前通知苏轼，好让兄长有个思想准备。苏辙派出的飞马哪里赶得上皇甫僎这个官差的骏马？多亏皇甫僎到润州（今江苏镇江）时，儿子忽然生病，结果耽误了半天，苏辙的信差终于抢先一步赶到，给苏轼报告了这个爆炸性消息（事载宋孔平仲《孔氏谈苑》）。

七月二十八日，皇甫僎一行抵达湖州。

此时苏轼正在休假，由他的副手、湖州通判祖无颇代知州事。皇甫僎身穿官袍官靴，手持笏板，气势汹汹径直闯入州衙。两位御史台军士身着白衣，头扎青巾，怒目圆睁，脸色狰狞，分列在皇甫僎两侧。衙门上下人心惶惶，一片混乱。

苏轼哪见过这阵势！他也不知道自己犯了什么罪，非常害怕，不敢出去，在衙门后与祖无颇商量对策。祖无颇安慰他说："事已至此，也没有什么更好的办法，总还是要出去应对吧！"苏轼问："我现在已经是罪人了，恐怕不能再穿朝服了吧？"祖无颇头脑还算冷静，他对苏轼说："你还不知道自己是什么罪名，还不是罪人，当然应当穿朝服出迎。"

苏轼的情绪这才稍稍稳定，他穿上官服，手持笏板，出去见皇甫僎，祖无颇等官员也都身穿官服排在他身后。但见那两位御史台军士的腰间鼓鼓囊囊，好像藏有匕首。皇甫僎脸色铁青，一言不发，气氛更加恐怖。最终还是苏轼先开口，他说："我知道自己多次激怒朝廷，今日使者前来，肯定是赐死。死倒不怕，只求能与家人诀别。"皇甫僎这才从牙缝里挤出一句话："倒还没有那么严重！"

祖无颇这时上前问："您一定带来皇上的诏命了吧？"皇甫僎厉声问他："你是何人？"祖无颇回答："代理知州。"皇甫僎于是拿出诏命，众人打开一看，不过是将苏轼革职带进京的普通公文，这才暗暗松了一口气。皇甫僎催促立即上路，两名士兵立刻上前将苏轼五花大绑，片刻之间，苏轼这位湖州知州如鸡犬一般被拉出城外，拖上官船（事载《孔氏谈苑》）。

苏轼的妻儿老小急忙追赶出来，哭天抢地紧随在后。苏轼心里既慌乱又难过，但他依然不失文人本色，在这个当口儿，忽然想起一个故事来：当年宋真宗招揽贤才，有人推荐诗人杨朴。宋真宗立即召见，让杨朴作诗。杨朴说不会，真宗问："你临走的时候有人作诗送行吗？"杨朴说："没有，只有我老婆写了一首绝句，说：'且休落魄贪杯酒，更莫猖狂爱咏诗。今日捉将官里去，这回断送老头皮。'"宋真宗听了哈哈大笑，就把杨朴放回家了。

这个故事苏夫人也听说过，这会儿苏轼回头安慰夫人说："别难过了，你能不能像杨朴的妻子一样，写首诗送我？"苏夫人不禁含泪失笑（事载苏轼《东坡志林》）。

这边儿苏轼刚押走，那边御史台就派人去搜查苏轼的诗文。当时苏轼的全部家人正乘船奔赴南都投奔苏辙，官府连夜在宿州拦截这艘船，翻箱倒柜搜查一通，吓得一家人魂飞魄散。个性一向温顺的苏夫人不禁怒火中烧，她气愤地说："都是吟诗作文惹来这场大祸，他究竟得到什么好处，把我们吓个半死！"一怒之下，将手中残存的苏轼手稿烧了个干净（事载苏轼《黄州上文潞公书》）。

欲加之罪　何患无辞

半个月后，御史台开始正式审理苏轼这起皇帝钦定的大案要案。这个案子怎么审？

起诉书上罗列苏轼的一大堆罪状，几乎都与诗文有关，那就先调查诗文的真实含义再说吧？不行！先定罪再说。审讯一开始，审讯官员就问苏轼五代以下有无誓书铁券。誓书铁券乃是皇帝特赐给功臣及其子孙的免死诏书，苏轼出身低微，哪有什么誓书铁券？这完全是讯问死囚犯的方式（事载宋朱彧《萍洲可谈》）。可见李定等人早就将苏轼内定为死罪，只等证据拿到，再屈打成招，便算大功告成。

证据在哪里？唾手可得！

首先，将已经出版的苏轼诗文全部收集起来，选出一百多首认为有问题的作品。其次，向各地方政府发出公文，务必上交个人手中所有苏轼的诗文，不得隐瞒。结果短到一张便条，长到一首完整的诗，统统上交御史台，仅杭州一地就上缴了数百首之多。然后拿出一首，让苏轼自己解释一首。最初，苏轼只承认个别诗作有讥讽朝政乃至新法的意思。御史们立刻暴跳如雷，他们一口咬定苏轼不老实，展开车轮战法，除非苏轼对诗歌的解释符合他们的心愿，否则就没完没了。

实在不想说实话，那就只有辱骂和暴打了（事载宋周必大《二老堂诗话》）。

面对如此的刑讯逼供，苏轼感到自己前途险恶、生死难料，他的精神多次面临崩溃的边缘。在押往汴京的途中，他就曾想投江自尽，想到兄弟亲人才作罢；入狱后他又准备了一些丹药，想着一旦被判死罪就先行自杀（事载宋孔平仲《孔氏谈苑》）。面对苏轼的遭遇，我们不禁要问，苏轼究竟有没有写“抨击新法、讥讽朝政”的诗文？这些诗果真罪该杀头吗？我们来看一看、评一评：

第一，平心而论，苏轼的确写了不少讥讽、抨击新法的诗作。这其中，有的是因为新法中确实存在问题，有的则是苏轼对新法的偏见。比如朝廷在全国推行各种新法，苏轼在诗中说“赢得儿童语音好，一年强半在城中”（《山村五绝》）。意思是说，农民一趟趟往城里跑，就是为了应付越来越多的法令条例，好处没得到多少，跟在大人身后的小孩儿反倒学会了城里人的口音。要对付许多的新法条例当然会有些麻烦，但归根结底，这些麻烦的新法还是给农民带来了很多的实惠好处，总不能因噎废食吧？这就是苏轼的不对了。

第二，只是一般性地讥讽朝政，并不一定针对新法，更不至于讥讽皇帝。比如朝廷实行官盐专卖，增加国库收入，苏轼在诗中说“岂是闻韶解忘味，迩来三月食无盐”（《山村五绝》）。意思是说老百姓吃春笋没有味道，原因是三个月都没有吃盐了，其实就是埋怨官盐的价格太昂贵。官盐专卖是北宋开国以来就有的法令，并非新法的新规定，但也总算是讥讽朝政。

第三，含义比较模糊，公说公有理，婆说婆有理，各执一词，但也被归入讽刺新法一类。苏轼有两句诗说“东海若知明主意，应教斥卤变桑田”（《八月十五日看潮五绝》）。杭州著名的钱塘江潮到来时，常常有人到江潮中弄潮冲浪，甚至有人借此下赌获利。这种行为非常危险，皇帝曾下令不准百姓冒险弄潮。这两句诗的字面意思是说，龙王如果明白皇上的用意，最好将东海化作桑田，弄潮儿就老老实实去种田了。但是据朋九万《东坡乌台诗案》记录，苏轼在拷问中自己承认这两句的意思是：龙王如果知道皇上喜欢大兴水利工程，索性直接将东海改造成万亩桑田算了，而这显然是荒唐不可行的事情。所以这两句诗有可能在讥讽宋神宗推行“农田水利法”不可能成功。但这是在拷问之下逼供出来的解释，究竟是不是苏轼的本意就难说了。

第四，就纯粹属于歪曲诬陷了，这一类在证据中占据大多数。

一天，宰相王珪忽然对神宗说：“苏轼对陛下确有不忠之心。”神宗吃惊地说：“苏轼固然有罪，但对我还不至于不忠吧。你为什么这么说？”王珪将苏轼写的一首描写桧树的诗交给皇帝：“凛然相对敢相欺，直干凌云未要奇。根到九泉无曲处，世间惟有蛰龙知。”（《王复秀才所居双桧》）他指着后面两句说：“陛下飞龙在天，而苏轼却求知于地下的蛰龙，这不就是不忠吗？”神宗虽然年轻，被这个案子弄得焦头烂额，但脑子还算清楚，他不以为然地说：“诗人之语怎么能这样理解呢？他不过是描写桧树而已，不关我的事。”翰林学士章惇也觉得王珪说得太离谱了，解释说：“龙并不唯独指国君，作臣子的也可以自称龙。”神宗点点头说：“自古自称龙的人多了，如诸葛孔明自称卧龙，他并不是国君。”王珪这才不吭声了。但是你看看，他们污蔑陷害的本领有多高！下朝以后，章惇实在忍不住了，问王珪："你是不是非得让苏轼家破人亡才觉得高兴？" 王珪说："这都是舒亶出的主意。" 章惇不客气地说："舒亶舒亶，他的口水也是可以吃的吗？" 章惇后来评论王珪的卑劣行径说："无所顾忌地诬陷残害他人，竟然可以达到这种程度！"（事载宋叶梦得《石林诗话》、宋王巩《闻见近录》）

说来说去，究竟有没有一首诗可以导致杀头之罪的？我们看得清清楚楚，结论是没有，也不可能有。苏轼不过是个做过几任地方官的诗人，政治立场较为保守，看问题虽然比较尖锐，有时候也很片面，再加上免不了有些文人习气，喜欢写诗发牢骚，喜欢在诗里说些尖酸刻薄的话，仗着博学多才，喜欢在诗里用些刁钻古怪的典故发泄怨气，在士大夫圈子里传来传去，造成一些不利于变法的舆论，但仅此而已，跟杀头的罪名八竿子都打不着。

不过，杀头定罪这种事本来就与诗歌的内容没什么直接关系。他们只要想抓你，只要想定你的罪，想杀你的头，还担心找不到理由吗？更何况天下人都知道苏轼是反对新法的。漫长的审讯终于告一段落，苏轼写了两万多字的供状，御史们则准备以攻击新法、讥讽朝政的罪名起诉苏轼，只等神宗御笔一挥，即可结案。

而此时此刻的苏轼，神经也是高度紧张、高度敏感，其实即便旷达超迈如苏轼，一旦面对死亡的威胁，又如何能做到心如止水？苏轼在狱中时，曾与儿子苏迈约定，平时苏迈送饭，只送肉与菜，如果被判定死罪，则以送鱼为信。一天，苏迈出城办事，拜托一位朋友代为送饭，朋友为了给苏轼改善伙食，特地送来一尾鱼。苏轼看后大惊，以为死罪不免，心中不禁涌起一阵悲凉，想到家中的妻儿老小，想到远在南都的兄弟苏辙，他的心情如何能够平静？绝望之余，他提笔写道："是处青山可埋骨，他年夜雨独伤神。与君今世为兄弟，又结来生未了因。"（《狱中寄子由二首》其一）看来，明年就是我的周年，子由啊子由，我们只有下辈子再做好兄弟了（事载宋陈善《扪虱新语》）！

多方施救　死里逃生

难道，苏轼真的要被李定等人牢牢地钉在断头台上了？朝廷上下就没有一个人肯为这个文学天才说句公道话吗？苏轼的生命真的要终结在四十四岁了吗？

当然不会！当时开口救助苏轼的主要有这样几类人——

一是反对派中的退休大臣。七十多岁的退休宰相张方平是三朝元老，与苏家父子关系密切。老人给神宗皇帝写信呼吁赦免苏轼，但是当地政府官员胆子小，不敢转呈给皇帝。张方平大怒，就叫儿子张恕直接去交给朝廷。张恕生性怯懦，在登闻鼓院（专门受理上诉公私利害、朝政缺失、理雪冤案诉状的机构）门外徘徊了很长时间，还是没敢交出去。后来苏轼出狱后，看到张方平给皇上的这封信的副本，不禁大惊失色，连连吐舌头。原来，张方平在信中劈头就说苏轼“实天下之奇才”，劝神宗本着爱惜人才之心赦免苏轼。苏轼深知，当时说他是奇才，反而会激怒神宗，多亏张恕怯懦，没有交出这封信，否则苏轼下场就惨了（事载宋马永卿《元城先生语录》）。

二是革新派中的退休大臣。当时早已退居江宁（今江苏南京）的王安石给神宗写信说：“哪里有圣明的时代杀有才华的士大夫的？”王安石这句话起了很大的作用。毕竟，他是宋神宗器重的人物，虽然已经退居南京，仍然具有巨大的影响力。

三是在职的中立派大臣。一天，宰相吴充问神宗：“陛下以为曹操这个人怎么样？”神宗回答：“不值一提。”吴充说：“陛下以尧、舜为楷模，自然鄙视曹操。但连曹操这种坏人都能容忍当面骂自己的祢衡，您为什么就不能容忍说了几句怪话的苏轼呢？”一番话问得神宗心里发慌，只好说：“我没有别的意思，只不过想澄清是非，很快就会放了他。”（宋吕希哲《吕氏杂记》）

四是后宫的势力。神宗的祖母曹太后病重，神宗去看望她。太后拉住神宗的手问他：“我怎么看你好几天都不高兴？”神宗回答：“变法尚未见出成效，有个叫苏轼的总是借着写诗诋毁诽谤新法。”太后又问：“是不是苏轼、苏辙兄弟？”神宗吃了一惊，忙问：“祖母如何知道他俩的名字？”太后说：“有一年，仁宗皇帝主持制举后回到宫中，高兴地说：‘我今天选拔出两名宰相之才，一个叫苏轼，一个叫苏辙。我年纪大了，来不及用他们，留给子孙不也很好吗？’”太后随即问这两人现在何处。神宗回答，苏轼现正关押在牢狱之中。太后说：“因写诗文而系于牢狱，自从开国以来尚无先例。我患病已久，万不可再致冤屈之事，以免损伤天地中和之气。”说着流下泪来。不久，太后病情加重，神宗准备下诏大赦天下，太后说道：不必赦免那些凶顽之徒，只要赦免了苏轼便可（事载宋方勺《泊宅编》）。

面对来自各方面要求赦免苏轼的呼声，那些要置苏轼于死地的新党人物怎么办？难道他们会轻易放走到手的猎物吗？当然不会。于是他们连续上书，请求宋神宗务必重判苏轼，同时还要求将司马光等几个最顽固的旧党领袖统统杀头。面对这截然对立的两股势力，宋神宗该如何处理呢？

毕竟，神宗是最高统治者，是最后拍板的人，他并没有人云亦云，他有自己的打算。

一天晚上，苏轼已经睡着，忽见牢门被打开，一个人径直走进来，将手中包袱往地下一丢，倒头便睡。苏轼心想，或许是新来的犯人吧，便未加理睬，继续睡自己的觉，不一会便鼾声大作。到了四更天，大概相当于现在的凌晨两三点钟的时候，苏轼被那个新

“犯人”摇醒来，那人连声对苏轼说：“贺喜学士，贺喜学士！”苏轼莫名其妙，问是怎么回事，那人却说：“您只管睡觉便是。”说完拎起包袱走了。天亮之后，那个所谓的新“犯人”去向神宗汇报说，苏轼昨晚举止坦然，一夜熟睡，鼻息如雷。神宗高兴地对左右大臣说：“我早就知道苏轼胸中无事，心里没鬼。”原来，那是神宗派去观察苏轼的小太监（事载宋何薳《春渚纪闻》）。

十二月二十八日，苏轼系狱五个月后，案件终于做出终审判决：苏轼因为“诽谤朝政、妖言惑众”的罪名被贬任黄州团练副使。通风报信的驸马王诜被撤销一切职务。苏辙救兄受到牵累，也被贬官。另有牵扯到本案的两位大臣罚铜三十斤，六位大臣罚铜二十斤，其他涉案人员也都受到了程度不同的处分。

这件案子终于尘埃落定，用一句话来概括就是：雷声大雨点小。神宗把苏轼放在火上烤了烤，达到了整肃纲纪、压制言论的目的，但也没把苏轼烤糊；李定等人虽然没有完全达到斩草除根的目的，但总算出了一口恶气，暂时巩固了自己的阵地；而苏轼，虽然在鬼门关里走了一遭，吃了不少苦头，但毕竟得到了神宗的宽大处理，捡了一条性命，应该说是不幸中的万幸。

算起来，苏轼被整整拘押了一百三十天，现在，苏轼从牢房里走出来，觉得空气清新，微风拂面，路上行人络绎不绝，自由真是太可贵了！

当天晚上，不可救药的乐观主义者苏轼一口气写了两首诗，其中一首写道：

却对酒杯浑是梦，试拈诗笔已如神。
此灾何必深追咎，窃禄从来岂有因。

（《十二月二十八日，蒙恩责授检校水部员外郎黄州团练副使，复用前韵二首》其一）

诗的意思是：面对酒杯，我觉得刚刚过去的事情像一场梦，拿起笔来作诗依然感觉出神入化。大难过后何必再去回想往事呢，劫后余生难道都是有原因的吗？苏轼写完这两首诗，丢掉毛笔，搓搓手掌，骂了自己一句："你真是死不改悔！"（事载宋孔平仲《孔氏谈苑》）

现在，苏轼该打点行装去黄州任职了。大难不死的苏轼该怎样面对黄州的生活？

请看第四章《潇洒东坡》。

丁酉夏
康震

雲散月明誰點綴
天容海色本澄清

东坡居士六月廿日夜渡海 丁酉年仲春 康震

第四章

潇洒东坡

什么叫潇洒？潇洒不是一天到晚昂着脑袋、甩着袖子在大街上走，潇洒很具体，它是你在生活当中，面对每一个具体困境时的表现。你的人生中所面临的每一个挑战，都在检验你潇洒的底线。

在错综复杂的北宋政局中，作为保守派重要代表人物的苏轼成为新党围攻的目标，遭遇了人生的一大劫难——“乌台诗案”。他虽然保住了性命，却被降职，贬谪黄州（今湖北黄冈）。

从春风得意的科场奇才，到谪居落寞的戴罪犯官，经历了人生巨大落差的苏轼将面临怎样的生活？在黄州，东坡居士这个名字开始叫响并流传至今，从苏子瞻到苏东坡，苏轼又经历了怎样的人生磨难和内心的痛苦挣扎？也许有人会说，用“潇洒”概括苏轼在黄州的生活似乎不大适宜，苏轼遭到这么大的磨难，从堂堂知府被贬到黄州做小官，人生反差这么大，还说潇洒？他能潇洒得起来吗？确实，要潇洒起来太难了，但是苏轼却在努力地去做。

勤勉务实　便是潇洒

苏轼在黄州的潇洒主要体现在两个方面：一个是物质生活，一个是精神生活。苏轼在黄州的物质生活面临三大难题：

第一难，花销问题。苏轼在黄州所担任的职务是：黄州团练副使本州安置、不得签书公事。“团练副使”大体相当于今县级人民武装部副部长，但是“本州安置、不得签书公事”两句话表明，苏轼这个副部长没有签字权和行政权，就只是个空头官衔。他的身份，本质上是由黄州官府代为看管的犯官。按照朝廷的规定，像苏轼这样的犯官，除了一份微薄的实物配给之外，没有正常的俸禄薪水。苏轼做了二十多年官，“俸入所得，随手辄尽”（苏轼《与章子厚参政书》），俸禄到手，随到随花，从来没有储蓄的习惯。所以他来到黄州后，一家老小二十多口人的花销就成了大问题。按照黄州当地的物价水平，一斗米大约二十文钱，一匹绢大约一千二百文钱，再加上各种杂七杂八的花销，一个月下来也得四千多文钱。但是现在的苏轼是犯官身份，哪儿有那么多钱啊？

不过这难不倒苏轼，钱多我就多花，钱少我就计划着花，这就是苏轼对待金钱的潇洒态度。他现在虽然没有正常的薪水，不过积蓄还是有一点儿的，于是他做了精心的计划，规定：今后每天花费不超过一百五十文钱。每月初一取出四千五百文钱，分为三十份，挂在屋梁上，每早用叉子挑一份，然后将叉子藏起来。当天剩余的钱另外存在大竹筒里，作为接待客人的费用（事载苏轼《答秦太虚书》）。

但就算这样精打细算，手头的现钱也只能支撑一年多。那么，一年以后怎么办呢？苏轼说：“至时，别作经画，水到渠成，不须预虑。以此，胸中都无一事。”（《答秦太虚书》）意思是说，到了钱用光的时候，再做筹划，正所谓水到渠成，一年后的问题一年后再考虑，不需要提前发愁。聪明潇洒的人，从来不给自己提前预支烦恼。

第二难，住房问题。按照朝廷规定，苏轼这样的犯官无权享受官府提供的住宅，那一家二十多口人住在哪里？开始的时候，苏轼一家住在江边一个废弃的官府驿站——临皋亭。这个地方不仅潮湿闷热，而且拥挤不堪，来了朋友更是无法安排。后来，苏轼在种地的东坡园中选址修建了五间泥瓦农舍。农舍在大雪纷飞的冬季建成，苏轼在厅堂四壁涂白如雪，起居坐卧，四面环顾，俱为雪景，故而美其名曰“雪堂”（事载苏轼《雪堂记》）。雪堂不仅解决了家庭住房的困难，从此也成为苏轼在黄州精神生活的重要象征。

第三难，吃饭问题。这个问题其实是第一个问题的直接后果，没有足够的钱当然就没有足够的口粮，怎么办？苏轼的决定同样潇洒：脱下文人的长袍，穿上农夫的短打，自己动手，开荒种地。经过多方申请，当地政府批给苏轼一块五十亩的废弃坡地。苏轼非常钦佩唐代大诗人白居易，常常在诗词中以乐天自比。白居易被贬忠州刺史时，曾作《步东坡》诗，诗云：

朝上东坡步，夕上东坡步。
东坡何所爱，爱此新成树。

现在，这块五十亩的贫地正好位于黄州城东门外，于是苏轼干脆给这块地取名“东坡”，并自称“东坡居士”（事载宋周必大《二老堂诗话》）。苏东坡这个名号就是这么来的，它在民间的影响可要比苏轼这个名字大多了！

在一般文人看来，开荒种地本来就不是什么体面的事情，不过是一块废弃的坡地，却偏偏称作什么“东坡”？一介犯官，被贬偏隅之地，穷困潦倒，却还要自称什么“居士”？简直是不以为耻，反以为荣！没错！这就是苏轼的与众不同之处。谁说文人不能种地？谁说种地的人就不能自称居士？又有谁规定种地丢人现眼？没有饭吃，就得种地，收割庄稼，就有饭吃，就是这么简单的道理，多少所谓的文人却不明白，也不愿意明白。

什么叫潇洒？潇洒不是一天到晚昂着脑袋、甩着袖子在大街上走。潇洒很具体，它是你在生活当中，面对每一个具体困境时的表现，你的人生中所面临的每一个挑战，都在检验你潇洒的底线。“东坡居士”这个名号也透着一股潇洒劲儿。居士的本意是指在家修行的佛教徒，但“东坡居士”这个称谓显然超越了本意的内涵，拥有更丰富的魅力——黄州的苏轼，是个平凡的、养家糊口的劳动者，是个善于在劳动中寻找审美趣味的文人，也是个勇于在苦难中摆脱心灵枷锁的哲人。他说:“我刚刚来黄州两年，生活窘困而匮乏。老朋友马正卿感慨我缺衣少食，帮助我从州郡那里申请下来数十亩土地，以供躬耕之用。这几十亩荒地，布满荆棘瓦砾，天气又很干旱，开垦拓荒令人精疲力竭，其中的劳苦真是说不尽！暂时放下锄头，喝碗水，写下《东坡八首》，自己哀怜自己的勤勉，等到来年有了不错的收成，这周身的劳顿疲倦就可以统统忘记了。”（见《东坡八首并叙》）黄州的苏轼，在后代的眼中雅俗共赏，赢得了农夫与士大夫的共同赞许，而东坡也成为苏轼在黄州的第一个重要象征。

苏轼带领家人在东坡开垦荒地，播种大麦，第二年，就收获了二千多斤。我们知道，现在大麦的主要用途一是作饲料，二是酿啤酒，但在当时这却成为苏轼一家人的口粮。大麦饭有个特点，口感滑滑的、黏黏的，挺筋道，有嚼头儿，吃起来啧啧有声。几个儿子边吃边说:“父亲，这个大麦饭吃起来像是在咬跳蚤啊！”不过大麦饭吃多了不好消化，而且酸不溜丢的。苏轼于是改革大麦饭，将黄色的大麦与红豆掺在一起，口味独特，苏夫人笑着说:“这是真正的二红饭！”（事载苏轼《二红饭》）庄稼要是歉收，饭就不够吃，怎么办？勒紧裤腰带！有人会说，这算什么潇洒，一个文人混成这样，太丢脸了！但苏轼并不这么看，他专门写了一篇《节饮食说》，贴在墙壁上，作为养生补气的座右铭。全文如下：

> 东坡居士自今日以往，早晚饮食不过一爵一肉，有尊客盛馔则三之，可损不可增。有召我者，预以此告之。主人不从而过是，乃止。一曰安分以养福，二曰宽胃以养气，三曰省费以养财。

意思是：东坡居士从今往后，早晚吃饭不过一杯酒、一块肉。如果有尊贵的客人来访，即便摆下丰盛的酒宴，也只是三杯酒、三块肉，只可减少不可增加。如果有人请客，我就事先向他通报自己吃饭的原则。如果主人不听从非要超过这个界限，就干脆不去赴宴。为什么这样做？苏轼回答：一来安分养福气，二来宽胃养神气，三来省钱养财气。

饿肚子当然很难过，也很没面子，但是苏轼并不觉得，反而堂堂正正地讲了三条大道理，这不是面对困难、超越困难的潇洒是什么？当然，辟谷节食本来也是道家养生的重要手段，但毕竟辟谷是积极主动的节食，而挨饿是被动的节食，能够将这二者故意混淆并赋予崇高目的的，大概只有苏东坡了！

苦中作乐　亦是潇洒

当然，真正的潇洒并不仅仅是写写文章、动动嘴皮子，关键还在于亲身实践，在实践中表现出潇洒的风采、潇洒的内涵。黄州的饮食、生活条件都比较困难，但是再难也难不倒苏轼这个潇洒的美食家，他总能在恶劣的环境中创造享受美食的机会。正是在黄州，他发明了著名的东坡肉，有颂文为证，颂文曰：

> 净洗铛，少著水，柴头罨烟焰不起。待它自熟莫催它，火候足时它自美。黄州好猪肉，价贱如泥土。贵者不肯吃，贫者不解煮。早晨起来打两碗，饱得自家君莫管。(《猪肉颂》)

翻译成白话小儿歌就是：洗净大锅少放水，文火慢炖莫张嘴。火候到了揭锅盖，肉味真香好可爱！黄州猪肉真便宜，价钱好比黄泥土。有钱人家不肯吃，穷人家里不会煮。早上起来吃两碗，饱我肚子你别管。

第二道菜叫作东坡羹，也有颂文为证，颂文曰：

> 东坡羹，盖东坡居士所煮菜羹也，不用鱼肉五味，有自

然之甘。其法以菘若蔓菁、若芦菔、若荠，皆揉洗数过，去辛苦汁。先以生油少许涂釜缘及一瓷碗，下菜沸汤中，入生米为糁，及少生姜，以油碗覆之，不得触，触则生油气，至熟不除。（《东坡羹颂》）

翻译成白话菜谱是：第一步，将大白菜、大头菜、大萝卜、野荠菜反复揉洗干净，意在除去菜蔬中的苦汁儿；第二步，在大锅四壁、大瓷碗上涂抹生油；第三步，将切碎的白菜、萝卜、荠菜及少许生姜放入锅中煮菜羹，用油碗覆盖但不触碰菜羹，否则会有生油味；第四步，将盛满米的蒸屉放在锅上，等到菜完全煮熟后再盖上屉盖。煮东坡羹的诀窍在于：菜羹煮沸时必然上溢，但因锅四壁涂有生油，又有油碗覆盖，因此不会溢上蒸屉。但是蒸气上达蒸屉，米饭也就煮熟了。这样一来，锅中的菜羹以及蒸屉中的米饭都一次加工而成，方便实惠，价廉饭美，有点儿类似于现在的快餐“盖浇饭”，做到菜饭合一，简便易食，苏轼曾将它介绍给一些道士、和尚朋友，很受欢迎。

有了一盘东坡肉、一碗东坡羹，还缺一杯酒。苏轼按照朋友杨世昌道士提供的秘方酿造蜜酒，并作《蜜酒歌》一首：

西蜀道士杨世昌，善作蜜酒，绝醇酽。余既得其方，作此歌遗之。

真珠为浆玉为醴，六月田夫汗流泚。
不如春瓮自生香，蜂为耕耘花作米。
一日小沸鱼吐沫，二日眩转清光活。
三日开瓮香满城，快泻银瓶不须拨。
百钱一斗浓无声，甘露微浊醍醐清。
君不见南园采花蜂似雨，天教酿酒醉先生。

先生年来穷到骨，问人乞米何曾得。
世间万事真悠悠，蜜蜂大胜监河侯。

诗歌大意是：第一天酿酒缸里的酒液开始像小鱼一样吐泡泡，第二天酒液清澈光亮，第三天打开酒缸居然闻到酒香。这甘浓的美酒清亮迷人，你看那南园中的蜜蜂像雨滴一样浓密，看来上天酿酒想要醉倒我。苏轼这首《蜜酒歌》中反复出现蜜蜂、采花，看起来这个蜜酒真是香甜无比。可惜，苏轼酿出的所谓蜜酒，喝下去似乎并不怎么甜蜜，反而会导致严重的腹泻。有人曾问苏轼的两个儿子苏迈、苏过，这究竟是怎么回事？到底是酿酒秘方有问题，还是酿造工艺有问题？两位苏公子不禁拊掌大笑。他们说，其实他们的父亲在黄州仅仅酿过一次蜜酒，后来再也没有尝试过，那一次酿出来的味道跟屠苏药酒差不多，不仅不甜蜜，反而有点儿苦苦的。细想起来，秘方恐怕没有问题，只是苏轼太性急，可能没有完全按照规定的工艺去酿，所以酿出来的不是蜜酒，而是“泻药”（事载宋叶梦得《避暑录话》）。

其实，不管苏轼酿出来的是什么，当他按照杨道士的秘方，满怀希望酿酒的时候，未尝不是在酿造着自己对人生、生活的一分希望吧？在黄州这个地偏人稀的小城，也许正是这一杯苦涩的家酿蜜酒，能够给东坡居士带来一点甜蜜的快乐吧？如果说从苦涩的酒水里能够品味出甜蜜的味道，也不惧怕腹泻的危险，这又算不算是一种潇洒呢？

现在我们品一块东坡肉，吃一碗东坡羹，少喝一点东坡蜜酒，生活真美好啊，恍惚之间觉得自己也变成了苏东坡，你说潇洒不潇洒？生活当然还是很苦，但是要善于苦中作乐，在艰苦的环境中寻找乐趣，这才是真潇洒。

著书交友　自是潇洒

物质生活上的三大难题，苏轼都一一潇洒解决，那么他将如何面对精神生活上的难题呢？苏轼在黄州，精神生活上也面临三大难题：

第一个难题，自我价值的实现。苏轼被贬黄州时正当中年，本是政治上飞黄腾达的好时光，但眼下这条路却走不通了。难道四十多岁的苏轼就这样任凭时光流逝、岁月蹉跎吗？在仕途不顺的情况下，他究竟怎样才能实现一个文人不朽的价值呢？

古人曾说："大上有立德，其次有立功，其次有立言。"（《左传·襄公二十四年》）也就是说不朽的人生是由立德、立功、立言组成的。对于现阶段的苏轼来说，立功是没有机会了，立德需要一生的积累，所以立言成为苏轼在黄州时期实现文人不朽价值的重要途径。黄州这现实的牢笼，也许限制了苏轼行动的自由，但又如何能限制他思想的自由呢？在给朋友的信中，苏轼说："我在黄州闲废无事，也无所用心，于是专心著述，在一两年之间完成了对《论语》《周易》的注释工作"（《与滕达道六十八首》之二十一），借以阐发自己的政治思想与学术思想。《论语说》五卷、《易传》九卷的完成与《书传》的开始写作，标志着苏轼自成一家的学术思想的形成，也标志着他开始跻身于北宋最重要的思想家之列，其学说与王安石"新学"对立而自成一家，被称为"苏氏蜀学"。

在著书立说的同时，苏轼一刻也没有忘记博览群籍、广泛读书。我们曾在前文提到，苏轼之所以学识渊博、下笔有神，一个非常重要的原因就在于他有着刻苦勤奋的学习精神。雪堂是苏轼的书房，一次，他反复阅读朗诵唐代诗人杜牧的名篇《阿房宫赋》，每读罢一遍，就再三感慨叹息，一直到半夜三更还不休息。雪堂外有两位守候侍奉的老兵，为此深感痛苦，老兵甲叹息埋怨说："总是念来念去，有什么好处？天这么晚，天气这么冷，还不睡觉！”老兵乙却说：“其中有两句还不错！”老兵甲一听，大怒骂道：“你懂得个什么！”老兵乙不慌不忙地回答说：“我喜欢他念其中一句：‘天下之人不敢言而敢怒！’”苏轼的小儿子苏过那晚正好在床上躺着还未睡着，听到了这两个老兵的对话，第二天告诉父亲，苏轼听后放声大笑说：“想不到这还是个有见识的汉子！”（事载宋无名氏《道山清话》）

原来这一句“天下之人不敢言而敢怒”是形容天下人面对秦始皇的独裁统治，敢怒不敢言。苏轼之所以反复咏叹这一句，无非是感慨主持新法的人物专断独权，不听天下人的意见，没想到这样的用意居然与一个老粗兵丁声气相投。

第二个难题，身体保健。苏轼一家人来到黄州后，难以适应当地湿热的气候，水土不服，纷纷病倒，家里七十二岁的老奶娘因此病逝。所有这一切都提醒苏轼：艰苦的环境对身体健康提出了严峻的挑战。苏轼为了强身健体，总结出一套行之有效的简易练功方法，只要持之以恒，保证身体健康。这里给大家简要介绍几点：第一，子夜以后披衣而起，面朝东或南盘腿床上，上下牙齿叩击三十六次；第二，舌头在口腔、齿腭间缓缓搅动，待产生津液后将其缓缓吞下，想象津液被送入中丹田，如此反复多次；第三，按摩足心以及“脐下腰脊间”直至发热，然后双手摩擦眼、面、耳、项直到发烫；第四，按捏鼻梁左右各六七下，梳头一百多次，然后睡觉，可以一觉睡到大天亮（事载苏轼《养生诀上张安道》）。

苏轼还撷取西汉文学家枚乘大赋《七发》中的语句，编成一个健康顺口溜，贴在雪堂的门窗、茶几、盘盂等地方，使自己能够在起居坐卧的时候随时都能看得到，节录如下：

出舆入辇，命曰“蹶痿之机”；洞房清宫，命曰“寒热之媒”；皓齿娥眉，命曰“伐性之斧”；甘脆肥浓，命曰“腐肠之

药”。(《书四戒》)

翻译成白话儿歌大意是：出入总在车上坐，瘸腿佝偻会萎缩；久居清寒深宫地，一寒一热病患多；贪恋美色多透支，好似利斧性命夺；多吃油腻与生冷，肠胃腐坏年寿薄。

苏轼鼓励朋友说，按照这些健身的办法坚持练习，会腿脚轻快，走路不累，过不了多久，就能成仙啦。但是他也意味深长地提醒：凡是阴险贪婪、性情暴躁之人是无法修炼成功的。

第三个难题，在当地少有朋友，缺乏交流。苏轼一生中朋友太多了，说得稍微夸张一点，他在很大程度上简直就是为朋友而活着。如果一天见不到个朋友，他就难受，就萎靡不振。可现在，那些亲近的朋友四分五散，只能写信却很难见面，这可怎么办呢？

苏轼有两句名言：“自上可以陪玉皇大帝，下可以陪悲田院乞儿。”“吾眼前见天下无一个不好人”(宋高文虎《蓼花洲闲录》)。意思是说，我这个人上能陪玉皇大帝聊天，下能与贫民收容院里的小乞儿玩耍，眼中所见没有一个不是好人。态度决定一切，苏轼认为，只要真心面对，就能交上真心朋友，而营造一个真心坦荡的人际环境，对黄州的苏轼来说太重要了。苏轼在黄州交朋友有四个特点：

第一，天真赤诚。苏轼在黄州交友甚广甚多，这倒不是因为黄州这个地方与苏轼志同道合的士大夫特别多，恰恰相反，在黄州能够真正与苏轼交心对话的通硕大儒没有几个。但这并不妨碍苏轼友朋如云，他在黄州交友，无所谓地位高下、个性差异，只要轻松愉快便可，没有什么一定的规矩原则。一次，他与几个人在一起聊天，可巧这几个人笨嘴拙舌，越聊越没意思，苏轼便一再请求其中一人讲个鬼的故事，岂料那人也不会讲。苏轼便索性说，你姑妄言之，我们姑妄听之，随便瞎编乱造一个也行啊！一番话逗得大家哈哈大笑，于是彼此之间无话不谈，无事不言，尽欢而归（事载宋叶梦得《避暑录话》）。事实证明，只有自己心无芥蒂，胸怀坦荡，周围的朋友才能够以赤子之心对待自己，自己的身边才能拥有一个宽松愉快的人际环境，才能使自己保持轻松愉快的心情。

第二，出言无忌。苏轼与左邻右舍的关系都非常融洽，大家彼此友善相处，不论身份，言语之间无所顾忌。比如潘丙，本是个书生，无奈久试不第，只好以卖酒为生；而郭遘贵为唐代名将郭子仪的后代，却不过是个药店老板，苏轼在诗中称赞他们彼此的友情：

家有十亩竹，无时容叩门。
我穷交旧绝，三子独见存。（《东坡八首》其七）

苏轼在邻居家中，好似在自己家中一样，想说什么就说什么。一次，他在刘监仓家中吃一种酥脆的糕饼，味道不错，于是随口问道："这饼真酥脆，叫什么名字？"老刘只顾做饼子，哪里会想到给饼起名字？于是回答没名儿。苏轼立刻说："那好，这饼子就叫'为甚酥（为什么酥脆）'吧。"他在潘攽家里饮酒，觉得味道很酸，也不管人家的脸色，随口就说："你这酒水肯定是做醋放错了水吧？这酒就叫'错著水（放错水）'吧。"

一天，苏轼带着全家外出郊游，在花间"野饮"，却没有东西吃，就给刘监仓写了一首小诗，诗云：

野饮花间百物无，杖头惟挂一葫芦。
已倾潘子错著水，更觅君家为甚酥。
（《刘监仓家煎米粉作饼子，余云为甚酥。潘邠老家造逡巡酒，余饮之，云莫作醋，错著水来否？后数日，余携家饮郊外，因作小诗戏刘公，求之》）

意思是说：在乡间野花丛中饮酒，一无所有，只有手杖上挂着的一个酒葫芦。已经痛饮了潘家的“错著水”，现在需要吃你们刘家的“为甚酥”啦！

第三，不拘礼法规矩。官府禁止私人酿酒、严禁私宰耕牛、严禁半夜十二点以后进城。苏轼却与黄州的新朋友们屡屡犯禁。有一次，他们几个人在一起偷饮私自酿造的村酒，那时正值秋老虎，酒色泛白，也不知道是什么档次的酒水，反正都喝到肚子里了，不怕吃官司！喝得正高兴，却发愁没有佳肴佐酒，邻居家的小伙子自告奋勇，将自家一只患有脚病的耕牛杀掉。大家在东坡点起篝火，痛饮私酒，大嚼烤牛肉。半夜回家，城门早关了，于是从东坡东面步行到城外春草亭，然后一个个偷偷翻过城墙，悄悄进城（事载宋何薳《春渚纪闻》）。

第四，随便给人起绰号。苏轼有个朋友叫陈慥，自号“龙丘居士”。为人豪爽，精通禅学。无奈老婆柳氏是个出名的悍妇、妒妇，有时候客人来到家中，而柳氏的骂声尚且不绝于耳，陈慥对她似乎颇有几分畏惧。苏轼在一首诗中同情地写道：“龙丘居士亦可怜，谈空说有夜不眠。忽闻河东师子吼，拄杖落手心茫然。”（《寄吴德仁兼简陈季常》）翻译成白话儿歌就是：我的朋友真可怜，谈论佛法忘睡眠。忽听老婆一声吼，手杖落地心发抖。

狮子吼本是佛家用语，意思是说佛祖在众生面前讲法无所畏惧，如狮子大吼。河东指今山西省，是陈慥夫人的籍贯。从此，陈慥老婆“河东狮吼”的绰号威名远扬，“河东狮吼”一词也一直流传到现在，成为所有个性强悍的女性共同的雅号，苏轼开玩笑起绰号的本领真是天下第一！其实林语堂的判断可能是对的，陈慥的家庭生活没有什么不睦之处，柳氏也许只是嗓门太大，东坡不过是借此跟好朋友开开玩笑罢了（林语堂《苏东坡传》）。谁知道一个玩笑便酿成千秋“美名”，苏轼的魅力实在是太大了！

苏轼交友的这四个特点概括来说其实就是四个字—— 赤子之心，始终怀着一颗像孩子一样真诚的心去交朋友，这就是苏轼的交友之道，也是他在朋友心目中的潇洒形象。苏轼在危难之际之所以有不少的朋友愿意去帮助他，除了政治方面的原因之外，以赤子之心待人可能是一个非常重要的原因吧。

躬自反省　更是潇洒

穿上农夫打扮，在田间劳作的苏轼是可赞的；潜心读书、不忘文人本分的苏轼是可敬的；而潇洒幽默、以赤子之心待人的苏轼又是可爱的。面对可赞、可敬又可爱的苏轼，我们不禁要问，既然苏轼为人处世这么潇洒，这么会处理各种各样的难题，为什么“乌台诗案”的灾祸会落到他的头上呢？除了政治上的原因之外，是否还有苏轼性格上的原因呢？

其实，苏轼自己也在深深思考这个问题。“乌台诗案”给苏轼的打击太大了，他惧怕陌生的环境，刚来黄州时，他闭门不出，天天睡觉，只在夜深人静时出去散散步，脑子却是昏昏沉沉的。在给朋友的书信中，最后常常有这样的话：“信笔书意，不觉累幅，亦不须示人。”（《答李端叔书》）—— 信手抒写自己的一点想法，不知不觉写长了，也不必给别人看这封信。“拙诗一首，聊以记一时之事耳，不须示人”（《与开元明师五首》之三）。—— 这首诗不过是记录一时的小事，不必给别人看。“非兄，仆岂发此。看讫，便火之，不知者以为诟病也”（《与李公择书十七首》之十一）。—— 不是兄长您，我怎么能够说这些话呢？看完后，一定烧掉这封信，否则不了解情况的人以为我又在发牢骚了。

苏轼来到黄州以后，的确想要韬晦深藏了，他再也经受不起笔墨之祸了！他说：

> 得罪以来，深自闭塞，扁舟草履，放浪山水间，与樵渔杂处，往往为醉人所推骂。辄自喜渐不为人识，平生亲友无一字见及，有书与之亦不答，自幸庶几免矣。（《答李端叔书》）

自从来到黄州，我就将自己深深地藏在山林之间，不过一叶扁舟、一双草鞋，与樵夫渔父混迹一处，往往被醉汉推来搡去，也不介怀。心中暗喜无人认出自己，平生结交的亲朋好友，并无一封书信来往，即便去信问候也没有回复，于是暗自庆幸免除了文字之祸。

又说：

> 某凡百如常，杜门谢客已旬日矣。承见教，益务闭藏而已。近得筠州舍弟书，教以省事，若能省之又省，使终日无一语一事，则其中自有至乐，殆不可名。此法奇秘，惟不肖与公共之，不可广也。（《与滕达道六十八首》之二十二）

我已经闭门谢客数十天了。承蒙见教，更加深藏不露而已。最近收到弟弟苏辙的来信，反复教导我要少生事端，少管闲事，如果能够少而又少，最终一天到晚没有一句话一件事，那其中所蕴藏的极大快乐真是莫可名状。这个办法非常隐秘奇异，只有我与您一起分享，不可推而广之。

但是要真正从这恐惧与畏祸的深渊中走出来，就必须勇于面对自己，勇于反省自己，从某种意义上来说，这也正是一种潇洒的人生气度。苏轼在黄州安国寺长老的指点下，开始用佛教的独特眼光来寻找“乌台诗案”的原因。

佛教中有一个概念叫“做业”，指人类的一切身心活动。其中又分为身业、口业、意业，分别代表行动、语言、思想。佛教认为，终生作业，必有业报，任何业太过，必遭报应。苏轼认为，自己嘻笑怒骂皆成诗文，看似潇洒酣畅，其实就像赌博，有胜有负，自己觉得很得意，其实“口业”已经太过太重，必然遭到报应（语载苏轼《胜相院经藏记》）。

那么口业具体都重在什么地方呢？

苏轼认为，自己少年时，作文喜欢高谈阔论，引经据典，看似才华横溢，其实不过专为应试科举而为。考中进士之后，好大喜功，又紧接着应考制举，大作策论之文，其实文章本身没有什么实际内容。因为应考的科目是“直言极谏”，因此作文论说、品评古今人物是非，并借此考中制举，所以也就认为这就是为文之道。其实这些都不过是书生的泛泛空论，往往意气用事，好比鸟儿鸣叫，不过自鸣得意罢了，与社会生活的实际相距甚远，没有什么实际的意义。这种洋洋洒洒、盲目议论利害得失的文风，恰恰是十余年间应试科举养成的毛病（语载《答李端叔书》）。

记得当初父亲给自己取名为轼，就是要自己收敛锋芒、稳健做人，如今碰得头破血流才真正意识到身上的毛病真多，其中最致命的就是过于显露、炫耀才华。这就好比树干上奇特的树瘤，石头上美丽的斑纹，好像很能取悦众人的欣赏的目光，像个宝贝，但其本质不正是树木与石头的病症所在吗？

苏轼叹息道：“我待在黄州这个小地方，终日无事，默默反省自己，回顾我这三十年来的所作所为，大多犯的就是这个毛病。”（语载《答李端叔书》）

所以，他才要在读书著述中，去掉自己身上恃才傲物、桀骜不驯的傲气，养成稳健端庄、谦逊平和的正气；要在与农夫村民的交往中，去掉尖酸刻薄、恩恩怨怨的小家子气，养成虚怀若谷、宽以待人的大气；要在耕种东坡的劳动中，去掉柔弱缠绵、多愁善感的文人气，养成刚毅坚强、直面人生的丈夫气。

在给朋友的信中，苏轼说：“我现在老而且穷，但是心肝骨髓里充满了忠义道德，面对生死谈笑自如，境遇虽不佳，但是只要为了国家、君王，舍生忘死，在所不辞，至于祸福得失，全都交给天地造化了。”（语载《与李公择十七首》之十一》）

苏轼对朋友说：“你看到的我，都是以前的旧我，不是脱胎换骨后的新我。”（语载《答李端叔书》）这样的反省与悔过，没有一点儿潇洒的气度与勇气是很难做到的。

那么，这个“新我”、新苏轼都有哪些不同寻常的表现呢？

在一篇文章中，苏轼写到，自己年少的时候虽然并不喜欢杀生，但是并没有根绝杀生的行为。后来不再杀猪、羊一类牲畜，却因为喜欢吃蟹、蛤等海鲜，所以往往不免还要杀生。自从“乌台诗案”下狱之后，开始以为不能免除死罪，后来居然死里逃生，捡得一条性命，从此以后坚决不再杀生。看到有蟹、蛤一类水产海鲜，就放生到江湖之中。虽然明知它们在江湖水中也难免一死，但也许还有万分之一逃生的可能，即便不能存活，总比遭受煎炒烹炸的命运要好得多吧。自己不再杀生，并不是对上天有所祈求，希望得到回报，而是因为自己经历了“乌台诗案”的患难之后，深感当初被系狱中，就好似鸡、鸭被关在屠宰场中，因此实在不忍心为了满足自己的口腹之欲，使得天下有生命的生物遭受死亡的恐怖（语载《书〈南史·卢度传〉》）。

苏轼不仅自己不再杀生，还积极主动地救助生命。

在岳州、鄂州以及黄州本地有一种不良的风气，贫民限于经济能力，无法养育更多的子女，而一旦超出养育能力，他们往往会将刚刚出生的婴儿溺死在水盆当中。苏轼听到这样事情，心中非常沉痛难过。他一方面写信给好朋友、鄂州知州朱寿昌，请他出面以官府的力量革除这种坏风气；一方面在黄州号召热心公益活动的朋友组织民间慈善机构——育儿会，邀请当地富户加入，每户每年缴纳会费一万钱，主要用来购买米面、布绢、棉絮等婴儿出生必备用品。

苏轼专门邀请当地秀才古耕道、安国寺长老继连管理账目钱款，只要听说乡间贫民无力抚养新生儿，育儿会就给予一点必要的救助。

苏轼感慨道："如果能够救活百十来个小孩子，也算是闲居在这黄州的一大快乐啊。"（事载苏轼《东坡志林》）苦难与不幸没有使苏轼麻木不仁、明哲保身，他反而尽自己的所能去帮助那些更为不幸的人。这不是高高在上地俯视与怜悯，而是感同身受的关切与同情，是对生命实实在在的领悟与体验。谁能说这不是一种勇于超越苦难的潇洒呢？

在一个月淡风轻的夜晚，苏轼在东坡与朋友饮酒方罢，他拄着木杖，倾听江涛的声音，回首往事，感慨万千，忍不住临江高歌一曲：

> 夜饮东坡醒复醉，归来仿佛三更。家童鼻息已雷鸣。敲门都不应，倚杖听江声。　　常恨此身非我有，何时忘却营营？夜阑风静縠纹平。小舟从此逝，江海寄余生。（《临江仙·夜归临皋》）

"醒复醉"一句乃是神来之笔。在东坡饮酒，诗人刚刚醒来便又醉去，如果说醉复醒还有情可原，而醒复醉显而易见乃是醉后醒来，醒来又再次醉倒！这一场酒可谓酣畅淋漓，作者也许根本就不想醒过来，只愿在酒醉当中忘却世上的种种烦恼。这时正是三更天，家人早已入睡，东坡居士坐在门前，拄着手杖，静静地倾听江涛的声响，因为此时此刻那起伏的江涛就好像他不平静的内心一样。在恍惚之间，诗人觉得人世间纷纷扰扰的蝇营狗苟都不过是身外之物，多少年来，就因为自己太在乎这些身外之物，以至于使自己深陷其中不能自拔，反而丧失了我之为我的真实感受。不如趁着夜深人静、江涛渐渐平复的时候，驾着一叶扁舟，离开这恼人的地方，去江海之际浮游一番。

苏轼来到黄州不想惹麻烦，没想到这最后一句歌词又惹来了大麻烦。

据说，第二天一早，这首歌辞就传遍黄州，大家都说苏轼昨夜唱罢此歌后，将衣服帽子挂在江边，乘船出海去了。消息传到知州徐君猷的耳朵里，可把他吓坏了。徐君猷是苏轼的好朋友，但他负有看管苏轼的重任，苏轼要真的跑了，那他可要吃不了兜着走。于是急忙带人去临皋亭查看，谁知苏轼正在家中呼呼大睡，鼾声如雷。徐知州还是不了解黄州的苏轼，他早已不再是那个意气用事、头脑冲动的小青年了，他懂得“江海寄余生”，只可能发生在诗词当中，而现实的需求则是踏踏实实睡个安稳觉。也许，这也是一种潇洒与成熟吧。

现在让我们想想，苏轼到底是怎样一个人物？

他善于读书，在科举、制举考试中名列前茅；他善于为政一方，七八年的地方政务，政绩显著；他善于吟诗作文、著书立说，是当代文坛领袖、学界宗师。可是现在这一切都不存在了，黄州时期的苏轼，诗词不敢多作，书信不敢多写，话不敢多说，为官没有事权，这对于一个多才多艺、以天下为己任的大文人而言，真是一场无期徒刑。然而苏轼让这场痛苦的徒刑变得有声有色：诗词不敢多作，我就作《猪肉颂》；书信不敢多写，我就算算账簿；薪俸被取消，我就开荒种地；事权被剥夺了，一日三餐总能做吧？厨师总能做吧？我不仅自己做，还总结成菜谱传给大家一起做，就是菜谱也可以写得文采斐然，耐人寻味。

这就是苏轼的魅力，也是他给我们的启示。有些人遇到挫折、遇到困难就大发雷霆，就怨天尤人，就不吃不睡，就诅咒生活，苏轼才不做这亏本的买卖呢！他不仅不会折磨自己，还要想方设法犒赏自己；不仅犒赏自己，而且还要将犒赏的感受写成诗文，与大家分享自己的快乐与潇洒。我们之所以喜欢苏轼，并不仅仅因为他善于考试、善于做官、善于作文、善于吟诗，更是因为他在艰苦的条件中依然能够表现洒脱旷达的自我，让千年之后的我们依然为之倾倒，为之投去敬重的目光。

苏轼曾感叹：“黄州真如在井底！”（《与王元直二首》其一）的确，黄州对苏轼来说，就像是一口废弃的枯井，但苏轼却不是那只井底之蛙，他在这口枯井里算账、耕种、盖房、酿酒、做饭、念佛、读书、交友、作诗、著书，忙得个不亦乐乎，不断收获着属于自己的快乐。在这口枯井中，慢慢流淌出滋润苏轼、滋润他人、滋润后世子孙乃至整个中国文化的甘露。这样说来，黄州对苏轼来说，似乎反而是个难得的机遇。那么，苏轼对于黄州，又意味着什么呢？苏轼在黄州，还将有哪些潇洒之举呢？他那著名的《赤壁赋》《赤壁怀古》词是如何写出来的？

请看第五章《赤壁绝唱》。

第五章

赤壁绝唱

黄州的东坡居士，虽然经受着物质与精神生活的煎熬，但他对黄州赤壁的三次咏唱，却带给我们美的享受、真的思考与善的情怀。

被贬黄州是苏轼政治生涯中的一个低谷，却也是他精神历程中的一次升华。在这座远离政治中心东京（今河南开封）的江边小城里，苏轼一方面积极解决生活中的困难，一方面认真反思性格上的弱点，闭塞的环境反而成就了伟大的心灵，黄州也成为苏轼文学创作的一个圣地。面对滚滚东逝的长江水，回想世事变迁、宦海沉浮的人生历程，苏轼把对历史和人生的感悟都凝聚在了长江边的赤壁，发出了响彻千古的天籁之音。东坡、雪堂、赤壁是苏轼在黄州的三个精神象征：东坡代表苏轼自耕自给的务实精神，雪堂代表苏轼勤奋著述的思想境界，而赤壁则代表他超逸洒脱的文学风采。

一咏赤壁　清风明月

苏轼在黄州的所言所思、所作所为，都会令我们情不自禁地思考这样一个问题：黄州的苏轼到底潇洒在何处？他耕种庄稼、走进厨房、广交朋友、慈悲为怀；他撰写著作、勤奋读书、强身健体、反躬自省。黄州的苏轼没有颓废，没有消沉，更没有在黑暗的角落里独自咬牙切齿，而是尽可能地反思自己的过去，充分理解现实的处境，努力创造生活的乐趣，积极探求生命的意义与价值。他要努力使自己成为艰苦生活的主人而不是奴隶，这也许就是我们所说的黄州苏轼的潇洒与成熟。

也正因为如此，从元丰五年（1082）七月到十月，苏轼在黄州赤壁的三次歌咏，才能够成为流传千古的绝唱。因为它代表着四十七岁的苏东坡，已经走向成熟与圆融的人生境界：

> 壬戌之秋，七月既望，苏子与客泛舟，游于赤壁之下。清风徐来，水波不兴。举酒属客，诵“明月”之诗，歌《窈窕》之章。少焉，月出于东山之上，徘徊于斗、牛之间。白露横江，水光接天。纵一苇之所如，凌万顷之茫然。浩浩乎如冯虚御风，而不知其所止，飘飘乎如遗世独立，羽化而登仙。
>
> 于是饮酒乐甚，扣舷而歌之。歌曰：“桂棹兮兰桨，击空明兮溯流光。渺渺兮予怀，望美人兮天一方。”客有吹洞箫者，倚歌而和之，其声呜呜然，如怨如慕，如泣如诉。余音袅袅，不绝如缕。舞幽壑之潜蛟，泣孤舟之嫠妇。
>
> 苏子愀然，正襟危坐，而问客曰：“何为其然也？”客曰：“‘月明星稀，乌鹊南飞。’此非曹孟德之诗乎？西望夏口，东望武昌，山川相缪，郁乎苍苍。此非孟德之困于周郎者乎？方其破荆州，下江陵，顺流而东也，舳舻千里，旌旗蔽空，酾酒临江，横槊赋诗，固一世之雄也，而今安在哉？况吾与子渔樵于江渚之上，侣鱼虾而友麋鹿。驾一叶之扁舟，举匏尊以相属。寄蜉蝣于天地，渺沧海之一粟。哀吾生之须臾，羡长江之无穷。挟飞仙以遨游，抱明月而长终。知不可乎骤得，托遗响于悲风。”
>
> 苏子曰：“客亦知夫水与月乎？逝者如斯，而未尝往也。盈虚者如彼，而卒莫消长也。盖将自其变者而观之，则天地曾不能以一瞬；自其不变者而观之，则物与我皆无尽也，而又何羡乎？且夫天地之间，物各有主，苟非吾之所有，虽一毫而莫取。惟江上之清风，与山间之明月，耳得之而为声，目遇之而成色，取之无禁，用之不竭，是造物者之无尽藏也，而吾与子之所

共食。”

客喜而笑，洗盏更酌。肴核既尽，杯盘狼藉。相与枕藉乎舟中，不知东方之既白。(《赤壁赋》)

元丰五年七月十六日的夜晚，苏轼与几位要好的朋友，泛一叶小舟，在赤壁之下饮酒赏月。

那时节，江上清风习习吹来，水波泛起阵阵涟漪，大家一边开怀畅饮，一边情不自禁地吟唱起《诗经》中那首美丽的《月出》诗篇：“明月出来是多么的明亮（月出皎兮），美人的容貌是多么的俊俏（佼人僚兮）！她的身材如此的窈窕（舒窈纠兮），止不住的相思啊令我烦恼（劳心悄兮）！”不一会儿，皎洁的明月从东山那边缓缓升起，徘徊在闪烁的南斗和牵牛两个星座之间。举目一望，但见一派茫茫的雾气横越大江，水色与天光交相辉映，好一派缥缈如仙的景象！于是，大家任由这小舟在浩淼苍茫的江上随意漂流，船儿好像在空中腾云驾雾，不知道要去向何方；又好似离开了喧嚣的尘世，飘飘然飞上天空化作了神仙！这样的境界真是妙不可言！

东坡居士止不住边饮酒边敲击着船舷唱起歌来，他唱道：“扬起手中的船桨啊，拍打着清澈的江水；船儿溯流而上啊，月光多么明亮；我的心儿早已飘向远方啊，美人多么令人向往！”听着这感伤而动人的歌声，朋友中一位名叫杨世昌的道士和着歌声吹起了洞箫，那呜咽的箫声如怨如慕、如泣如诉，一曲终了，余音袅袅，不绝如缕。真要使潜藏在深渊中的蛟龙开始翻滚乱舞，又要使孤舟上的寡妇伤心落泪。

这箫声令东坡居士神情忧郁哀愁，他不禁整了整衣襟，端坐起来，问杨道士：“您的箫声为何如此悲伤呢？”东坡的一句问话不想却引出了杨道士的一番大道理来。杨道士说：“‘月明星稀，乌鹊南飞。’这不正是曹操曹孟德的诗句吗？从赤壁向西望去是赫赫有名的夏口（今湖北汉口），向东望去则是闻名遐迩的武昌（今湖北鄂城市），其间山川河流缭绕、林木郁郁苍苍，不正是当年周瑜周公瑾围困曹操的地方吗？想当初曹操刚刚攻破荆州，收取江陵，大军顺流东下，雄伟的战船连绵千里，鲜艳的旌旗遮住了天空，曹操举起酒杯面对浩浩的江水，握着长矛写下慷慨激昂的诗篇，真不愧是盖世的英雄！可现在他又身在何处呢？曹操这样伟大的人物尚且如此，我们这些凡夫俗子整日不过在沙洲上捕鱼打柴，终日与鱼虾麋鹿为伴，驾着小船，举起酒杯相互敬酒，真好比朝生暮死的蜉蝣，不过是沧海中的一粒小米罢了！我感慨生命的短暂，羡慕长江的永恒，想要如神仙一样遨游无穷，与明月一样永生不灭，但是又知道这并非轻而易举的事情，所以将这悲伤的箫声寄托在秋风中。”

听罢杨道士的这一番道理，东坡微微笑着说：“您了解江水与月光么？江水日夜流逝，但没有一分减少；月光由圆而缺，但没有一点增损。生与死不过是生命的不同存在形式。由生到死，就像流水由西到东，明月由盈而缺，生命本身其实并无变化。要说变化，天地万物每一秒钟都在变；要说不变，天地万物从来都不曾消失。天地万物，各有其主，不是自己的，一分一毫也无法获取。只要我们愉快地享受这江上清风、山间明月，不就是与自然一起变化吗？又何必担忧生命的短暂、羡慕江水的永恒呢？”

显然，杨道士对时间、生命的领悟还仅仅局限在个人始终的小天地里，因此当他面对大自然无穷无尽的生命力时，便自然发出悲观哀伤的叹息；苏轼则不同，在他看来，人与自然是一体的，人本来就是自然的一分子，自然无所谓生与死，生与死都只不过是生命的不同形式罢了。而时间的长与短、永恒与变化也是相对的，只要能够将自己的生命都融于清风当中、明月当中、江水当中，将自己的每一分有限都投入到自然界无限的境界当中去，享受每一分生命、月光、清风，就是永生、永恒。

苏轼的一番妙语使朋友们豁然开朗，大家重新开始高高兴兴地吃吃喝喝，不知不觉，横七竖八地睡在船上，直到天光大亮。

其实，《赤壁赋》中的这一番主、客对话，就是苏轼内心的独白与对话，是过去之苏轼与如今之苏轼的对话，是旧我与新我的对话，从某种意义上来说，它代表着苏轼对生命的反省与超越。

再咏赤壁 水落石出

如果说，在《赤壁赋》中，苏轼要努力摆脱有限生命对自己的束缚，那么十月十五日他对赤壁的再次歌咏就是要告诉我们，他是如何做到这一点的：

是岁十月之望，步自雪堂，将归于临皋。二客从予，过黄泥之坂。霜露既降，木叶尽脱。人影在地，仰见明月。顾而乐之，行歌相答。已而叹曰："有客无酒，有酒无肴，月白风清，如此良夜何？"客曰："今者薄暮，举网得鱼，巨口细鳞，状如松江之鲈，顾安所得酒乎？"归而谋诸妇。妇曰："我有斗酒，藏之久矣，以待子不时之须。"

于是携酒与鱼，复游于赤壁之下。江流有声，断岸千尺。山高月小，水落石出。曾日月之几何，而江山不可复识矣。予乃摄衣而上，履巉岩，披蒙茸，踞虎豹，登虬龙，攀栖鹘之危巢，俯冯夷之幽宫。盖二客不能从焉。

划然长啸，草木震动。山鸣谷应，风起水涌。予亦悄然而悲，肃然而恐，凛乎其不可久留也。反而登舟，放乎中流，听其所止而休焉。

时夜将半，四顾寂寥，适有孤鹤，横江东来，翅如车轮，玄裳缟衣，戛然长鸣，掠予舟而西也。

> 须臾客去，予亦就睡，梦一道士，羽衣蹁跹，过临皋之下，揖予而言曰："赤壁之游乐乎？"问其姓名，俛而不答。呜呼噫嘻，我知之矣！畴昔之夜，飞鸣而过我者，非子也耶？道士顾笑，予亦惊悟。开户视之，不见其处。(《后赤壁赋》)

十月十五日这天夜晚，苏轼与两位朋友从雪堂出来，回临皋亭去。他们在月下慢慢散步，经过黄泥坂的时候，霜露带来的丝丝寒气迎面袭来，树上的叶子早已落尽。抬头看看明澈如水的月亮，将人影投在地上。大家的心情也都变得无比澄澈快乐，一边走一边唱着歌。东坡居士止不住叹息说："美好的夜晚，有朋友相伴，却没有美酒佳肴，正值明月清风，这样的良辰美景如何度过？真是一大遗憾！"其中一位朋友赶忙说："今天傍晚时分，我刚好张网捕来一尾好鱼，鱼鳞细密而鱼喙巨大，很像著名的松江鲈鱼，只是不知道哪里有好酒。"三个人赶紧回到东坡家，一问苏夫人，夫人得意地说："我早就藏有美酒一壶，就是为你们不时之需所预备的！"

带着美酒鲜鱼，一行三人再次来到阔别三个月的赤壁。十月的赤壁与七月的赤壁景色大为不同，几乎认不出来了，但见江岸千尺陡峭，山峦高耸，明月孤悬，江水回落，山石凸现，恍如仙境一般。苏轼独自一人拽着衣襟登上赤壁高崖，脚踩着崎岖的岩石，拨开茂密纷繁的草木，蹲坐在形如虎豹的山石，攀上如虬龙一样盘曲的树木，登上鹘鸟筑巢的危崖，俯视水神冯夷幽冥的宫殿。

东坡居士对着夜空长啸一声，引得身边的草木为之摇曳，山谷间掀起阵阵回响，风声水声荡漾不已。此时忽然一阵悲凉的情绪袭上心头，肃然之际也平添了几分恐惧，感到赤壁山石峭崖之上不可久留。于是回到船上，任小舟在大江中随波逐流。

时近半夜，举目望去，四面茫然，恰巧一只孤独的仙鹤横越大江，羽翼如车轮一般大小，那仙鹤一声长鸣，掠过小舟而去。

这天夜里，苏轼梦见一位道士穿着羽衣飘然而至，作揖问他："先生在赤壁玩得高兴吗？"苏轼问其名字，道士低着头并不回答。苏轼恍然大悟："那只横越大江的仙鹤莫非就是您？"道士回头一笑，苏轼陡然惊醒。打开门窗去看，除了清朗的月光，什么也没有。

显然，在这里，登高长啸的诗人、飘然而至的道士、横越大江的仙鹤，早已分不清你我彼此。也许，仙鹤就是道士，道士就是诗人，而诗人也就是山高月小、水落石出。《后赤壁赋》更像是仙境中的一幕戏，诗人一会儿扮作道士在月下飞翔，一会儿化作仙鹤掠过小舟，一会儿在悠长的箫声中静静入睡，醒来后却故作惊讶地问观众：究竟是我梦见了道士、仙鹤，还是道士、仙鹤梦见了我？其实，观众早就明白，那是一幕诗人的独角戏，戏中的道士、仙鹤代表着他融入宇宙自然的永恒灵魂，代表着他对现实世界的超越与解脱。

三咏赤壁　大江东去

与前、后《赤壁赋》相比，《念奴娇·赤壁怀古》这首词似乎更加著名，也更具有广泛的民间影响力：

> 大江东去，浪淘尽、千古风流人物。故垒西边，人道是、三国周郎赤壁。乱石穿空，惊涛拍岸，卷起千堆雪。江山如画，一时多少豪杰。　遥想公瑾当年，小乔初嫁了，雄姿英发。羽扇纶巾，谈笑间、强虏（一作"樯橹"）灰飞烟灭。故国神游，多情应笑我，早生华发。人生如梦，一尊还酹江月。

看呐！滚滚的长江水浩浩荡荡朝着东方流去，让我们不禁想起孔子的感慨："逝者如斯夫，不舍昼夜！"你看那大浪淘沙，淹没了古往今来多少风流人物！在那山崖的西边，就是传说中三国周瑜大破曹操百万雄师的赤壁。多么宏伟雄奇的赤壁！那陡峭险峻的山崖高入云霄，仿佛要横穿天空，刺破苍穹！多么恢宏汹涌的长江水，掀起一阵阵滔天巨浪，卷起千万堆澎湃的雪浪。历史啊，是如此的惊心动魄，人生啊，是如此的壮怀激烈！锦绣江山孕育出多少英雄豪杰，然而，却早被无情的时间冲刷得干干净净！

这是词的上阕。用一句话来概括就是：惊心动魄的美丽！

词的下阕更不得了！想想当年的周瑜周公瑾，何等的幸福、何等的浪漫！“小乔初嫁了”！其实我们都知道，小乔与周瑜并非在赤壁大战时结为百年之好的，东坡之所以偏偏要在这里强调“小乔初嫁”，就是要让小乔这个久久站在三国英雄视野之外的美丽女性走入英雄的、历史的画卷之中，就是要让上阕那惊心动魄的美丽化作柔情似水、佳期如梦的靓丽！诗人紧接着说：“雄姿英发，羽扇纶巾”，让娇美柔情的小乔走入历史，就是为了更加衬托周瑜盖世英雄的气概！但这还远远不是全部，没有小乔，周瑜这个英雄的身上就少了许多儒雅从容、潇洒风流的气派。所以紧接着就说：“谈笑间、强虏灰飞烟灭！”消灭曹军，不过是谈笑之间、举手之劳！这才是儒将风流，这才是大英雄的气度！

你看，这就是苏轼心中的历史：如画的江山，滔滔的大浪，雄奇的峭壁，多情的美人，风流倜傥的英雄，千古流传的功业！然而，苏轼又是多么的感伤！赤壁再壮阔，英雄再浪漫，与自己又有什么相干？看看自己蹉跎半生依然老大无成，却只顾在这里发出徒劳无用的感慨，苏轼啊苏轼，你也真是太过多情，难怪生出这么多的白发！

小乔是很美丽，周郎是很潇洒，赤壁大战是很辉煌，然而这些如今又在何处呢？人生不过是一场大梦，又何必为虚幻的历史伤感多情、为自己的老大无成而暗暗悲伤呢？也许只有江水、明月才是永恒的存在，且让我们与江月共饮、好好领略这赤壁的美丽夜晚吧！

丁酉夏
康震

莫嫌犖确坡頭路
自愛鏗然曳杖聲

康震

这是词的下阕，用一句话来概括就是：潇洒多情的感伤！

《念奴娇·赤壁怀古》是一声宏伟的叹息，一个壮阔的悲哀，一次飞越历史的翱翔。无论是惊心动魄的美丽，还是潇洒多情的感伤，都是一种深情的执着、深情的眷恋、深情的向往。而这，不正是苏轼所要极力超脱、极力超越的束缚吗？不要再为自己的老大无成而悲伤、叹息，要知道，个人的情感无论多么强烈，在宏阔壮烈的历史巨变中，都显得那么微不足道，那么矫揉造作，那么可怜可笑。所以不必为此再徒劳地感伤，应当享受人生，笑傲江湖。苏轼就在这种个人与历史的强烈对比中，获得了对人生的自觉，从而真正做到超然物外、达观世事。

游假赤壁　抒真性情

苏轼这三篇歌咏赤壁的佳作，不仅是他人生的绝唱，也是文学发展史上的艺术绝唱。

前、后《赤壁赋》是宋代文坛上最杰出的辞赋之一。它继承了汉大赋主、客对答的传统形式，又吸取了散文的爽朗气度和诗歌的抒情意味，堪称两篇优美绝伦的散文诗，是中国文学发展长河中两颗璀璨的明珠。

《念奴娇·赤壁怀古》词，可以说是苏轼豪放词的巅峰之作。我们在第二章曾提到他的另外一首佳作《水调歌头·中秋》，正是在密州时期，苏轼展开了对词这种诗歌艺术形式的革新，开辟了一种新的词体风格。有人将这种风格称为“豪放词派”，其实这个定义不大准确。

据说有一次，苏轼问一名客人：“我的词作比柳永如何？”那位客人回答说：“这哪里能够相比？”苏轼吃惊地问：“这怎么说？”那客人不慌不忙地说：“您的词作，必须让关西大汉怀抱铜琵琶、手握大铁板，高唱‘大江东去’！柳永的词作却需要一个二八年华的小女子拈着红牙拍板，细细地唱‘杨柳岸、晓风残月’。”苏轼听后不禁拊掌大笑（事载宋俞文豹《吹剑续录》）。

这一段逸事从表面上来看，似乎是在称赞苏轼，其实却是在贬抑他的词作。因为在苏轼的时代，以柳永为代表的婉约词派乃是词坛创作的主流。婉约词派主要描写男女相思离别之情以及女性的闺阁生活，风格柔弱感伤、婉媚多情。苏轼对词最大的贡献与革新在于：将词的题材从单纯的儿女私情、离愁别绪扩展到丰富的社会生活的所有领域，将词的格调从抒写艳丽、媚俗的雕虫小技提升到抒发宏伟志向、表达胸襟抱负的黄钟大吕。苏轼对词的革新，如同在独木小桥之外开辟出一条通天大道，从此，词开始拥有与诗文一样重要的地位，而词的境界也随之走向宏阔开放。

《水调歌头》就是这种所谓“豪放”词派新词风的开端，而《念奴娇·赤壁怀古》则是这种新词风的高潮。但无论是前者还是后者，其内容与格调都不是一个简单的“豪放”所能概括的，用“豪放词派”来定义苏轼一派的新词风来概括苏轼对词的革新，是不大准确、不大全面的。

黄州的东坡居士虽然经受着物质与精神生活的煎熬，但他对黄州赤壁的三次咏唱却带给我们美的享受、真的思考与善的情怀。同时也有一个疑问在我们脑海中产生，这就是：苏轼所遨游、歌咏的黄州赤壁到底是不是三国周瑜与曹操大战的赤壁？

在《念奴娇·赤壁怀古》与前、后《赤壁赋》中，有不少我们非常熟悉的名称：周瑜、曹操、赤壁之战。作者在赤壁抒发情感，引用三国故事当然无可非议，然而遗憾的是，苏轼在黄州赤壁怀古的确怀错了地方。目前多数史学家都比较认同这样的研究结果，即：著名的赤壁之战古战场并不在湖北黄州，而是在黄州的上游湖北蒲圻，换句话说，对于赤壁之战的战场而言，黄州赤壁是个假赤壁。

其实，就连苏轼本人也对黄州赤壁的真实性表示过疑问，但这根本不是问题的关键。关键在于：一直默默无闻的黄州等来了失魂落魄的苏轼，他和它撞到了一起。最终命运做了如下安排：苏轼在黄州假赤壁抒情怀古，完成了自己人生的飞跃，而假赤壁也因此名声大振，天下皆知。黄州成就了一个新的苏轼，让他开始了智慧的人生；苏轼也成就了一个新的黄州，让它成为一个真正的名胜。

从此，中国的大地上有了两个赤壁，上游的蒲圻赤壁是武赤壁、周郎赤壁，下游的黄州赤壁是文赤壁、东坡赤壁。历史就是这样不可捉摸：端正的人格被骂得一文不值、流落远方；而错误的赤壁居然能错出千古绝唱、华夏名胜。

不管怎么说，赤壁的三次歌咏标志着苏轼开始走出“乌台诗案”的阴影，走出精神危机的陷阱，走向思想人格的成熟，走向更开阔的人生境界。也许，是为了纪念这三篇将错就错的杰作，这一年的十二月十九日，黄州的朋友们专门在这个充满疑惑的赤壁为四十七岁的苏轼举办了一个生日宴会。

正当大家把酒临江、谈笑风生的时候，忽听有一阵清亮的笛声从遥远的江心传来。在座几位精通乐器的朋友说：“听这笛声，绝非一般的乐工能吹奏出来的。”不一会儿，随着越来越近的笛声，一艘小船乘风而来。但见船头站着一位少年书生，他头扎青色头巾，身着紫色布袍，神情爽朗，气宇不凡。小船渐渐靠近赤壁，少年在船上拱手向苏轼行礼。原来，这位书生名叫李委，进士出身，平素仰慕苏轼，却一直无缘相见。今日听说苏轼与朋友欢聚赤壁，庆祝生日，特意谱新曲《鹤南飞》前来祝寿。李委首先献上《鹤南飞》，接着又即兴吹奏几曲，笛声嘹亮高亢，穿云裂石，在座的人全都听得入了迷。几曲吹过，大家连声叫好。应李委的请求，乘着酒兴，苏轼挥笔写道：

山头孤鹤向南飞，载我南游到九嶷。
下界何人也吹笛，可怜时复犯龟兹。(《李委吹笛》)

李委的笛声是那样的超逸绝尘，令人沉醉其中、飘飘欲仙。笛声中，我仿佛乘着孤鹤来到九嶷山下，仿佛听到娥皇、女英那哀哀的歌哭。啊！如此凄美的笛声真好似来自那琼楼玉宇的月宫仙境，又好似来自龟兹古国的宫廷深处（事载宋胡仔《苕溪渔隐丛话》）。

看起来，赤壁不仅是苏轼感悟生命的圣地，还是他举办生日宴会的胜地。赤壁的名气因此变得更大了。

世易时移　峰回路转

但谁也没有想到，随着赤壁三咏的流传，一个关于苏轼的谣言也开始迅速蔓延。

原来有一段时间，苏轼的右眼发炎肿痛，病情严重，他不得不闭门谢客，在家静心休养。为了给自己解闷儿，苏轼还编了个笑话逗自己开心：

苏轼得了眼病，不能吃荤，可嘴巴不答应，它对眼睛说："我是他的嘴巴，你是他的眼睛，给你的待遇为什么那么好，对待我为什么这么刻薄？凭什么眼睛患病却不许嘴巴吃荤？"苏轼没办法公正地判决，于是嘴巴跟眼睛商量说："这样吧，等有一天我嗓子哑了，你眼睛想看什么就看什么，我决不阻拦。"（语载苏轼《东坡志林·子瞻患赤眼》）

看来苏轼虽然患了眼病，但心情还是很不错的。可是对外界不明真相的人来说，像苏轼这样一个活泼开朗的老顽童，长达一个多月不见踪影，很多人就开始胡乱猜疑，开始说苏轼患有其他的重病，后来越传越离奇，大家都说：苏轼早就病死了。

苏轼的好友、退休大臣范缜听到这个消息，情绪非常激动，当即放声大哭，叫儿子赶紧准备金银绢帛去黄州吊唁。他的儿子却还冷静，先派了一个门客去黄州打探虚实，方知是一场虚惊。苏轼知道后不禁放声大笑，同时不免感慨万千，在给范缜的回信中，他写道："我平生所得到的诽谤诋毁，大体都是如此，我早已见怪不怪了。"（语载《答范蜀公十一首》之二）

谣言也传到了宫廷。神宗皇帝正在吃饭，他问身边的宰相蒲宗孟这到底是真是假，宗孟回答说："这几天外间都在传这个消息，但是还不能确定消息的真假。"听到这里，神宗连声叹息，说："人才难得，人才难得！"推开饭碗，闷闷不乐地回书房去了。

当然，这个谣言随着苏轼身体的康复自然烟消云散，但神宗皇帝对苏轼的牵挂与关注却日益加深了。这与神宗这一时期思想的发展变化有直接关系。从宋神宗即位到神宗元丰六年（1083），变法已经持续了整整十六年。随着变法的一步步推进，神宗的用人思想逐渐由专用新法人物转向兼用新、旧两派人物。但是要迅速启用司马光等反对派的领袖人物，时机还不成熟，于是苏轼开始进入神宗关注的视野。

在神宗看来，苏轼虽然曾经出言不逊、抨击新法，令人烦恼，但无论在政治还是文化上，的确是个难得的一流人才；比起司马光，苏轼的目标要小得多，起用他也许不会引起政坛太大的震动，却可以给旧党人物传递一个善意的信息。苏轼在黄州经过了四五年的反省历练，重回朝廷后，应该不会惹出什么太大的麻烦，起码能够与自己保持某种协调与默契。

基于以上几点判断，神宗开始谋划让苏轼出任朝廷重要官职。他曾与数位宰臣商议让苏轼在中央或者地方出任重要职位，但是都被宰相王珪等人以各式各样的理由糊弄过去。一天，神宗与身边大臣谈论古今人才，神宗问："苏轼可与哪位古人相比？"大臣回答：

“很像李白。”神宗说:“不对，李白有苏轼的才气，却比不上苏轼广博的学识。”（语载宋赵葵《行营杂录》）

既然本朝有一位如此宝贵的文化巨匠，那神宗皇帝还有什么理由继续犹豫、等待呢？元丰七年（1084）正月的一天，神宗亲自书写手诏：苏轼在黄州深居简出、反省悔过多年，鉴于人才难得，不忍就此抛弃，特将苏轼量移为汝州（今河南临汝）团练副使、本州安置、不得签书公事（事载《宋史·苏轼传》）。虽然还是没有签字权、行政权，但与黄州相比，汝州简直就像是京城开封的远郊区，离首都近得多了。更重要的是，这一次苏轼的北调乃是神宗皇帝亲下手诏，意义非同寻常。

从元丰三年二月到现在，苏轼在黄州生活了四年零两个月，经历了生活与人生的磨砺与反省，现在，全家人又要起身回到中原地区了。苏轼离开黄州前往汝州，传递出一个非常重要的政治信息，它表明苏轼与宋神宗、与变法派新党之间的关系开始发生微妙的变化。前面我们提到，随着变法的不断深入，宋神宗从只用新党人物，转变为“欲取新、旧人两用之”，要借助新党与旧党两方面力量来推动变法。苏轼在这个时候被改判汝州，实际上就是神宗这种意愿的一种表达。

更重要的是，苏轼也必须考虑自身的政治前途与命运。他在黄州时期对自己为人处世的反省，对人生的感悟，当然是对现实苦难的一种超越与达观。但这些反省与感悟，也应当包括对自己以往政治态度、政治立场的反思。换言之，在新法实施的过程中，的确给老百姓带来了一些实实在在的好处，从这个角度而言，苏轼应当反省自己对待新法的态度；另一方面，出于对自己政治前途的实际考虑，苏轼也许也应当对自己的政治态度、政治观念做出一些微妙的调整，这个调整即便不是全面地认同新法，至少在基本的立场上要与宋神宗的所思所想较为接近。

那么，苏轼由黄州而汝州的量移，究竟会给他的境遇带来怎样的变化呢？神宗皇帝最终是否会重用苏轼？历经磨难和反思后的苏轼，回到朝廷后又会有怎样的表现？

请看第六章《东山再起》。

第六章

东山再起

东山再起的苏轼，除了在社会地位、经济条件方面有了极大改善之外，在京城过得并不比在黄州轻松、愉快，以他这种率真执着的做人原则、实事求是的办事方针、一吐为快的言行方式，只会给自己惹来越来越多的麻烦事儿，他的处境也将会越来越困难。

宋神宗元丰七年（1084），苏轼在黄州度过了四年零两个月后，即将前往汝州任团练副使。如果说量移汝州多少算是他与神宗皇帝之间的一种默契与妥协，那么，在最终被起用之前，他似乎很有必要与早已下野赋闲的王安石达成某种程度的和解。

相逢一笑　泯却恩仇

作为变法的核心人物，王安石的命运与苏轼一样，也是大起大落，一波三折，充满了悲剧色彩。从宋神宗熙宁三年（1070）到熙宁九年（1076），这六年的时间里，王安石因为复杂激烈的政治斗争，两次被拜为宰相，又两次被罢免宰相职务。在此期间，他亲手提拔的亲信背叛了他，三十三岁的儿子又不幸早逝，王安石悲愤交加，万念俱灰。宋神宗熙宁九年（1076），他归隐江宁（今江苏南京），住在钟山附近的半山园，从此不问世事。

平心而论，王安石为了大宋江山社稷，励精图治，排除万难，施行革新变法，是中国古代最杰出的政治改革家、政治思想家之一。但是由于种种复杂的原因，他的改革并没有取得预想的成绩，他本人也遭遇了不幸的悲剧结局，这不仅是王安石个人的悲剧，更是北宋皇朝的悲剧。

实事求是地讲，刚刚离开黄州的苏轼还是一只惊弓之鸟，“乌台诗案”在他心里留下的阴影始终难以抹去。而此时的宋神宗才不过三十三岁，如果不出什么意外，在相当长的历史时期内，他还将决定着自己的政治命运。王安石虽然两起两落，但是只要神宗皇帝在位，谁又能保证他不会第三次就任宰相呢？即便王安石不再就任宰相，但是他在朝廷中的影响力实在是太大了，王安石早已不仅仅是一个人的名字，他还意味着一股强大的政治力量、一个强有力的政治派别。

苏轼虽然在诗文中借滔滔江水臧否风流人物、千秋功业，借皎皎明月笑傲古今沉浮、往来是非，表现超逸旷远的精神境界，但他毕竟不是可以自由飞翔的仙鹤、肆意遨游的扁舟，他是一个生活在现实政治环境中的非常具体的人物，一个处在政治弱势中的小人物。在这样一个对自己尤其不利的政治环境中，他必须要为自己的政治前途、生活前途，为自己妻儿的前途严肃认真地考虑、谋划与计算。

苏轼从黄州北上汝州，最直接的路线应该朝西北方向行走，但他却一路沿着长江东行，打算从长江进入运河，然后转道淮河、汴水，再设法去汝州。兜了这么大的一个圈子，其中当然有种种考虑，居住在江宁的王安石不能不说是兜圈子的一个重要原因。饶有趣味的是，如果说苏轼来江宁与王安石会面，在主观上曾具有某种现实政治的考虑，那么当他真的与王安石朝夕相处一个多月后，却从心底里对这位昔日的大宰相有了更为深入、更为真实的认识。

六月底，苏轼的船到达江宁。他们这一对昔日的政敌、文坛的好友终于又见面了。当苏轼站在江边，看着王安石穿着便装，骑一头小毛驴，慢慢朝他走来的时候，他感觉王安石的精神面貌发生了很大的变化。那个昔日雷厉风行的大宰相，现在显得神情落寞，更像是一个孤独的老人。此情此景让苏轼心里边既是酸楚，又是感动，有一种说不出来的滋味。他赶忙迎上前去，两个人紧走几步，四目相对，一时间真是感慨万千，竟然不知从何说起。

在江宁的日子里，苏轼深深感受到这位昔日叱咤风云的老宰相身上的巨大变化。一次，苏轼与王安石谈论起朝廷的是是非非。事后，王安石不无忧虑地再三叮嘱他说："今天这些话出自老夫之口，入于子瞻之耳，切不可对他人提起。"（语载宋邵伯温《邵氏闻见录》）这哪里还是以前那个雷厉风行、顶天立地、创榛辟莽、声称祖宗不足法、天命不足畏、人言不足恤的王安石？

苏轼在诗中感慨地写道："骑驴渺渺入荒陂，想见先生未病时。劝我试求三亩宅，从公已觉十年迟。"（《次荆公韵四绝》）晚年退休在家的王安石，满面病容，骑着小毛驴默默行走在荒野中，如何还能想见他当年雷厉风行的风采？老宰相劝我在江宁买上几亩田地安家，我们如果能够早十年比邻而居该有多好啊！

的确，这次江宁的会面，使得苏轼对王安石、对王安石与自己的关系都有了新的认识。

以前，苏轼觉得王安石对自己成见甚深，处处与自己过不去，处处为难自己，是个心胸狭隘、嫉贤妒能的小人。现在想来，其实不然。

抛开复杂的政治分歧，王安石其实非常欣赏苏轼的文学才华。当初苏轼在黄州，王安石时常关注他的创作情况。每次有人从黄州来江宁，王安石总是止不住问："苏子瞻近来有什么妙语啊？"一次，有人乘船自黄州来江宁，那人对王安石说，苏轼住在临皋亭，夜晚喝得大醉，梦中醒来后写成一篇一千多字的《成都圣像藏记》，抄本现在就在江边的船中。王安石听后赶紧派人从船上取来文章。此时正值月上柳梢、树影在地，王安石等不及书童点灯，立刻站在屋檐下，借着微弱的天光读起来，一边读，一边高兴地称赞说："子瞻，真是人中之龙啊！"看罢文章，又忍不住评论说："文章确实写得很好，不过也有一个字用得不大贴切。"来人连忙请教，王安石说："文章末尾处说：如人善博，日胜日贫。如果改为日胜日负就更准确了！"后来苏轼听到这个评论后不禁拊掌大笑，认为王安石的确是自己的一字之师，遂欣然提笔改“贫”为“负”（事载宋释惠洪《冷斋诗话》）。苏轼离开江宁后，王安石还曾不无慨叹地对身边门客说：“不知再过几百年，才能有苏轼这样的人物出现！”（语载宋蔡绦《西清诗话》）

以前，苏轼觉得王安石这个人脾气倔强、声色俱厉、不近人情。现在想来，其实不然。

苏轼与王安石在江宁第一次会面，苏轼身着便装，开玩笑地说：“苏轼今日敢以野服见大丞相。”王安石看看自己身上同样的便装打扮，朗声笑道：“礼仪难道是给我们这些人设置的吗？”（事载宋朱弁《曲洧旧闻》）坎坷崎岖的仕途道路、险恶丛生的世道人心、变法改革的一波三折、家庭生活的重大变故，所有这些都让王安石对政治前途心灰意冷，他只愿做个普普通通的田舍老翁，与朋友们在一起聊聊天、写写诗。他还反复劝告苏轼在江宁购置田地，就此安家平静地过日子，不必理会朝野动态。而苏轼也积极地在江宁、仪征两地访求田地，筹措安家事宜。在给王安石的信中，他说：“最近几次的见面，承蒙您对我多加抚慰教诲，恩情厚重。我本来打算在江宁购置田产，陪您终老于钟山之下。如今又来仪征访求，如果真安置妥当，今后扁舟往来，要与您见面并不困难。”（《与王荆公书二首》其二）

以前苏轼觉得王安石这个人虽有学问，但总喜欢标新立异、华而不实。现在想来，其实也不然。

他们二人曾在一起欣赏苏轼的密州旧作《雪后书北台壁二首》。王安石对其中“冻合玉楼寒起粟，光摇银海眩生花”两句特别欣赏，认为这两句诗运用典故非常精妙。王安石的女婿蔡卞表示不理解，他问王安石：“这难道不是描写雪景的诗句吗？将雪中的楼台比作玉楼，将漫天飞雪比作银海，其中未见使用什么典故呀？”话虽然这样说，但是蔡卞却无法解释“寒起粟”与“光摇”的含义。王安石解释说:“在道家典籍中，将双肩比作玉楼，将双目比作银海。因此这两句诗的意思就是：天气寒冷，冻得人耸起肩膀，直起鸡皮疙瘩；满世界的雪花让眼睛昏花，看不清楚。”他问苏轼:“子瞻，我说得对吗？”苏轼会心地笑了。后来他在朋友面前不得不承认，这两句诗自问世以来，还没有人看出其中潜藏的这个典故，苏轼不禁感慨：王安石的确有真才实学，的确博学多闻（事载宋赵令畤《侯鲭录》、宋王十朋《东坡诗集注》）。

以前苏轼觉得王安石这个人固执己见、独断专行，不免令人生厌。现在想来，其实更不然。

一次，二人正谈得投机，苏轼突然很严肃地说:“荆公（王安石致仕后被封为荆国公），我有话要对你说。”王安石一听苏轼这语气，以为他要提及两人之间那些不愉快的事情，立刻警觉起来，神情有些异常。苏轼连忙说:“荆公不要误会，我所要说的是关系天下安危的大事。”王安石这才放下心来，说:“你且说说看。”苏轼说:“穷兵黩武、大兴冤狱，这是汉唐盛世灭亡的先兆。自从太祖皇帝立朝以来，以仁厚治理天下，就是为了避免重蹈覆辙。如今朝廷连年与西夏交兵，屡战屡败。而蔡确（王安石提拔的变法派新进之士）等人又在东南一带大兴冤狱。您为什么不挺身而出，仗义执言，解救这种危难的局面呢？”王安石竖起两根手指，无奈地摇摇头说:“这两件事情都是吕惠卿（王安石提拔的变法派新进之士）他们做的，我现在告老在家，哪里还敢多说话？”

苏轼严肃地说:“你说的有道理。在其位则言其政，不在其位则不言其政。但这是大臣侍奉皇上的常规礼仪，当今圣上以非常之礼待您，您又怎能以常规之礼对待圣上？”以往如果听到苏轼如此激烈的言论，王安石也许不免大发雷霆、针锋相对，可是这一次不同了，王安石表示:“子瞻不必再说，我一定向皇上进言！”（事见《邵氏闻见录》卷 12）

“度尽劫波兄弟在，相逢一笑泯恩仇”（鲁迅《题三义塔》）。六十三岁的王安石与四十七岁的苏轼非但不是兄弟，还曾经是誓不两立的政敌。他们之间虽然有不少的恩恩怨怨，但这些恩怨都是为了江山社稷的前途，为天下公利而结下的公开的恩怨，并非私人之间的恩怨。作为当代屈指可数的政治家、学者、文学家、思想家，他们不仅不存在私人的恩怨，更是学术、文学和思想上难得的知音。

对于苏轼而言，这一次在江宁与王安石的会面，虽然不可能直接缓解苏轼所面临的政治困境，苏轼与王安石也不可能就某些政治问题、政治原则签署“谅解备忘录”，但是这种融洽的会面本身就是一个重要的标志。

苏轼在给王安石的信中说：“某游门下久矣，然未尝得如此行，朝夕闻所未闻，慰幸之极。”（《与王荆公二首》其一）这句话非常耐人寻味，意思是说，我在您的门下求学很久，但是还不曾像这一次朝夕相处，聆听教诲，获益匪浅，真是太荣幸了！苏轼与王安石都是欧阳修的门生。王安石虽然年长于苏轼，但也算是同辈人。苏轼将自己列入王安石门下学生的地位，而且说“游门下久矣”，这当然可以看作是一句客气话，不过结合苏轼当时那种特殊的境遇来看，也许也不完全是客套之语，至少“门下”也隐含着为荆公所用，愿与荆公合作共商国是的意味。这与苏轼对于新法态度的调整其实是完全一致的。总而言之，宋神宗元丰七八年间，历经政治风波的王安石与苏东坡，开始在政治上渐渐走向和解甚至达成某种默契，这对于苏轼今后政治立场的逐步转变、仕途经历的变化产生了深刻影响。

风云突变　青云直上

一个多月后，苏轼离开了江宁。他的目的地汝州虽然距离京城很近，但是苏轼更希望自己能够在风景宜人的常州度过余生。神宗皇帝批准了他常住常州的请求，诏令苏轼以检校尚书水部员外郎、团练副使、不得签书公事，常州居住。

来到山清水秀的常州，苏轼打定主意要在此处安家落户，于是将手头所有的五百缗（相当于五十万钱，五百两白银）现款倾囊而出，购买了一套新居，打算安安稳稳地过下半辈子了。可是俗话说得好："天有不测风云，人有旦夕祸福。"又说："树欲静而风不止。"就在苏轼打算安安稳稳过小日子的时候，朝廷里出了大事，这件大事从根本上改变了苏轼的现实处境，也改变了他对于未来的设计、打算。

宋神宗元丰八年（1085）三月五日，三十八岁的神宗皇帝病故了。他年仅十岁的儿子赵煦即位，改年号"元祐"，是为哲宗。哲宗太小，不能亲政，暂时由太皇太后高氏垂帘听政。高太后是个保守派，她坚决反对变法革新。神宗去世不久，她便传下诏书，批评新法，以"母改子政"的形式改变神宗的所有既定政策。她的第一个措施，就是任命年届六十六岁、已经隐退十五年之久的司马光为尚书左仆射兼门下侍郎（宰相），主持国政。北宋历史从此进入一个新的历史阶段，史称"元祐更化"，说通俗点儿就是"重打锣鼓另开张"。

司马光一上台就采取了三个重要举措：一是宣布广开言路，让朝野士大夫就变法公开发表意见，其实是为废除新法制造舆论；二是纷纷贬斥变法新党人物，从人事上为旧党复辟扫除障碍；三是纷纷恢复、提拔神宗时期被贬斥的旧党人物，为旧党重新占据政坛奠定基础。

苏轼就是在这种突变的政治形势当中获得了东山再起的机会，而此次东山再起的速度竟是如此之快，这由下面这个时间表就可见一斑：

宋神宗元丰八年（1085），苏轼五十岁。

三月五日，神宗病逝，哲宗即位。

五月六日，苏轼被任命为朝奉郎、登州知州，官阶七品。

九月十八日，苏轼被任命为礼部郎中，官阶六品。负责朝廷的礼仪、祭祀、科举等事务。

十二月十八日，苏轼被任命为起居舍人，官阶六品。

宋哲宗元祐元年（1086），苏轼五十一岁。

三月十四日，免试为中书舍人，官阶四品。

九月十二日，被任命为翰林学士、知制诰，官阶正三品。皇帝特赐给他官服一套、金腰带一条、金镀银鞍辔马一匹。

从1085年的五月到1086年的九月，短短的十七个月里，苏轼便从一个地处偏远之州的犯官一路直升到三品大员，提升了六个品级，飞跃了十二个官阶，距离宰相只有一步之遥！

苏轼的这次东山再起意义非同寻常，主要有以下几点值得关注：

1. 六品起居舍人，随从皇帝左右，负责记录皇帝言行。可以参与商议礼乐法度、百官任免赏罚等朝廷事务。这个官职意味着苏轼不仅已经重返朝廷，而且开始占据中央中枢机构中的重要位置。这个位置不仅有机会接近皇帝，而且能够参议朝政，绝非登州知州、礼部郎中所可比拟。

2. 四品中书舍人，负责起草任免百官、整章建制、宽赦俘虏等诏书，可直接参与相关朝政的商议决策。朝廷规定，官员必须经过相关考核方能担任中书舍人。从北宋建国至哲宗时期，免试担任中书舍人的只有陈尧佐、杨亿、欧阳修等三人，苏轼则是第四个。这个官职意味着苏轼开始走向中枢政治的中心。

3. 翰林学士、知制诰，专门负责起草任命将相大臣、册立皇后、太子的诏书以及与周边国家往来的国书等，较中书舍人更为重要。翰林学士作为皇帝最亲近的政治顾问兼秘书，从中唐以来就有“内相”之称，往往是“将相之储”。苏轼之前，欧阳修、王安石、司马光都曾担任过这一职务，并由此升任副宰相。这个官职意味着苏轼距离位极人臣只有一步之遥，意味着苏轼开始成为参与朝政决策、参与国是的核心的“元祐大臣”。

4. 这一年九月一日，司马光去世，宰相的位置空缺。苏轼九月十二日就被任命为翰林学士，这个巧合似乎给苏轼的政敌们传递出一个微妙的信息，他们担心苏轼被任命为宰相，遂于九月二十八日上书皇帝，认为“苏轼文章学问，中外折服”，但是“德业器识有所不足”，加上以前有讥讽朝政被贬斥的前科，从团练副使的位置提升到现在才一年多一点，如今担任翰林学士，如果论“议论古今，润色帝业，可谓极其任矣”，但是不能再加官了。这些人在提醒皇帝，任命苏轼为宰相，辅佐王业，一定要以王安石为戒（语载《续资治通鉴长编》卷 388）。这真是莫大的讽刺！宋哲宗元祐时期，旧党全面复辟，按理说应该同仇敌忾反对新党，谁知道，旧党阵营内部也矛盾重重，政治派别林立，有的人为了阻止苏轼做宰相，居然拿出新党领袖王安石的例子来类比苏轼，真是令人啼笑皆非。但这从一个侧面表明，苏轼在当时特殊的历史环境中提升速度之快、影响之大、地位之高。

5. 宋哲宗元祐二年（1087）八月，五十二岁的苏轼开始兼任经筵侍读，给小皇帝赵煦当老师。对传统时代的知识分子来说，能够做帝王之师，真是最荣耀的职位了！对于苏轼而言，官做到这个份儿上，也算是最高境界了！当然，这样的安排也可以看出旧党一派的深远用心：希望通过苏轼的教育，使小皇帝的立场能够站在旧党的一边。

苏轼的官位提高了，官服的颜色也变了。北宋的官服颜色分三种：七品以下官员穿绿袍，五、六品官员穿绯袍，四品以上官员穿紫袍。高级文官还佩戴一种重要的饰物——鱼袋。朝廷规定：穿紫袍者佩金鱼袋，服绯者佩银鱼袋。苏轼作为三品大员，身穿紫袍、佩戴金鱼袋，与黄州时候的“素面朝天”相比，真是一个天上一个地下。

校量利害　参用所长

在一年多的时间里，从一个小城犯官骤升为三品高官，如此迅雷不及掩耳的地位转变，足以让任何一个人头晕目眩、目不暇接。尤其对于刚刚脱离困窘折磨的苏轼来说，面对这突如其来的一大堆荣誉和显赫的官职，他到底会有怎样的表现呢？

经历了少年成名、初出茅庐、地方任官、乌台诗案、贬谪黄州一系列起伏波折之后的苏轼，早已不再是那个空怀一腔热情、头脑容易发热的毛头小伙子了！特别是经历了黄州四五年时间的深刻反省与人生感悟之后，此时此刻的苏轼对自己多了一分清醒的认识，对他人多了一分宽容的胸怀，对变法多了一分理性的同情，对反对变法多了一分理智的反省，对人生的荣辱成败多了一分达观超然的思考。

因此，此时此刻的苏轼不会在眼花缭乱的快速提升中忘乎所以，也不会因此而失去自己的书生本色。在对待“元祐更化”、对待革新变法、对待新党人物等一系列问题上，苏轼都拥有自己的基本原则。这些原则，既符合苏轼为人处世的固有特点，也符合当时社会政治发展的具体情势以及苏轼对其做出的判断。

首先，如何对待“元祐更化”？换言之，如何对待旧党人物上台后全面否定、推翻新法的各项举措？在这个问题上，苏轼保留自己的看法，这个看法不仅与他早先跟神宗、王安石的默契认同有关，也与他这些年身处基层百姓环境中，对新法的优劣长短有了更加理性的认识有关。在主持元祐元年进士候选馆职的考题中，苏轼说：“今朝廷欲师仁祖（仁宗）之忠厚，而患百官有司不举其职，或至于媮。欲法神考（神宗）之励精，而恐监司守令不识其意，流入于刻。”（《试馆职策问三首》其一）大意是说：当今朝政如果只是效法宋仁宗时期忠厚仁义的治国之道，恐怕官僚机构不会尽职尽责，导致消极怠工、效率低下；如果只是效法神宗时期的励精图治、锐意图强，恐怕官僚机构不能真正地领会圣上的意图，导致严刑峻法、人心混乱。

那么正确的做法是什么呢？就是要忠厚而不婾、励精而不刻：既要仁厚宽爱又不能过于疏松放纵，既要锐意图强又不能过于严厉刻板。与此相应的，苏轼对待新法的态度也很明确，就是八个字："校量利害，参用所长。"（《辩试馆职策问札子二首》）意思是：权衡新法的利害得失，选择那些对国家、百姓确实有利的政策继续施行。换句话说，对待新法要具体问题具体分析，要实事求是，不能搞一刀切，更不能一棍子打死。

可以说，作为元祐时期的一位重量级大臣，作为旧党的代表人物，作为"元祐更化"的直接受益者，苏轼对"元祐更化"总体上是拥护的。在那样的政治背景与立场之下，有时候他也说一些贬损王安石的话语，但是他对于新法的态度并非一概反对，对于旧党的政治意见也并非一概同意，他真正坚决反对的是任何形式的独断专行。当初反对王安石是这样，现在反对司马光也是如此！换句话说，没有什么不可以变更的新法、旧法，凡是法令政策都必须校量利害，实事求是，只有这样才能有用于国家、人民，才能真正发挥作用，这就是苏轼的政治观念。

但是对于变法新党人物，苏轼的态度却完全不同。

苏轼与弟弟苏辙饱受新党迫害之苦，他们对于新党人物的态度用"深恶痛绝"来形容一点也不为过。在苏轼的笔下，新党人物真是祸国殃民，罪无可赦：

> 吕惠卿、李定……之流……其为奸恶，未易悉数，而王安石实为之首。今其人死亡之外，虽已退处闲散，而其腹心羽翼，布在中外，怀其私恩，冀其复用，为之经营游说者甚众，皆矫

情匿迹，有同鬼蜮，其党甚坚，其心甚一……此等皆民之大贼，国之巨蠹。（《论周穜擅议配享自劾札子二首》其二）

意思是说：新党之流，罪恶多多，而王安石实是祸首。新党的领袖人物有的已经死去，有的闲置散居，但是他们的心腹羽翼依然遍布朝野上下，都暗暗感念领袖的恩德，他们希望能够重新得到重用。为他们辩护游说的人很多，他们强词夺理，如同鬼蜮。这些党羽团结坚固，思想高度统一，对百姓危害很大，是人民的公贼，是国家巨大的蠹虫。

对于新党人物，苏轼兄弟旗帜鲜明地反对朝廷授予他们重要职务，反对新党人物推荐的人选，要求加重对新党人物的处罚，要求彻底追究新党的政治责任，而任何对于新党人物的提拔、宽恕，也都会引起苏轼、苏辙兄弟极大的警觉。比如对于曾一手炮制“乌台诗案”的李定，苏轼就认为朝廷对他的处罚太轻，因此拒绝起草关于李定的处治状，请求朝廷给予李定更加严厉的流放两千里之外的处罚。李定后来被贬到安徽滁州，距离开封一千多里，并死在了当地。对我们来说，苏轼对待新党人物的这种态度，似乎有些出乎意外，但又在情理之中，究其原因主要是：

1.“元祐更化”的政治核心在于全面反对、推翻新法与新党人物。苏轼作为元祐重臣，作为元祐更化的受益者，必须鲜明地表明自己的政治态度、政治立场，因此，激烈反对新党人物本身是一种政治立场的表达，也是他作为元祐大臣必然的政治行为。

2. 苏轼与弟弟苏辙深受新党人物的迫害与折磨，他们都非常害怕、担心新党人物东山再起、卷土重来，所以要不遗余力地打击、抨击新党人物。对于新法政策，苏轼认为可以具体问题具体分析，因为好政策可以给百姓、国家带来好处；而对于新党人物，他认为都是一些奸佞小人、结党营私之辈，应该予以清除。由此可以看出，苏轼在对待新法政策与新党人物上是有鲜明区别的。

3. 苏轼是一个伟大而杰出的文学家、艺术家、诗人、思想家，他在逆境中善于解脱自己的心灵，善于对自己的人生进行彻底反省思考，但他毕竟不是一个十全十美的人物，他也有自己的缺点与局限性。在北宋时期，苏轼的基本角色是朝廷官员、政治家，他的政治角色本能地要求他为旧党政治派别服务，这并不以他个人的意志为转移。对于迫害折磨过他的那些新党人物，他当然是发自内心的仇恨厌恶，现在他处于优势的位置，对于新党人物的打击就势在必行，这就是传统社会的政治斗争，对于这一点我们必须要予以正视。

4. 苏轼虽然不遗余力地打击新党人物，但是坚决反对通过文字狱来迫害士大夫，这又是他在激烈的政治斗争中所保持的一点清醒的认识。

书生意气　不合时宜

苏轼如此激烈地抨击新党人物，那他与旧党人物的关系应当非常密切吧？其实也不尽然。

前面我们已经说过，苏轼对于新法的认识已经发生了很大的变化。在他看来，无论是新法还是旧法，都要校量利害，都要实事求是，都要看它的实际效果。苏轼非常反感当初王安石独断专行地推行新法，反感新法人物否定一切的态度；同样，他对于现在旧党人物上台后不加分析地全面推翻新法，盲目否定一切与新法有关政策的做法也非常反感。

可是这样一来，苏轼必然与主持元祐更化的司马光发生巨大的矛盾，换言之，作为一个曾经被新党迫害的旧党人物，苏轼回到朝廷后，由于自身政治观念的转变，又开始与自己所属的政治派别发生了不可回避的矛盾。“元祐更化”时期，退居十五年的司马光重新主持朝政。司马光不仅学识渊博，而且谨言慎行、德高望重，是当朝的道德楷模。他与高太后达成共识，认为神宗皇帝、王安石的变法求新已经完全失败，当务之急便是罢废新法，恢复宋仁宗时期的政治格局。所以司马光执政之后，就有计划、分步骤地起用反对变法的大臣们，并陆续废除新法法令。

有一些新法法令在施行的过程中确实弊端较大，所以废除之后没有什么太大的争议，但是有些新法的废除问题没有那么简单。司马光与苏轼争论的焦点，就在于是否应该废除“免役法”。

王安石变法之前，朝廷施行的是“差役法”。官府的许多劳役都由老百姓来承担，使其不能专心务农，贪官污吏又趁机敲诈勒索，导致许多农民倾家荡产。免役法则规定，老百姓如果不能服劳役，可给官府交钱，由官府雇用劳役。免役法的弊端在于有的部门收缴的免役钱款过多，而收缴的钱也并未完全用于雇用劳役。但是任何政策都不是十全十美的，无论是新党还是旧党人物大都认为，免役法与差役法相比较，还是利大于弊。

苏轼原来是坚决反对免役法的。但此后多年在地方任官的实践经验告诉他，免役法的确比差役法要好得多。所以，苏轼虽然因反对新法而吃了很大的苦头，但他并没有从个人的好恶、所属的政治派别利益出发，而是从法令政策的实际效果出发，从校量利害、实事求是的原则出发来考虑问题，他的态度发生了一百八十度的大转弯，成为免役法的坚决维护者。

然而，“元祐更化”领袖司马光的顽固程度与王安石相比真是有过之而无不及。他对新法的成见太深，根本不同意继续实行免役法。苏轼将自己在密州实践免役法的种种好处说给司马光听，可司马光就是不采纳他的意见。

一次，在宰相政事堂里，他与司马光又开始激烈地争论免役法的存废问题。司马光不由得勃然大怒，气得脸色都变了。苏轼慢慢说："当年您做谏官时，与宰相韩魏公（琦）争论朝政得失，魏公虽然很不高兴，您依然奋然不顾地说下去。如今您当了宰相，难道就不能允许我把话说完吗？"见苏轼提起往事，司马光不得不勉强一笑以示歉意，但心中的芥蒂却挥之不去。他对苏轼的意见置若罔闻，依旧一意孤行。司马光这种独断专行、固执己见的做法让苏轼极为愤慨，退朝回家后，他依然怒气冲冲，一边卸巾解带，一边连声怒呼："司马牛，司马牛！"（事载宋苏辙《龙川别志》、宋蔡绦《铁围山丛谈》）司马牛本是孔子一位学生的名字，与司马光没有任何关系，苏轼只不过想表达司马光太倔强，简直就是死牛筋、一根筋，所以脱口而出"司马牛"！

后来朝廷成立了研究、修订役法的专门机构——详定役法所，苏轼也被选派参加。这个时候朝廷大臣都不敢再发表不同意见，只有苏轼还依然故我，坚持自己的意见。在与挚友的信中，他写道：

> 昔之君子，惟荆（荆国公王安石）是师；今之君子，惟温（温国公司马光）是随。所随不同，其为随一也。老弟（苏轼自称）与温相知至深，始终无间，然多不随耳。（《与杨元素十七首》其十七）

意思是说，过去的君子以王安石为榜样，追随他；现在的君子以司马光为榜样，追随他。我与司马光彼此是多年相知的老朋友，关系亲密无间，但是我却不会盲目地追随他。

苏轼的这种态度造成了自己"上与执政不同，下与本局异议"（《再乞罢详定役法状》），也就是说上与宰相合不来，下与同事谈不拢。难道像苏轼这样一个"上可以与玉皇大帝聊天，下可以陪悲田院乞儿"的大好人，现在反而处理不好人际关系了吗？当然不是。关键在于苏轼敢于坚持真理，坚持实事求是的精神，而大多数官员做官的目的在于明哲保身、升官发财，所以苏轼才会显得如此不合时宜。这就是苏东坡的书生本色，也是他的为官本色。

据苏辙回忆，面对苏轼这种屡屡反对自己的做法，司马光渐渐不耐烦了，开始感到恼怒，打算将苏轼撵出朝廷，可巧他因病去世，这件事情就没有做成。可是当时朝廷上下的官员大多都是司马光的党羽、门生，他们都希望能够联合力量求取提升，所以很讨厌苏轼这种特立独行的言行，大家都争相指摘苏轼的过错，找不出过错，就开始拿“乌台诗案”这部陈年旧账说事儿，诋毁苏轼。苏轼从此在朝廷之中就不得安生了（事载苏辙《亡兄子瞻端明墓志铭》）。

以苏轼的智慧，对身边政治氛围的变化当然洞若观火，他不由得感叹：

> 念我山中人，久与麋鹿并。
> 误出挂世网，举动俗所惊。
> 归田虽未果，已觉去就轻。（《送吕行甫司门倅河阳》）

你看，好不容易脱离苦海、回到朝廷的苏轼，想不到居然与前辈、好友司马光发生了出乎意料又在情理之中的矛盾，弄得自己又一次“不安于朝”。其实，东山再起的苏轼，除了在社会地位、经济条件方面有了极大改善之外，在京城过得并不比在黄州轻松、愉快，以他这种率真执着的做人原则，实事求是的办事方针，一吐为快的言行方式，只会给自己惹来越来越多的麻烦事儿，他的处境也将会越来越困难。那么，五十多岁的苏轼还将遭遇怎样的麻烦？他又将如何面对或者摆脱这些新的麻烦呢？

请看第七章《知难而退》。

第七章

知难而退

我们或许真该希望苏轼永远不要回到朝廷去，永远不在中央做大官，而是永远在地方做官，在地方为老百姓做实事、做好事。因为每当苏轼回到地方，就生龙活虎，就政绩突出，就干劲十足，而一旦回到朝廷，就会成为权力斗争下的牺牲品。

苏轼重返朝廷之后，虽然在短时间里一跃成为朝廷三品高官，但是由于政治思想观念的转变，他与司马光为代表的旧党人物发生了矛盾。矛盾的焦点在于如何看待新法政策，矛盾的本质在于采取什么政治原则来治理国家。司马光虽然不久就因病去世，但是苏轼与司马光这一政治派别的矛盾不仅没有停止，反而日趋激烈，终于爆发了历史上有名的“洛蜀党争”。

哭歌之辩　后患无穷

宋哲宗即位之后，司马光等朝中重臣联名推荐北宋著名的哲学家、思想家程颐出任崇政殿说书，也就是哲宗皇帝的老师。按照宋朝的官制，经筵讲官（皇帝老师）分为不同级别，苏轼所担任的经筵侍读要高于说书之职，但不管怎么说，他们同为帝王之师。

程颐是宋代理学的代表人物，授徒讲学三十余年，门生遍及朝野上下，在学术界享有崇高的声誉。他平时不苟言笑，一开口便是孔孟之道、仁义礼智，俨然一副道德圣人的模样，在常人看来似乎有些不近人情，也颇有些迂夫子的味道。一天，程颐为哲宗讲书，课间休息时，君臣二人在一间小亭子里喝茶，哲宗顺手折下一根柳枝玩耍。这对于一个十来岁的小孩子来说是一件非常平常的小事，但程颐看见后立即站起身来，板起面孔教训道：“现在正是春天，万物生长，皇上不可无缘无故摧折生命，损害天地和气……”哲宗好不容易等到下课玩耍一会儿，却没想到又被这个老头子训了一顿，好不没趣！他嘴上不敢说，心里老大的不高兴，皱起眉头，将柳枝狠狠地掼到地上。司马光听说这件事之后，十分感慨，他对门客们说："这就是为什么人主往往不愿意接近儒生的原因呐！"（事载宋马永卿《元城语录》）

司马光是个光明磊落、心胸开阔的人，他对程颐的看法尚且如此，幽默诙谐、极具情趣的苏轼对程颐的言行方式当然更加看不惯。他承认自己"素疾程颐之奸，形于言色"（《再乞郡札子》），意思是说：素来看不惯程颐那副虚伪矫情、故作姿态的模样，往往在言语、脸色上就表现出来。

宋哲宗元祐元年（1086）九月一日，司马光去世。这一天，哲宗皇帝正率领百官在首都南郊祭祀天地神灵祖先，安放神宗的灵位。中国古代的礼仪制度中，共有五种重大的礼仪活动，即吉礼、嘉礼、军礼、宾礼、凶礼。吉礼主要是指祭祀、纪念之礼，通过祭奠天神、地祇、祖先求善祈福；嘉礼包括登基、册封大典、朝贺朝拜、喜庆婚宴等礼仪；宾礼包括中央与地方之间、君臣之间、国与国之间、士大夫之间的礼仪；军礼是与军事活动有关的一切礼仪；凶礼则是指与灾荒祸患、丧葬吊唁活动有关的礼仪活动。哲宗祭祀天地神灵的活动自然属于吉礼。

九月六日，朝廷的祭祀活动结束，大臣们就都急着赶往司马光的宰相府吊唁。程颐负责主持司马光的丧事，却不许大家在这个时候吊唁司马光。为什么？理由来源于孔子的《论语》。程颐说："《论语》中说过：'子于是日哭，则不歌。'"孔子曾经说过：如果你今天参加了丧礼吊唁之类的活动，就不能再参加唱歌、跳舞这类综艺娱乐活动，否则就是对礼仪的亵渎。

程颐说："你们刚刚参加了朝廷的吉礼活动，现在又来参加丧礼，同一天里一会儿嘻嘻笑笑、一会儿哭哭啼啼，太不严肃，不符合古代的礼仪。明天来吧。”

孔子的这段话的确是对礼仪之道的规范，但这种规范也是建立在人们真实情感的基础之上的。一个人经历或者沉浸在巨大的悲伤中，从情绪上来讲，很难真正忽然转为喜悦、兴奋，所以孔子这段话是对生活经验的总结。古代的礼仪制度并不是凭空想象出来的，而是逐渐从人们的日常生活中一点点总结出来的。

转悲为喜不大符合人之常情，但是乐极生悲、从喜悦转为悲伤，从情感上来讲就比较顺畅了。这就好比流水很容易、很自然从高处落到低处，但是要从低处到达高处，就比较麻烦。正因为如此，当时就有人反驳程颐道：“孔子是说过哭则不歌，但并没有说歌则不哭呀。”

程颐有些尴尬，满脸涨得通红，不禁提高了嗓门，继续高声争辩。这件事情本来与苏轼没有任何直接关系，但是一则苏轼本来就很讨厌程颐古板僵硬的作风，二则他看见这种尴尬而滑稽的场面，觉得非常可笑，似乎如鲠在喉、不吐不快。于是他止不住上前加入争辩的队伍，进一步挖苦程颐道：“此乃鏖糟陂里叔孙通所制礼也。”（事载《续资治通鉴长编》卷393）

这句话是什么意思呢？

叔孙通是秦汉之际的儒生，刘邦称帝后，他为汉王朝制定了一整套规章与礼仪，算是汉朝开国的大儒，礼仪策划的总监。“鏖糟陂”则是一处污泥烂草、肮脏不堪的沼泽地，位于东京汴梁西南十五里处，“夏秋积水，沮如泥淖”（宋庄绰《鸡肋编》）。

“鏖糟陂里叔孙通”的意思是：程颐是一个从京城郊区污泥脏水中爬出来的冒牌叔孙通，这套伪规矩都是村学究制定的。这是讥讽程颐拘泥小节、不识大体，是个没有见过世面的假学者。

我们可以想象一下，在司马光去世的哀悼现场，本是一派庄重肃穆的氛围，而苏轼随口勾画出的却是一个滑稽、生动的漫画式的程颐形象，这一切形成了鲜明的反差、对照，在场的官员们禁不住哄堂大笑。程颐一下子恼羞成怒，而朝廷中那些程门弟子更是怒不可遏。从此，苏门与程门算是结下了深仇大恨，也为后来的政坛引出无穷的后患。

唇枪舌剑　三党混战

这件事从表面上看，似乎只是一场口角之争，无关国家大体，至多不过反映了苏轼、程颐两人在思想、志趣和性格上的歧异，但从深层来看却意味深长。

第一，北宋以来的学者，普遍具有个性执拗、独树一帜、严以律己、严以律人的特点。发展到极致，不免自我标榜、唯我独尊，对于异己观点动辄大肆批判甚至群起围攻，王安石、司马光、程颐身上都或多或少有这样的特点。对于一般人来说，这些特点不过是有些古怪、古板或者不合人之常情罢了。但是在苏轼看来，这就是奸伪。如前所述，苏轼就曾数次指责程颐的这种表现是“奸”，也就是“奸伪”。所以说苏轼对程颐的嘲讽首先就是基于这种学风、人格乃至个性的差异。

第二，苏轼对程颐的嘲讽还反映了苏轼本身的个性缺陷。苏轼虽然担任着翰林学士、经筵侍读等重要官职，但是性情并没有很大的改变，依然有意气用事的一面，喜欢以个人好恶来臧否人物。这也从某些方面说明苏轼政治上的不成熟，说明他在政治上难以堪当大任。俗话说“宰相肚里能撑船”，做宰相必须要能够容纳不同的人物性格、政见，将各方面的人物团结起来共同做事。苏轼的师长欧阳修就善于团结个性耿介不群的石介，司马光更是善于将不同派别的人物聚拢帐下，苏轼却没有这个本事，这是他政治个性中一个不可忽视的缺点。

第三，苏轼对于程颐的这种态度，以及发展到后来的“洛蜀党

康震

貴人不肯吃貧人不解煮早晨起來打兩碗飽得自家君莫管

丁酉年仲春

康震

争”，反映了司马光去世后，旧党一派人物群龙无首的政治局面。比起新党人物，旧党内部的政治、文化、学术乃至人际关系要复杂得多，混乱得多，凝聚力也要差得多。司马光这杆大旗一旦倒了，他们就立刻互相攻击，乱作一团，难以形成一个拥有共同奋斗目标的团结体，自然也就难以形成强大的、统一的政治力量，自然也就给新党人物的卷土重来创造了机遇。更具有讽刺意味的是，新党势力尚未重返朝廷的时候，旧党人物各走各的路，等到新党再次上台，旧党人物就都开始“分享”共同的悲惨结局，在这个时候，他们似乎才开始走到一起了。

需要特别强调的是，司马光去世之后，矛盾重重、貌合神离的保守派旧党阵营分裂为三个学术兼政治派别。一派以程颐为首，朱光庭、贾易为辅，程颐的籍贯是河南洛阳，所以这一派被称为“洛党”；一派以苏轼为首，吕陶等人为辅，苏轼的籍贯是四川，这一派被称为“蜀党”；还有一派以司马光提拔的谏官刘挚、刘安世等人为首，羽翼尤多。刘挚是河北东光人，属古代河朔地区，所以这个门派被称为“朔党”。

苏轼的一句取笑嘲讽之语，从此拉开了洛、蜀两派党争之幕。

在上一章我们曾说过，苏轼对于元祐时期的政治有一个基本的态度，即：“今朝廷欲师仁祖（仁宗）之忠厚，而患百官有司不举其职，或至于媮；欲法神考（神宗）之励精，而恐监司守令不识其意，流入于刻。”（《试馆职策问三首》其一）大意就是，既不能像仁宗时期那样过于松懈惰怠，也不能像神宗时期那样过于紧张严苛，应当做必要的调和折中。

程颐的门生、谏官朱光庭针对这几句话进行了断章取义的解释，认为苏轼的言论是对仁宗与神宗皇帝的恶意诽谤，要求朝廷对苏轼予以惩治。主持朝政大局的高太后具有敏锐的政治眼光，对朱光庭等谏官的这套手段洞若观火，她没有明确表态，而是采取了和稀泥的办法，下诏苏轼免罪，希望大事化小、小事化了。

苏轼却不肯受这冤枉罪，马上表白自己的那段话的真实含义，指出朱光庭为诬告。朱光庭也不肯善罢甘休，继续上表攻击苏轼。殿中侍御史吕陶乃是蜀党的人物，他也上表弹劾朱光庭，一针见血地道破朱光庭弹劾苏轼的真实意图：

> 议者皆谓轼尝戏薄程颐，光庭乃其门人，故为报怨。夫欲加轼罪，何所不可，必指其策问以为讥谤？恐朋党之敝自此起矣。（《宋史·吕陶传》）

意思是说：大家都知道苏轼曾经戏弄嘲讽程颐，朱光庭是程颐的门人，这样做分明是在报复苏轼。如果要给苏轼加罪，什么理由不可以，为什么非得指责他的进士策问之题？我担心朋党的弊端从此会兴起。

俗话说得好，外行看热闹，内行看门道，这场洛、蜀之间的口水大战难道真的就因为苏轼对程颐的几句嘲讽之语吗？而朱光庭弹劾苏轼，也难道仅仅就是为了报一箭之仇吗？恐怕没有这么简单。

其实，以朱光庭的地位，要想扳倒苏轼是根本不可能的。元祐时期，苏轼、苏辙在朝廷中都曾经担任很重要的官职。苏轼先后担任翰林学士、吏部尚书、兵部尚书、礼部尚书等职；苏辙则先后充任中书舍人、翰林学士承旨、吏部尚书、门下侍郎等职；蜀党的门生在朝廷中也很有权势。与此相比，洛党一派在朝廷中的政治权势则小得多。再说，程颐即便因为苏轼的嘲讽而恼羞成怒，但他这个人说到底不过是一介书生，距离政治较远。况且，就洛党本身而言，也并不是什么成熟的政治派别，他们对于“熙宁变法”乃至“元祐更化”并没有提出过什么更为独立的见解，说到底，洛党还算不上一股巨大的政治力量。

但是当朱光庭对苏轼展开激烈的弹劾，尤其当朝廷传言要罢免朱光庭的时候，却在当时的政坛掀起了巨大的波澜，不仅洛党，连朔党也开始群起而围攻苏轼，形成了一股强大的攻击苏轼的政治浪潮，这究竟是为什么呢？

原来，洛党的势力只不过是扮演了马前卒的角色，它背后真正强大的政治势力在于刘挚、刘安世等人为首的朔党。当初苏轼因免役法与司马光争得不可开交，根据苏辙的回忆，司马光本想将苏轼挤出朝廷，但他恰好去世了，这件事情也就放下了（语载苏辙《亡兄子瞻端明墓志铭》）。现在以刘挚等人为代表的朔党一派，借着洛党弟子朱光庭开战的机会，也纷纷拉开架势开始对苏轼群起而攻之，认为他结交朋党，维护免役法，甚至认为他可能是又一个王安石。

那么，朔党对于苏轼的攻击难道也仅仅是为了废除免役法，为了维护朝廷的传统体制？恐怕也没有这么高尚。

说到底，朔党攻击苏轼的本质是为了权力。此时正值司马光去世前后，宰相这个权力中心出现了真空地带，朔党人物眼看苏轼深得高太后赏识，所以借着洛党与蜀党的矛盾，试图推动整个事态朝着不利于苏轼的方向发展。所以这一场洛、蜀党争的口水大战，从表面来看，是因苏轼与程颐的口角之争而起，结果逐渐发展为洛、蜀两党的争斗，但其本质却是苏轼与朔党人物的内在矛盾冲突。这个冲突的表象是所谓政见不一，而其实质还在于权力斗争。

苏轼对此其实看得非常清楚，他在奏章中说：

> 陛下即位，起臣于贬所，不及一年，备位禁林，遭遇之异，古今无比。臣每自惟昆虫草木之微，无以仰报天地生成之德，惟有独立不倚，知无不言，可以少报万一。始论衙前差顾利害，与孙永、傅尧俞、韩维争议，因亦与司马光异论。光初不以此怒臣，而台谏诸人，逆探光意，遂与臣为仇。臣又素疾程颐之奸，未尝假以色词，故颐之党人，无不侧目。（《杭州召还乞郡状》）

大意是说：皇上即位之后，将我从贬所迅速提拔到翰林的位置，这样的恩遇古今少有。自己为报答圣上恩典，一直坚持独立政见，知无不言，言无不尽。前番与诸位大臣所争论的不过就是与司马光有分歧的免役、差役问题。当初与司马光争论这个问题的时候，他本人并不因此而与我反目。只是他所提拔的诸位谏官，妄自揣度司马光的意图，故意与我结为怨仇。我又看不惯程颐奸伪的做派，所以洛党一派也对我没有好眼色。

司马光尚且不与苏轼结仇，为什么他手下的谏官却急着跳出来结这个仇呢？就是权力之争。所以苏轼将他与朔党的矛盾排在前面，而洛党不过是第二位的矛盾，是次要矛盾。

洛、朔两党人物对苏轼是步步紧逼，不达目的誓不罢休。这一天，御史中丞傅尧俞、侍御史王岩叟与高太后当面发生激烈的争论。王岩叟等人手持苏轼的策问之题，要求太后惩戒苏轼妄自议论仁宗、神宗的“为臣不忠”之罪。高太后不想扩大朋党相争的混乱局面，没等王岩叟等人说完便忽然厉声说道：“我不想也没有必要看这些策问之题！”王岩叟等人不肯罢休，当面开始诵读苏轼的策问之题，高太后表示大不以为然，王岩叟等人说：“如此看来，太后是坚决偏袒苏轼，站在苏轼一边了！”高太后气得厉声说道：“我凭什么偏袒苏轼？苏轼又不是我的亲戚！”盛怒之下扬言要将争辩的双方统统撵出朝廷（事载《续资治通鉴长编》卷 349）。

苏轼在这场争辩中当然也有不少的过错，甚至有不少令人遗憾的表现。但是总的来说，苏轼一直坚持两个原则：一是坚决反对借此大兴文字狱；二是始终强调这场争论的核心是他与司马光的不同政见，而不是权力斗争。这其实也是鉴于自己在“乌台诗案”中的遭遇而极力避免陷入政治陷阱。

所以，苏轼一旦觉察到这场政见辩论渐渐偏离了争论的方向，开始走向政治权力斗争的时候，一方面感觉到深深的疲倦，同时也产生了一丝恐惧。曾经遭受过囹圄和流放之苦的他不愿意在这场口水仗中重蹈覆辙，他决心放弃眼前一切令人羡慕的职位与生活，请求到外地去做地方官。于是他接连上了四道奏章，请求离朝外任。

面对苏轼的请辞奏章，高太后着实为难，她非常希望苏轼能够留在朝中，成为平衡朝廷权力的重要力量。

一天，高太后唤苏轼入内起草诏书，草罢，苏轼正要告退，太后忽然问他："我有一件事想问内翰。"苏轼忙说："请陛下明示。"太后问："内翰前年任何官职？"前年，也就是神宗元丰八年（1085），苏轼刚刚由黄州团练副使改判汝州团练副使。苏轼不知太后为何问及此事，只好据实回答。太后接着问道："那么内翰现在任何官职？""翰林学士。"苏轼回答，心中更加纳闷。

太后又问："内翰如何能有今天的地位？"苏轼赶紧回答："都是陛下的提拔。"太后微微一笑，说："这都不关老身的事。"苏轼赶紧说："那一定是官家（哲宗）的提携。""与他也没有关系。"太后摇了摇头。"难道是大臣们的推荐？"苏轼有点不解。"与大臣们更没有关系。"太后摆了摆手。苏轼心里一惊，连忙辩白道："臣虽然无德无能，但还不至于为了做官而请托权贵朝臣。"

"早就想让学士知道。"高太后慢慢说："学士能够有今天的地位，完全是神宗皇帝的遗愿。想当初他在世的时候，每当吃饭停下筷子看文章，宫人们都说：'这一定是苏轼的文章。'有时候读着读着，神宗皇帝会忽然称赞说：'奇才，奇才！'只是还没有来得及进用学士就仙逝了……"听到这里，苏轼再也忍不住悲痛，失声痛哭起来。太后与左右宫人也掉下了眼泪。

过了一会儿，太后赐茶赐座，语重心长地对苏轼说："内翰啊，你一定要尽心尽力地侍奉官家，报答先帝对你的知遇之恩呀！"苏轼连声诺诺，拜辞而出，太后特命宫人手提御前金莲花烛送苏轼回翰林学士院（事载宋王巩《随手杂录》）。

高太后一番语重心长的话语的确是用心良苦，苏轼也并不是不想在朝廷做出一点实实在在的成绩，可是洛、朔两党对苏轼依然紧咬不放，而且大有排山倒海之势。如果继续在朝中待下去，自己“必致倾危”。在给高太后的《乞郡札子》中，苏轼痛陈自己在朝中举步维艰、难以有所作为的困境。

苏轼说，自己与司马光交情深厚，见解相近，本来没有什么不睦之处。只是因为免役、差役问题有所分歧。但目前朝中的舆论早已经背离了他与司马光争论的初衷。洛党、朔党以及自己所谓蜀党的下属、门生、故旧纷纷群起，使用愤激的语言互相弹劾、指责甚至谩骂对方。其中造谣生事、蛊惑人心、煽风点火者大有人在。他伤心地说，城门失火，殃及池鱼，自己所选拔推荐的人才也都因此遭到恶意的诬陷诽谤。

苏轼在《乞郡札子》中指出，当今圣上固然天资聪明，但是目前洛、朔两党气焰嚣张，震动朝廷，朝野百官无不畏避其锋芒，太后与皇上深居宫中，朝野上下的情况难以周知。自己担心如果被洛、朔两党官员抓住奏章、诗文中的“小辫子”，太后与皇帝又听信了他们的言论，自己再次重蹈“乌台诗案”的覆辙，那自己在“怨仇交攻”当中，将“不死即废”了。因此他再三请求离开朝廷，去地方上任职。

知州钱塘　拯救西湖

宋哲宗元祐四年（1089）三月十六日，朝廷终于批准苏轼以龙图阁学士的身份出任浙西路兵马钤辖兼杭州知州，管辖范围包括今浙江杭州以及衢江、富春江、钱塘江以西，上海市以及江苏镇江、金坛、宜兴以东地区，大体相当于浙西路最高行政长官兼杭州市市长。

人生真是有意思，十八年前，苏轼因为受到变法派的排挤，不得不请求外任地方官，九年中先后在杭州、密州、徐州、湖州任职，其中第一站就是在杭州担任通判。十八年后，他却遭到了来自旧党内部的排挤而不得不请求外任，第一站也是杭州，这真是惊人的历史巧合！所不同的是，这一次他所担任的职务，所管辖的地区，所承担的责任都要大得多了。

苏轼这一次离开朝廷外任地方官，累计算起来一共五年时间，却先后担任了杭州、颍州、扬州和定州四个地方的知州。其中杭州的任期最长，二十二个月；其他几个地方多为半年左右：颍州七个月，扬州六个月，定州七个月。虽然处在频繁的调动当中，但苏轼依然竭尽全力地想办法为老百姓多做一些实事，其中最可称道、也最具代表性的就是杭州时期对西湖的综合治理改造工程。这个工程不仅体现了苏轼作为地方高级官员体恤爱民的仁政之心、勤政善政的为政之才，也体现了一个伟大文学家的诗人情怀。西湖改造工程，将苏轼的仁爱之心、为政之才、文学之美完美地统一在一起。

在《杭州乞度牒开西湖状》这篇将近四千字的奏章中，苏轼详尽地分析了西湖对于杭州的五点重要作用，综合起来看就是：

从文学的角度来说，西湖是杭州美丽的眼睛，是杭州最引人入胜的美景；从生活的角度来说，西湖是杭州农田灌溉、居民饮水的主要资源；从朝廷的角度而言，西湖是百姓为皇帝放生祈福的重要场所；从经济的角度而言，西湖是酿酒上税的重要来源；从水利的角度而言，西湖还是保证运河通畅的重要水源。然而长期以来，西湖的淤泥严重堵塞湖底，水草遮蔽大半湖面，不仅阻碍水运，损害水质，隔断水源，而且大大损伤西湖的美观。苏轼感叹，再这样下去，二十年之后西湖就不存在了，可是如果杭州没有西湖，就好像人去掉了眉毛眼睛，还能叫作人吗？可见，无论从国计民生的角度，还是从水利的角度、文学美学的角度，都必须治理西湖。

拯救西湖，这是一次民生的拯救，也是一次文学的拯救。

目标定下来，苏轼立即着手筹措人力、经费，他初步预算，疏浚湖底淤泥、铲除湖面水草大致需要二十余万工。他通过各方渠道筹措钱款米粮折合共一万余贯、石，大体可以调动十余万工，空缺的部分还需要朝廷予以解决。但从技术的角度来看，治理西湖还有一些难题，比如，将西湖中的淤泥水草全部挖掘清理出来，估计会堆积如山，如何处置这些淤泥呢？

经过深思熟虑与精心策划，苏轼与众位官员终于想出一个一举多得之策：将这些无处安置的湖草、淤泥在湖的西侧筑起一道长八百八十丈，宽五丈的长堤，横跨西湖南北，将西湖分为里湖外湖。修筑起这条长堤有这样几大好处：

一是解决了淤泥水草无处安置的难题；二是沟通西湖南北，缩短交通路程，从此人们从湖的南岸到北岸不必再绕湖三十里；三是在长堤上修建跨虹、望山、映波等六座桥，沟通里湖、外湖，再在湖中种植芙蓉、堤上种植杨柳，另外再修建九座亭阁，这样芙蓉杨柳、小桥亭阁构成了西湖新的风景线。

可是还有一个问题，就是如何才能使淤泥不再淤积、水草不再滋生？

苏轼集中大家的智慧，做出了一个非常聪明的决定。即将岸边湖面租给民户种植菱角。因为种植菱角时必须按时清除水中杂草，这样，一来农民可及时清理水草，保证不再淤积；二来可收取民户的租金，将这笔费用用于西湖的整治维护；三来可解决一些民户的生计，真正是一举三得。

但是西湖水面实在是太大了！如果有民户在水面随意种植，官府也很难即时监督管理。不过这也难不倒苏轼。为了保持西湖大部分水域的开阔清澈，苏轼在西湖的中心位置建造了三座小石塔，石塔之间相望为界，围成一个水域，严禁民户在这个水域内种植。小石塔后来逐渐演变为最著名的西湖美景“三潭印月”（《申三省起请开湖六条状》)。

西湖的整治改造工程结束了，苏轼不无得意地在诗中写道："我凿西湖还旧观，一眼已尽西南碧。又将回夺浮山险，千艘夜下无南北。"(《与叶淳老、侯敦夫、张秉道同相视新河，秉道有诗，次韵二首》其一)

苏轼在改造西湖工程期间，工作认真而勤苦，据《杭州府志》记载，他每天都到湖上巡视。有天肚子饿极，但饭菜还没送到，他便拿了筑堤工人的饭吃了起来。据传，杭州民众因为感戴于苏轼的恩德，知道他性喜食肉，便送给他不少猪肉。苏轼就让人将猪肉切成方块，按照他"慢著火，少著水，火候足时它自美"的独家秘诀精心烹制，送到西湖工地，分发给浚湖的民工。不料这红烧肉却因此名噪杭州，成了当地的一道名菜"东坡肉"。

苏轼对西湖所做的这些改造，不仅造福当地居民，使杭州的民生更加繁荣，而且让西湖更加美丽，让杭州的眼睛更加明亮。苏轼所筑之堤与唐代杭州刺史白居易在湖北面修筑的"白堤"相映成趣，被人们称为"苏公堤"，简称"苏堤"。如今历经千年，"苏堤春晓"与"三潭印月"依然是引人入胜的"西湖十景"之一。

辗转四州 恩施百姓

身为知州的苏轼，除了进行整治西湖这些大工程外，每天主要面对的仍然是琐碎的日常公务。他在处理日常事务的时候，也时时展现出他个性上的特点。

据宋人周煇笔记《清波别志》记载，有一次，苏轼审理一桩涉嫌欺诈、偷税漏税的案件，被带到堂上的涉案者是个年近六旬、须发花白、穿着寒酸的老翁。税务官查获他随身带着两个巨大的包裹，而且包裹上面赫然写着："翰林学士知制诰苏某封寄京师苏侍郎收"，意思就是：翰林学士苏轼寄给京城门下侍郎苏辙。税务官报告，这两个包裹内全是上好的麻纱，并且沿途盗用苏轼之名偷税，意图带至京城贩售图利。

苏轼一听不由大怒，他一拍惊堂木，厉声责问老翁究竟是怎么回事。

那老翁知道了堂上坐的就是自己冒名诈骗的苏轼，心中大惊，只好从实道来。原来此人乃是南剑州（今福建南平）的乡贡举人，名叫吴味道，正准备进京参加礼部进士考试。但苦无川资，亲戚朋友凑钱买了两百匹当地的特产建阳纱，准备让他带到京城变卖用作盘缠。依照当时的税务规定，携带这麻纱穿州过府，从福建到开封，沿途可都得抽税，他盘算一下，这样一来等到了开封可也就所剩无几了。吴味道素闻苏轼兄弟喜好奖掖文士之名，于是决定盗用其名以便逃税。这一路上果然畅通无阻，没人抽税，殊不知他因消息不够灵通，未知苏轼时任杭州知府，正好被抓了个正着。

面对这个穷酸落魄、自作聪明而又可怜可气的老读书人，苏轼没有再拍惊堂木，而是揭去包裹上的旧封，郑重提笔在包裹上写道："龙图阁学士、钤辖浙西路兵马知杭州府苏某封寄京师竹竿巷苏学士（此时苏辙已迁为翰林学士）。"

接着，他笑着对吴味道说："前辈，你可放心，这回真是苏知府送交苏学士的包裹了，即便是带到皇帝面前也没有关系。"

他随后还写了一封短信，让吴味道带给苏辙，要弟弟关照这位可怜的老者。

吴味道喜出望外，千恩万谢地辞别苏轼进京应试。第二年，吴味道果然高中皇榜，并写信向苏轼表示感谢，苏轼对这件奇遇心中也甚是欢喜。后来吴味道路过杭州，苏轼还请他在家中盘桓小住了数日。

这个故事充满了温情。杭州知府的网开一面，放走一个其情可悯的漏税"商人"，成就了一个新科进士。这个故事阐述的精神其实与法律无关，就如同当年欧阳修宽容苏轼编造典故一样，苏轼也乐于宽容这位可怜的读书人，甚至愿意掩护他、帮助他。这不是一个知州当有的执法行为，而是一个宽容、温厚、体贴、俏皮的诗人行为，这种行为也只会发生在苏轼的身上。

在辗转四个州郡的五年任期内，杭州的政绩当然只是苏轼五年地方官政绩的小小一角。他刚到杭州的那一年，遇到了严重的自然灾害，冬春水涝，他认为救灾之事是预则立、不预则废，因此反复请求朝廷拨米赈灾，甚至将自己用来修葺颓敝官舍的钱都先用来买米赈济百姓。他重视水利的兴修，除了前面提到的疏浚西湖之外，更疏通运河钱塘江水道，设立水闸控制江潮，让居民免去潮水淤塞之苦。苏轼为了让常受疠疫流行之苦的居民受到照顾，除拨出公款外，自己还捐献了五十两黄金创设了病坊“安乐坊”，以治疗贫困的病人。

苏轼知颍州时遇到严重的雪灾，他担心灾况，整夜不能成眠，想着该如何救民之饥，后来下令从官仓取出数千石的米，从酒务局中拿出数千秤的柴，来救助饥寒贫民。苏轼亲民近民，他根据自己出知杭、颍、扬三州所了解的情形，知道王安石的新法在实施的过程中的确存在很多的弊端。老百姓告诉他凶年时虽然天灾流行，但只要节衣缩食，仍然可以糊口度日，但是每遇上丰收之年，衙吏兵卒就会前来逼索积欠，枷棒加身，反而活不下去了，因此认为丰年不如凶年好。苏轼听后，心中十分沉痛，因此在写给朝廷的谢恩表写道“丰、凶皆病”。苏轼从担任杭州知府时就开始向朝廷申请减免百姓税收负担，在此后的数年间一直不曾停止过上奏。总之，在地方任官的苏轼，总是想尽一切办法造福一方百姓。

如果我们回顾一下苏轼的从政经历，就会发现一个很有意思的现象。从一举成名开始的书生意气，到初出茅庐时逐渐接触社会、了解社会，到大难临头时遭遇政治磨难，再到黄州时期对自身的反省，再到东山再起时重新陷入党争，苏轼的人生经历和政治生涯一直有一个突出的特点，那就是只要在中央朝廷，就必然会陷入党争、陷入永无休止的政治斗争、口水大战，对别人对自己、对朝廷对老百姓都没有任何好处；而每次当苏轼对这些龃龉卑劣的政客之争无法承受、无法忍受之际，他就会主动申请出任地方官，而只要他回到地方工作，立刻就会不自觉地超越片面、狭隘的党派之争，走出党争的政治阴影，抛开党争的偏见，完全以老百姓的利益为自己政见的出发点，实实在在为当地老百姓做事。担任地方官的苏轼，不自觉地将自己从一个对国家君主负责任的大臣，变为一个活泼潇洒、主动融入当地生活与百姓中的普通官员，苏轼也因此焕发出了不同凡响的光辉。

事实上，在五年的地方官任期当中，高太后还曾数次将苏轼调回朝廷担任翰林学士承旨、兵部尚书、翰林侍读学士、礼部尚书等高官。这一方面固然是出于对他的赏识，另一方面也是为了借助以苏轼兄弟为代表的蜀党力量来制衡洛党、朔党的势力。

但是每一次返回朝廷，苏轼都会遭到新、旧两党的夹攻。当时苏辙已经先后担任尚书右丞、门下侍郎，相当于副宰相，在朝中的地位举足轻重，但他为人言行极为谨慎，不易遭口舌之非。而苏轼性情率直，自是成为重点攻击的对象。因此，苏轼一入都门，政敌们便开始不断制造事端，以莫须有的罪名加以毁谤弹劾，致使苏轼每一次又都不得不被迫离开朝廷，外任地方官。

如此说来，我们或许真该希望苏轼永远不要回到朝廷去，永远不在中央做大官，而是永远在地方做官，在地方为老百姓做实事、做好事。因为每当苏轼回到地方，就生龙活虎，就政绩突出，就干劲十足，而一旦回到朝廷，就会成为权力斗争下的牺牲品，这使他的理想永远滞碍难行，他的心中总是忐忑失落。

这一章的题目是“知难而退”，难指的就是难以长久地呆在朝廷，退指的就是到地方去做官。对于苏轼而言，进当然是好的，但是太痛苦；退虽然远离朝廷、兄弟，但心情是舒畅的。不过，即便在地方上做官，苏轼的心情也将不再舒畅了，因为就在苏轼开始准备奔赴第四个地方定州担任知州的时候，朝廷发生了一件惊天动地的大事，这件事情立刻改变了苏轼兄弟的命运。

这究竟是一件什么惊天动地的大事件呢？年届六十岁的苏轼还能否继续承受命运的剧烈变动？

请看第八章《一贬再贬》。

第八章

一贬再贬

中国古代有很多文人是“穷则独善其身，达则兼济天下”，苏轼却不是这样，无论是“穷”还是“达”，他都要努力地兼济天下，正如陆游说的：“不以一身祸福，易其忧国之心。”

从上一章中我们了解到，苏轼为了避开朝廷里纷繁复杂的政治斗争，每每主动上奏请求外放地方任职。虽然在地方上为官不如在中央那么风光，但苏轼却认为这样可以实实在在地为老百姓办点儿事，造福一方，因此深感适得其所、如鱼得水。可是，政治风云变幻莫测，朝廷中即将发生一场意想不到的重大变故，苏轼的命运也将因此步入重重艰难困厄。

五改谪命　贬逐投荒

宋哲宗元祐七年（1092），临朝听政的高太后身染重病，将不久于人世；此时哲宗皇帝十八岁，已到了亲自主持朝政的年纪。

根据宋代史料笔记《铁围山丛谈》的相关记载，神宗死后，哲宗虽然继立为帝，但即位以来，一直都是高太后垂帘听政，执政大臣凡事都是奏请太后决议，不以年幼的哲宗为意。虽然太后也曾问他："彼大臣奏事，乃胸中且谓何？奈无一语耶？"意思是说当这些大臣们上书言事时，你对他们上奏之事，心里有什么意见尽管说出来呀，怎么一声不吭啊？但哲宗总是回答说："娘娘已处分，俾臣道何语？"虽然他嘴上总是说："娘娘做出决断即可，我又何必多嘴？"但其实哲宗这个人心胸狭隘，性情暴躁，好色懒惰，他对于祖母的严加管教和包揽朝政都非常不满，朱熹在《朱子语类》中说哲宗对祖母的严厉管教内心"甚衔之"。他内心早已充满怨怼，苦于敢怒而不敢言，便将这积压多年的怨气迁怒于太后身边的大臣，迁怒于元祐旧党人物。

高太后深知她这个孙子的性格与想法，明白他一旦执掌朝政，必定会自行其是、改变朝政格局。因此在病重期间，她便对大臣们说："我的病情日益加重，肯定将不久于人世，你们最好是及早求退，也好让皇上另用新人。"一番话说得大臣们无不人人自危。

随着亲自主政的日子慢慢地接近，哲宗的本来面目也开始逐渐暴露出来了。一次太后问大臣们："我久病不起，恐怕不久于人世，朝廷的事情怎么办？"群臣尚未应对，从来"恭默不言"的哲宗忽然说："自有故事。"意思就是说："那有什么难办的？朝廷的规矩都在那里放着，照着办就是。"一番话说得大家哑口无言、面面相觑，下朝后无不担心地说："我辈其获罪乎？"这下子完蛋了，我们看来得罪了皇上，一定要被治罪了（事载宋蔡绦《铁围山丛谈》）！

改朝换代的一天终于到来了，元祐八年（1093）九月三日，高太后驾崩，哲宗正式亲政。

果然不出高太后所料，哲宗一旦亲政，便不再听从元祐执政大臣的意见，随即在九月四日，下令恢复与新党人物关系密切的几位宦官的职务，虽然当时因宰相的极力反对而收回成命，但是哲宗的政治动向已是昭然若揭。哲宗多次与身边大臣说起太后垂帘听政的经历，他恨恨地说："朕只见臀背。"意思是说，自己虽然贵为皇帝，却只有看太后屁股和后背的份儿，哪里能够做主？

这种种迹象都表明一场猛烈的政治风暴已经迫在眉睫。

苏轼早就预感到了这一切，因此在高太后去世之前，他就曾多次上奏愿出知"重难边郡"。元祐八年三月，时任礼部尚书的苏轼曾"乞知越州"，但不被朝廷所准，结果是年九月高太后一死，哲宗就命他以端明殿学士兼翰林侍读学士、礼部尚书的身份充河北西路安抚使兼马步军都总管，知定州（治所在今河北定县）军州事，也就是担任河北西路地区的军政首长兼定州知州。按照当时的规定，朝廷重要大臣赴任边境城市，都要向皇帝当面辞行，谁知哲宗竟以“本任官阙，迎接人众”为借口，对曾“日侍帷幄”伴读五年的老师苏轼不予召见，不让他上朝面辞。这对于苏轼来说，无疑是个非常强烈的警讯，后来事实也证明，直到哲宗去世，苏轼都没有机会再返朝廷。

元祐九年（1094）四月十二日，哲宗下诏改年号为“绍圣”，意思是继承神宗朝变法革新的政治方针。不久，范存仁等旧党执政大臣被罢免，章惇等新党人物被哲宗起用。这批新党执政大臣并不以王安石新法的革新精神和具体政策为执政目标，而将全部精力集中在打击“元祐党人”上，纵情地发泄这多年来被排挤在政治核心之外的怨愤。

换句话说，这些新党人物的行事原则已经毫无革新变法的精神，而是在卷土重来、重新掌权之后，进行政治反扑，竭尽全力地对政敌进行打击报复。从绍圣元年到绍圣四年短短几年时间里，以章惇为首的新党唆动朝廷，先后两次大规模地贬斥元祐大臣，致使司马光等去世的旧党领袖被追夺赠官、谥号，更甚者竟连墓碑都被毁掉，而其他的元祐大臣则大都被窜逐到岭南等边远地区。

苏轼虽对司马光尽废新法持有保留态度，但总的来说，对王安石的新法持反对态度，再加上他以“使某不言，谁当言者”（宋朱弁《曲洧旧闻》）自负，常“以高才狎侮公卿”（《铁围山丛谈》），更是让他难逃此劫。而新党人物对苏轼的攻击，依然是故技重施，以苏轼曾在起草诏书的时候借机讥讽神宗朝廷为借口，对苏轼进行一次比一次剧烈的政治打击。

绍圣元年闰四月三日，第一道诏命下达，诏令取消苏轼端明殿学士、翰林侍读学士称号，撤销他定州知州的职务，以左朝奉郎的身份任英州（今广东英德）知州，正六品上（宋彭百川《太平治迹统类》卷 23）。

没过多久，御史虞策向哲宗进言认为苏轼“罪罚未当”，于是第二道诏命下达，降苏轼以左承议郎的身份担任英州知州，正六品下。年近六十岁的苏轼开始从河北定县前往广东英德。这将是多么漫长艰辛的路途啊！史料记载，苏轼赶赴贬所途中，曾上书宋哲宗，要求从水路乘船赴贬所。他在《赴英州乞舟行状》中说，他本想走陆路，日夜奔驰，快点到贬所，但由于忧悸成疾，两目昏花，双手麻木无力，再加上经济上也因不善理财，用尽俸禄，无钱买马雇人，因此想改从水路赴英州。虽然哲宗很快就答应了，但他以“六十之年”，在“三伏之毒暑”下，这“四千余里”迢迢路途上的艰苦，可想而知。

然而新党人物仍不放过他，御史刘拯继续向哲宗进言，说“轼于先帝，不臣甚矣”，于是第三道诰命随之而达：“诏苏轼合叙复日不得与叙。”仍知英州（《太平治迹统类》卷 24）。意思是仍然担任英州知州，但是无法升迁。根据宋朝官制中关于“叙官”的规定，官员如无重大过失，每隔一定年限即可调级升官，这道诰命断绝了苏轼升迁的机会。

六月，苏轼刚到安徽当涂时，便接到朝廷发布的第四次诰命：撤销苏轼左承议郎的身份，由英州知州降为宁远军（治所在今广西容县）节度副使，惠州（治所在今广东惠阳东）安置，不得签书公事。宋代的“节度副使”本是个虚职，品级要比司马低得多。这个官职对于苏轼已经没有任何实际意义。

人生真是一场笑话、一场大梦，经过了人生的奋斗、磨难，苏轼在人生轨道上转了一大圈，又重新回到了被贬谪黄州时的境况，又一次成为没有任何实际权力、由当地看管的犯官。这对苏轼而言真是情何以堪！“四十七年真一梦，天涯流落泪横斜”（《天竺寺》），的确是他当时的心情写照。

一贬再贬的现实，不仅让苏轼心生感叹，也让他意识到自己的命运已经发生了本质上的变化，他不再是一个外放的州官，而是一个“不得签书公事”、听候地方安置的罪人。六月五日，朝廷正式下达贬其为宁远军节度副使惠州安置的诏令后，苏轼毅然决然地做出决定，不再像黄州时期那样让妻儿老小一家人都跟随他，而是要独自承担所有的苦难。他不顾全家人的强烈反对，命苏迨带领家人到阳羡（今江苏宜兴）跟从苏迈居住，自己只带了小儿子苏过、侍妾朝云和两位女佣继续南下前往惠州（参见《书六赋后》）。

苏轼从绍圣元年闰四月离定州任南下赴贬所，途中经过了许多艰难困苦，正如他在《八月七日初入赣过惶恐滩》诗中所描述的：“七千里外二毛人，十八滩头一叶身。山忆喜欢劳远梦，地名惶恐泣孤臣。”他以花甲之年，长途跋涉了七千里；以一叶之身，泛舟十八惶恐滩头，其中的辛酸、凄楚，又岂是三言两语可以道尽？但苏轼却保持着达观的态度，在《与程德孺书》中，他说：既然事已至此，就只能“随缘委命而已”了。绍圣元年十月二日，苏轼终于抵达惠州，结束了长达六个月长途奔波的劳顿生活。

苏轼在惠州居住了三年左右。宋哲宗绍圣四年（1097）闰二月，朝廷的第五道诏命下达：“责授琼州（治所在今海南琼山）别驾（知州的佐官），昌化军（治所在今海南儋州）安置，不得签书公事。”（《太平治迹统类》卷 24）

琼州就是海南岛，是被人们称为“天涯海角”的地方，是当时堪称最边远、最险恶的蛮荒之地，被贬到此地实在是无更远处可贬了。据记载，苏轼之所以被远贬儋州有两种说法：一说是因为苏轼在惠州时曾经作过这样一首诗：“白头萧散满霜风，小阁藤床寄病容。报道先生春睡美，道人轻打五更钟。”（《纵笔》）这首诗传到宰相章惇的耳中，他恨恨地说道：“苏子瞻尚尔快活！”他无法忍受苏轼被贬谪在外，竟然还能生活得如此快活，一气之下就把苏轼贬到离京城最远的海南岛（事载宋欧阳忞《舆地广记》）。另外一种说法是，宰相章惇通过文字游戏来决定旧党人物被贬的地点。苏轼字子瞻，瞻与儋偏旁相同，所以贬儋州；苏辙字子由，雷字下有田字，所以贬雷州，其他人都以此类推（事载宋陆游《老学庵笔记》）。

不管怎么说，在如此短的时间内，朝廷居然数改谪令，对苏轼一贬再贬，可以看出政敌对待苏轼手段的狠毒，以及哲宗对他的厌恶之情。这次的贬谪是因为新党人物对于所谓的元祐党人普遍加重的惩处，加上君主多疑、小人多谗、苏轼多直言，因此“直言便触天子嗔，万里远谪南海滨”（宋苏过《次大人生日》）。

与先前被贬惠州相比，被贬海南岛，意味着苏轼的命运再次遭遇重大转折。这时苏轼已是六十二岁的老人，他认为自己“生还无期，死有余责”（《到昌化军谢表》），“垂老投荒，无复生还之望”（《与王敏仲书》）。垂垂老矣还要到那么荒僻的地方去，心中认为根本已没有生还的希望了。因此苏轼决定，其他家人都留在惠州，他只带苏过一人前行。并且决定到了海南之后，“首当作棺，次便作墓”，死后就葬在海南，并为此立下遗嘱，对长子苏迈吩咐了后事（《到昌化军谢表》）。在面临生离死别之际，苏轼显得异常冷静。在给朋友的信中，他说自己用佛家布施的观念劝告子孙们：“父既可使之子，子独不可使之父乎？”说古时候父亲能把儿子施舍出去，现在儿子为什么不能施舍父亲呢？并宣布：“生不挈家，死不扶柩，此乃东坡之家风也。”（《与王敏仲书》）

自绍圣元年（1094）至元符三年（1100），就在这短短的五六年的时间里，苏轼由一个三品高官直降到九品小芝麻官，之间降了七个品级、十四个官阶。想当年，苏轼在十七个月里，从汝州团练副使的八品官职一路劲升到三品大员，提升了六个品级，飞跃了十二个官阶。这是个多么强烈的对比，人生真是难以捉摸！

这次苏轼从定州一路被贬到南荒惠州以及海南儋州，与上一次贬谪黄州相比，有几个重大的不同之处：

第一，贬谪之地的自然环境更加险恶，生活环境更加艰难。宋代的惠州乃“瘴疠之地”，儋州更是“海氛瘴雾，吞吐呼吸。蝮蛇魑魅，出怒入娱”（苏轼《桄榔庵铭》）之处，苏轼能坚持生活下去的希望微乎其微。

第二，年纪老大，身体虚弱。此时苏轼六十二岁，已经步入晚年。在赶赴英州的路上，他所写的《赴英州乞舟行状》中就说五十九岁的自己已是眼不能视，手不能提，发凸齿落，如今经过数年贬居惠州的日子，身体状况可想而知更是大不如前。能够生还中原的希望微乎其微。

第三，朝廷的政局变化对苏轼更为不利。宋哲宗与欣赏苏轼才华的宋神宗不同，章惇也不是王安石，他们贬谪苏轼等人不是因为政见不同，其主要目的是打击报复，“子瞻谪岭南，时宰欲杀之”（宋黄庭坚《跋子瞻和陶诗》）。苏轼的处境十分危险，重返朝廷的希望微乎其微。

当然，这只是主要的三个微乎其微，其他如日常生活方面也与前几次的贬谪有着不同之处。前几次苏轼仍有家人相随照顾生活，如黄州时妻子王闰之与全部家人皆伴随于旁，惠州时尚有朝云与女佣在旁，但这次贬谪海南，年纪老大，却只有幼子苏过同行。面对这种严酷的形势时，苏轼将如何使微乎其微的希望变化为巨大的希望？他在物质生活、精神生活方面又将会采取哪些措施呢？

随缘委命　苦中寻趣

首先来看苏轼在惠州、儋州时期面对艰难生活的举措和态度。北宋时期的惠州，在经济和文化上都比中原地区落后许多，生活条件十分艰苦。但苏轼安之若素，凭着他一如既往的乐观和开朗，把困窘的生活过得有滋有味。

惠州地区市井寥落，每天只能杀一只羊，但苏轼不敢与为官者争买羊肉，只好叮嘱屠夫，每次将没有人要的羊脊骨卖给他，回家之后将羊脊骨放在锅里用水煮熟，再趁热浸在米酒中，撒点薄盐，烤到微焦再吃。这样就可以啃食半天，慢慢地享受着由骨头缝儿里所抉剔出的一星半点的羊肉。在给弟弟苏辙的信中，苏轼不无自嘲地写道："意甚喜之，如食蟹螯。率数日辄一食，甚觉有补。……然此说行，则众狗不悦矣！"（《与子由弟十首》其七）苏轼自觉"罪大责薄"，遭贬来惠州，使得兄弟被放逐，家人分离，觉得有辱亲朋好友，再加上"衣食渐窘"，心情必然郁结。但是苏轼性格中的乐观豁达，让他可以在苦中寻乐、寻趣，觅得羊脊骨的特殊滋味。

在儋州，苏轼的生活更加艰难。北宋时代的海南气候恶劣，人烟稀少，极为偏僻荒凉，被中原人士视为十去九不还的鬼门关，生活条件比惠州艰苦得多。《宋史·苏轼传》说当时"儋耳地，非人所居，药饵皆无有"。苏轼写给朋友程天侔的信中，说这里"食无肉，病无药，居无室，出无友，冬无炭，夏无寒泉"，无肉无药对苏轼还不是最难过的，没有书籍笔墨纸张，再加上语言不通、习俗迥异、没有朋友，这才是让苏轼最痛苦、最茫然无措的。刚来到海南的时候，苏轼简直是度日如年："从我来海南，幽绝无四邻。耿耿如缺月，独与长庚晨。"（《和陶杂诗十一首》其一）这是当时他心中充满着飘零窘困、生命难测、前途未卜的孤寂感的真实写照。

犯官身份的苏轼无处可居，刚抵达儋州时，虽得州守张中之助暂住于破旧的官舍之中，但不久就被朝廷派官吏将他赶出官舍，张中更因此而遭到罢黜。他的《新居》一诗中"旧居无一席，逐客犹遭屏"，所指的就是这件事。苏轼无他法可想，只得在儋州城南桄榔树下买地自己筑屋，他在《与程秀才三首》（其一）中详细地描述了其中的过程："近与小儿子结茅数椽居之，仅庇风雨，然劳费已不赀矣。赖十数学生助工作，躬泥水之役，愧之不可言也。”筑屋的工作是靠着十几个跟随苏轼问学的士人与当地的百姓一起帮忙。连建房所需一切物资，稍有缺乏，邻居们都主动送来。当时所盖茅屋共有五间，因四周尽是桄榔树，苏轼便把新居取名为“桄榔庵”。他在信中写道：“尚有此身，付与造物，听其运转，流行坎止，无不可者。”（《与程秀才三首》其一）看来他已决定长居此地，修心养性。茅屋建成了，“而囊为一空”，但他认为“困厄之中，何所不有？置之不足道也，聊为一笑而已”（《与程全父十二首》其九）。身处几乎与世隔绝的蛮荒之域，在物质与精神生活都极度匮乏的情形下，苏轼还尚能勉力自救，认为一切不足为道，而发为一笑，正是他特出于他人的超然态度。

在“饮食百物艰难”“药物酱酢等皆无”的儋州，“老人与过子相对，如两苦行僧耳”（《与元老侄孙书》），苏轼因营养不足而消瘦了很多，贬至雷州与他隔海相望的弟弟苏辙，情况也与他相去不远，为此苏轼写了首诗与弟弟开玩笑：“海康别驾复何为，帽宽带落惊童仆。相看会作两臞仙，还乡定可骑黄鹄。”（《闻子由瘦》）他们两人都瘦到连帽子都因为过于宽大而老是掉下来。如果再照这么瘦下去，兄弟俩定将变成两个清瘦的仙人，乘骑黄鹤，高飞远举，回到故乡。虽然物质生活极端缺乏，但苏轼胸中仍是“超然自得，不改其度”（《与元老侄孙书》），他在精神的领域中永远富足而不虞匮乏，他觉得瘦则瘦矣，只要能够安居而闲适，便是千金难买的福气。正因如此，就算是身处在如此艰难苦境中，他仍然能随时随地保持超然旷达的态度。

在海南时，虽然生活艰困，但苏轼仍注重健身养生。梳头和沐浴原是他的两大爱好，他曾多次在沐浴后有感而发，如元丰七年“浴泗州雍熙塔下，戏作《如梦令》”，绍圣元年“与过游白水山佛迹院，浴于汤池，作记并诗”（明傅藻《东坡纪年录》）。但海南这个地方因为“陶匠不可求”，所以没有澡盆之类的器具，洗澡很不方便，他在《次韵子由浴罢》的自注中说“海南无浴器，故常干浴而已”。没有办法好好地“浴于汤池”，于是他采取了替代办法：“理发千梳净，风晞胜汤沐。闭息万窍通，雾散名干浴。”用的是道家的办法，每晚睡觉前双手揩摩全身，称为“干浴”，据说“名曰干浴，令人胜风寒时气，寒热头痛，百病皆愈”（唐王焘《外台秘要》）。

苏轼个性中的超旷让他“随缘委命”，个性中的达观则让他“随缘为乐”。他在儋州时所作的《谪居三适》组诗，充分表现出他在日常生活中所体会到的乐趣。

第一种乐趣是“旦起理发”：早上起床后迎着海风洗脸梳头，“一洗耳目明，习习万窍通”，有着说不尽的清爽与舒畅；

第二种乐趣是“午窗坐睡”：中午时分，在窗下将双腿盘起坐在蒲团上，两肘靠在竹几上，什么也不想，悠闲地打个盹，重游“无何有”之乡；

第三种乐趣是“夜卧濯足”：海南虽是个“天低瘴云重，地薄海气浮”的地方，但柴火不缺，供水充足，虽洗澡多有不便，却可以常洗脚。以前想好好地洗个脚都非易事，现在却可以一边听着炉火上沸水发出如“松风”般的声响，同时不停地在瓦盆里交相加入冷水和热水，直到身心皆畅。接着在灯下剪一剪脚指甲，那种通身舒适、快活的感觉，就如同雄鹰摆脱了羁绊，远飏于天。他还说如果有了这样的享受，谁还想再回到“冠履装沐猴”的日子？

在这种“得米如得珠”，生活过得像“苦行僧”的日子里，苏轼却能从寻常处寻得不寻常的乐趣，这就是他的人生境界。六十二岁的苏轼在谪居海南岛的时候，就是这样努力地要从细微的生活小事中寻找到一个解脱自己心灵的途径。当一个人的人生境界达到了足够的高度时，他的那种道法自然的精神、神采和天才是表现在各个方面的，他不是故意做作的，而是自然而然的。

如果说当年被贬黄州之时，苏轼还有一种东山再起的斗志和希望，此时被一贬再贬的苏轼，在经历了人生这么多的大起大落、大喜大悲之后，他早已经将生死得失置之度外，寻求精神的解脱和释放，成为他生活的重要组成部分。

黄州时期的苏轼自觉口业太重，不得不反省、检查自身的错误，一方面是为了重新认识自己，另一方面也是为能够重返朝廷做心理准备，换言之，那时苏轼的精神思想依然还在中原徘徊，在朝廷与乡野之间徘徊。但是这一次被贬惠州、儋州就不同了，在他看来，老迈而被贬死地，今生必然无法回到中原了。北宋皇朝有不得杀害士大夫的祖训，所以为人臣者，罪过再大也不过贬谪，而被贬海南则是远无可远，算是贬到了极点，将苏轼的人生也逼迫到了极点。在人生败落低迷的极点上，苏轼必须做终极的人生思考，方能解脱自己的心灵，方能超脱这现实的苦难。

苏轼在惠州时住在嘉祐寺中，时常登山望远，每一次他都拄杖疾行，一口气爬上山顶。可是有一天，刚刚走到松风亭附近，便觉得十分疲惫，很想靠着路旁的树木歇一歇。抬头看时，山顶依然遥不可及，心里不禁有点儿泄气，暗自发愁还能不能爬到山顶。但转念又一想，爬到山顶又能如何呢？能上则上，不能上则就地休息，甚至转身回去，也没什么不可以的。想到这里，苏轼顿时“心若挂钩之鱼，忽得解脱”，觉得轻松自在（《记游松风亭》）。人生又何尝不是如此？人们总是不知不觉画地为牢，在自设的陷阱中难以自拔。苏轼当时由三品高官直降到九品小芝麻官，以花甲之年远发海南，他面对人生忧患时心态已然转变，正如同游松风亭时所得顿悟一般，他突然了解，人生并非只能一味地往上爬升，只要自己愿意，暂停脚步，欣赏沿途风景，也无不可。人生往往如此，有时只需换一种思路、换一个角度，便能从盲目荒谬的自我桎梏中摆脱出来，获得心灵的自由。

苏轼在《和陶游斜川》诗中写道“谪居淡无事，何异老且休”，他当然了解谪居与年老致仕本质上的差别：谪居是被强迫的，是政治上的惩罚，而老休则是顺乎天命，是荣光的。但他试着将谪居时的“淡无事”在心态上转化等同于“老休”之“淡无事”。在给亲朋至友的书信中，他说：“譬如元是惠州秀才，累举不第，有何不可？”大不了把自己就当作是惠州当地的一个穷秀才，总是考不中科举，这有什么不行呢（《与程正辅七十一首》其十三）？他还说：“大略只似灵隐天竺和尚退院后，却住一个小村院子，折足铛中，罨糙米饭便吃，便过一生也得。”大不了把自己就当作是一个引退乡里的穷和尚，在个小破寺院里，用一口断了腿的小锅煮糙米饭吃，就这么过一辈子也可以啊（《与参寥子二十一首》其十七）。“此心安处是吾乡”（《定风波》）虽是苏轼赠送给他人的词语，却切切实实地代表着他自己面对贬谪的坦然心态，心安则可随遇而安，忘却漂泊异乡的痛苦，找到精神上的寄寓之乡。在这种随时随地的、有效的自譬自解之下，苏轼将原本哀怨不平之心转化为平和坦然，他的心灵有了安顿，精神不再焦虑，从而使自己从凄惨的境地中获得了解脱。

海南与惠州相比，自然环境更为恶劣，目力所及只有一片浩淼的海水，与中原天地不啻天壤之别。然而，即便是到达了如此的穷绝之地，苏轼依然在努力开解自己的心情，他在《试笔自书》一文中写道：

> 吾始至南海，环视天水无际，凄然伤之，曰：“何时得出此岛耶？”已而思之，天地在积水中，九州在大瀛海中，中国在少海中，有生孰不在岛者？覆盆水于地，芥浮于水，蚁附于芥，茫然不知所济。少焉水涸，蚁即径去，见其类，出涕曰：“几不复与子相见。”岂知俯仰之间，有方轨八达之路乎！念此可以一笑。

意思是说：我刚刚来到海南岛的时候，看到海天茫茫，伤心地想："什么时候才能离开这个孤岛啊！"后来一想，方圆九州、中原大地，包括所有的人不都在大海的包围之中吗？不都在大陆这个大岛上生活吗？苏轼说，自己就像是小蚂蚁不慎跌入一小片水洼，以为落入大海，于是慌慌张张爬上水洼里的小草叶，心慌意乱，不知道会漂向何方。不一会儿，水洼渐渐干涸，可怜的小蚂蚁终于生还，见到自己的同伴，痛哭流涕地诉说道："刚才好危险啊，差一点就见不到你了！"从我们人类的眼光来看，小蚂蚁不是很可笑么？依此类推，我苏轼目前落到儋州，暗自伤怀，自怨自艾，好像非常不幸，但从宇宙天地的角度来看，我的这种哀叹不也像小蚂蚁一样可笑吗？

显然，苏轼不仅具有超然物外的人生境界，而且还具有面对困窘解脱自己心灵的艺术表现力，他善于运用齐物观、相对论来观照人生，善于以哲理妙悟来超越愁苦。

苏轼之所以既是大文学家，又是大思想家，正是因为他的思想从来没有因为生活本身的艰苦而趋于干涸。这种艰苦的生活反而给他提供了更为丰富的、驰骋天地的艺术想象力；是这样一种苦难的生活，让他的笔变得更为灵动、更加飞扬。

不在其位　亦谋其政

作为宋代知识分子的代表，苏轼身上有着宋代知识分子所普遍具有的责任感和忧患意识，无论身处穷、达都不忘自己的责任。苏轼从来就不是一个独善其身的人，这次被贬惠州、儋州，使他远离朝廷、远离皇帝，同时也使他更加接近民间、接近百姓。他认为，要真正摆脱孤独和苦难，抵御艰难困苦的逆境，就应该深入当地的百姓当中，帮助和关心他们的生活，将自己的命运与老百姓结合起来，只有这样才能忘记苦难、超越苦难，而不是在落落寡欢中暗自伤嗟、孤芳自赏。

苏轼在惠州虽自顾不暇，但是并没有忘记自己的社会责任，而是尽力为民做事，为国分忧。当时苏轼虽“不得签书公事”，无权副署公文，但他藉着任职广东提刑的表兄程正辅的力量，为当地居民解决了许多民事上的问题。宋代费衮在《梁溪漫志》中说：“东坡居惠，勇于为义。”“其在惠州也，程正辅为广东提刑，东坡与之中表，凡惠州官事，悉以告之”。

绍圣二年（1095）八月，苏轼在给程正辅的信中，呼吁解决惠州农民纳粮难题。当时，惠州秋田大熟，但因为米价大跌，官府收税要钱不要粮，而当时岭南正闹钱荒，农民为了交钱要卖出加倍的粮食，苏轼认为这“有违圣上仁恕之意”。因此，他向程正辅建议并主张百姓纳税交钱交米“并从其便”，充分表现了他为民请命的思想（《与程正辅七十一首》之四十七）。

为了解决当地百姓交通问题，绍圣二年（1095）五月，应太守詹范之求，苏轼一连给程正辅写了好几封信。他还捐助当年皇帝御赐的犀带作建桥之资，并动员弟媳苏辙之妻史氏，把当年入宫得到的赏赐捐出，用来“助施”，为惠州城修筑了两座桥“以济病涉者”（《与程正辅七十一》之八、十、十一、十六）。

国以农为本，关心农事，也是苏轼居惠州期间很留心的事情。当年被贬黄州时，他曾见对岸武昌（今湖北鄂城）农民使用一种先进的插秧工具——秧马，使用起来插秧快捷而且方便省力。他南下惠州之后，亲自写作《秧马歌》，详细介绍秧马的形制、操作和效用，并将这种新式插秧农具向勤政爱民的博罗县令推介，得到了响应，从而大大减轻了农民的劳动强度，百姓们对此称颂不已。

岭南地区气候湿热，疫病较易流行。可是当地文明不昌，交通不便，医疗条件差。苏轼于是频频给亲朋好友写信，请他们给自己寄来药材，施舍给当地的百姓。在给朋友王敏仲的信中，他说：“治瘴止用姜、葱、豉三物，浓煮呷，无不效者。而土人不作豉；又此州无黑豆，闻五羊（广州）颇有之，便乞为致三硕，得为作豉，散饮疾者。”（《答王敏仲十八首》其十三）治疗瘴疠之病需要姜、葱、豆豉三种物品，混合煮饮很有效果，但是当地人不懂得做豆豉，本地又不产黑豆，所以他请求王敏仲给他买三石黑豆用于制作豆豉。

他的行为在别人看来真是奇怪，“无病而多蓄药，不饮而多酿酒”，他自己没有生病却储备了很多药，他自己不喝酒却酿造了很多酒，是专门“劳己以为人”。还是苏轼自己说得好：“病者得药，吾为之体轻；饮者困于酒，吾为之酣适，盖专以自为也。”（《书东皋子传后》）原来他自己的幸福是以他人的幸福为前提的。

苏轼在惠州关注民生的最大举动在于广州自来水工程的建设。由于地处沿海，广州一城人饮水困难，只有官员和有钱有势的人家才能饮用到牛王山的泉水，老百姓只能饮用盐苦水，因此春、夏之交往往引发疾疫流行，每年都会死很多人。

罗浮道士邓守安主张，将城外十余里处蒲涧山滴水岩的泉水引入广州。苏轼非常赞同这个设想，他立即写信给好友广州知州王敏仲，建议实施这一引水工程。王敏仲接信后十分重视，立即派人实地考察，又几次与苏轼商议，拟定施工方案，筹措建设经费，并于绍圣三年（1096）十二月正式动工。

他们在滴水岩下凿一个大石槽，将五管大竹麻缠漆涂，捆绑为一体，以便续水，大竹管随地势高下进入城内，再用大石槽容纳，又用五根大竹管分引散流注入城中各处小石槽，以便汲引。管道建成后，派军士、工匠数人专门修护、抽换竹管。为防止竹管堵塞，便于巡查管道，苏轼建议，在每根竹管上钻绿豆大的一个小孔，以小竹针插塞其中，巡查时，抽出竹针即可查验竹管的通塞状况。巧妙而大胆的设想、严谨合理的设计、科学严格的管理，终于使他们得以完成这一项造福百姓的大工程。应当说，这项工程之所以得以开启并完成，与苏轼的坚持与努力是密不可分的。

这就是苏轼，他不在其位而谋其政，以超然旷达的出世精神做孤忠为民的入世事业。他没有因贬谪而自怨自艾，而是在闲居中最大限度地发挥旁观者的优势，这是平凡中的伟大。中国古代有很多文人是“穷则独善其身，达则兼济天下”，苏轼却不是这样，无论是“穷”还是“达”，他都要努力地兼济天下，正如陆游说的：“不以一身祸福，易其忧国之心。”（宋陆游《题东坡帖》）

在元祐大臣中，苏轼是受处罚最重、贬谪之地最偏远的一个。但是一路上，苏轼都把自己的被贬海南看作是“天其以我为箕子”（《吾谪海南，子由雷州，被命即行，了不相知，至梧乃闻其尚在藤也，旦夕当追及，作此诗示之》）。据说当初周武王将箕子封于朝鲜，箕子将华夏文明传播到那里，开启当地民智。苏轼将自己比作海南岛上的箕子，也要尽力帮助这蛮荒之地开化文明。

海南当地的农业生产很落后，百姓不习于中原地区的农耕牧业，所以荒田很多，当地稻米奇缺，完全依靠内陆的供应，广大黎族百姓仅仅以薯芋杂米作粥糜以取饱。他们虽然用沉香等珍奇特产从内陆商人手中购买耕牛，但当地习俗却总是将牛作为祭祀的牺牲。“病不饮药，但杀牛以祷，富者至杀十数牛。死者不复云，幸而不死，即归德于巫。以巫为医，以牛为药”，“地产沉水香，香必以牛易之黎。黎人得牛，皆以祭鬼”（《书柳子厚〈牛赋〉后》）。人生病了也不吃药，只是让巫医杀牛祭神，有钱人甚至一次杀十多头牛，“人、牛皆死而后已”。苏轼为此专门书写柳宗元《牛赋》，请琼州和尚广为宣传，劝告黎民爱惜耕牛，了解牛耕的益处，并以此帮助百姓革除此陋习，达到移风易俗的目的。面对农业生产落后的状况，他苦口婆心劝说当地人开垦荒地、多植稻谷、重视农业生产，并且推广农业耕种方法与引进中原优良品种（《和陶劝农六首》）。

丁酉夏 康农

長江繞郭知魚美
好竹連山覺筍香

康震

苏轼在儋州还以诗书礼乐教授学生。他发现当地的学舍荒废，学生星散，先生无事可做。但是作为一名贬谪的官员，他没有权力干预当地的教育，只能利用自己的影响来与当地的文人广泛交游，将众多学子吸引到自己身边。

姜唐佐是琼州人，元符二年（1099）九月，他慕名前来儋州向苏轼求学达半年之久。临别之际，姜唐佐请求苏轼赠诗一首，苏轼在他的扇子上题道："沧海何尝断地脉，珠崖从此破天荒。"然后对他说："等你将来考中进士，我再为你完成这首诗吧。"姜唐佐没有辜负苏轼的期望，宋徽宗大观三年（1109），他考中进士。但此时苏轼已经去世，续诗的任务由苏辙完成："锦衣不日人争看，始信东坡眼力长。"（《补子瞻赠姜唐佐秀才》）经过三年的讲学明道，儋州黎、汉专心向学，蔚然成风。《琼台记事录》说："宋苏文忠公之谪儋耳，讲学明道，教化日兴。琼州人文之盛，实自公启之。"

在海南的苏轼还像在黄州时期一样勤于著书。他在《夜梦》诗中说，"夜梦嬉游童子如，父师检责惊走书"，梦中仿佛回到儿时，自己像个儿童似地嬉游，被父亲责怪，他又赶快要去读书了。据统计，苏轼在海南期间共创作诗一百七十四首；散文、赋、颂、铭等一百五十六篇。另外他向广州的朋友借了千余卷图书，修订了黄州时所作的《易传》和《论语说》，完成《书传》十三卷，并撰写史学笔记《志林》五卷。他最重视的就是《易传》《书传》《论语说》的著述，认为这三本书超过了他的一切成就："抚视《易》《书》《论语》三书，即觉此生不虚过……其他何足道？"（《答苏伯固》）其中《书传》"推明上古之绝学，多先儒所未达"（苏辙《亡兄子瞻端明墓志铭》），有颇多创新的思想观点和见解。

此时的苏轼已经打定主意，准备在海南终了一生，他不断地在用自己的行动实践着古代优秀知识分子"兼济天下"的品行与操守。

然而就在这个时候，千里之外的皇宫里又发生了一件意外的变故，朝野震惊，政局突变。这场变故对远在天涯海角的苏轼会有怎样的影响？他的命运又将会发生怎样的变化？

请看第九章《巨星陨落》。

第九章

巨星陨落

世间万事，理应顺其自然。文章之道贵在“随物赋形”，贵在“行于所当行”“止于不可不止”，人生又何尝不是如此？西方极乐世界存在于每时每刻对自然、人生不经意的了悟当中，绝非一时一刻之下穷尽全力所能到达！

宋哲宗亲政不到半年的时间里，苏轼因政治诬陷、官场倾轧而垂老投荒，被朝廷远谪到当时的蛮荒边乡惠州、儋州。在这流放的三年中，苏轼孤忠不减，不但对地方有颇多建树，而且潜心著作，作品质优而且量丰，真可谓“秀语出寒饿，身穷诗乃亨”（《次韵仲殊雪中游西湖》其一）。正当他准备在海南终老一生时，千里之外的朝廷却又发生了令朝野震惊的巨变。此时已年届花甲的苏轼，再度面临命运的挑战，又将随着此次的政局起伏，展开奔波劳顿的旅途。

时易运移　重返中原

元符三年（1100）正月初九，宋哲宗崩逝。哲宗死时并没有留下子嗣，因此由弟弟端王赵佶继位，是为徽宗。神宗的妻子向氏以皇太后身份垂帘听政，改年号为“建中靖国”，意思就是要调和新、旧两党之间的关系。新党宰相章惇因为反对立端王为帝，与向太后政见不合，被排挤出朝廷，其他新党人物如蔡京、蔡卞等人也相继离开朝廷。朝廷重新任命旧党人物韩忠彦、新党人物曾布为宰相，形势向着有利于元祐大臣的方向发展，“时号小元祐”。

二月，朝廷大赦天下，那些被贬的元祐大臣纷纷内移。诏命下达，苏轼以琼州别驾，在廉州（今广西合浦）安置，不得签书公事。但因地处偏远，直至五月，苏轼才接到诏书。

苏轼略做安排，在六月二十日乘船离开海南。临行前，儋州百姓依依相送，“知君不再见，欲去且少留”（《别海南黎民表》）。随他同行者，除了三子苏过外，还有他在儋州所蓄养的狗，苏轼曾为这只名为‘乌觜’的狗写了首《予来儋耳得吠狗曰乌觜甚猛而驯随予迁合浦过澄迈泅而济路人皆惊戏为作此诗》，诗中说：“知我当北还，掉尾喜欲舞。”意思是当乌觜听到苏轼将要北返中原的时候，高兴地摇头摆尾。由这首诗，我们可以感受到苏轼临老得以北返的兴奋之情。六月二十日，登船渡过琼州海峡，已是夜深之时，天上万里无云，月光将海面映照得格外澄清明净，他禁不住赋诗道：“九死南荒吾不恨，兹游奇绝冠平生。”（《六月二十日夜渡海》）虽然在荒僻的岭南历尽磨难、九死一生，但饱览奇景异俗不也是平生难逢的快事吗？

在海南整整居住了三年的苏轼，本以为将会老死于此，正因如此，他已调整好自己的心态，将自己融入当地的生活中。他与当地百姓“负大瓢行歌田亩间”——背着大葫芦在田野之间边走边歌，歌声响彻云霄（《侯鲭录》）；他向往着“化为黎母民”（《和陶田舍始春怀古二首并引》其一）；他甚至已是误把他乡当故乡：“我本海南民，寄生西蜀州。”（《别海南黎民表》）而当地的七十岁老媪，问他是否感到“昔日富贵”仿如“一场春梦”，更是让苏轼惊觉“符老风流奈老何，朱颜减尽鬓丝多”（《被酒独行遍至子云威徽先觉四黎之舍三首》其三）。

苏轼收到内迁的诏令后所作的《儋耳》诗，最能代表他当时的心情：

霹雳收威暮雨开，独凭栏槛倚崔嵬。
垂天雌霓云端下，快意雄风海上来。
野老已歌丰岁语，除书欲放逐臣回。
残年饱饭东坡老，一壑能专万事灰。

虽然“放逐臣回”是则“快意雄风”的消息，但此时的苏轼已融入当地生活，成为一个高歌“丰岁语”的野老，加上历经了五年贬逐投荒的艰苦生涯后，苏轼已是六十五岁的暮年老翁，简陋的生活条件损害了他的健康，真可谓身心皆疲。苏轼虽然孤忠不减，但已不复有当年东山再起的雄心壮志，只能感叹“残年饱饭东坡老，一壑能专万事灰”。但另一方面，也正是历经了无穷的苦难和波折，让苏轼对人生、对宇宙、对自然都有了更为深入透彻的思考和了悟。

政局起伏　奔波劳顿

自从五月接到内迁的诏令后，年迈的苏轼展开了与五年前贬谪边荒时近似的漫长旅程，仍旧是诏令多改，依旧是奔波劳顿。

苏轼在六月二十日离开海南，当时的他心情非常复杂，既有“余生欲老海南村，帝遣巫阳招我魂”，对离开海南产生的依依离情，又有“倦客愁闻归路遥”，对前途不明的渺茫之感（《澄迈驿通潮阁二首》其一）。但他还是掩不住心中的兴奋之情，只因“苦雨终风也解晴”，“云散月明谁点缀，天容海色本澄清”（《六月二十日夜渡海》），天上乌云都已散去，加诸在身上的诬词终将除去，所有以前经历的风雨岁月都将结束。

离开海南之后，苏轼在徐闻县与秦观见面。秦观为“苏门四学士”之一。他在绍圣初年“坐党籍”，从此开始遭受接连贬斥的厄运。元符元年（1098）九月，秦观“移雷州编管”（《宋史・哲宗本纪》），与海南的苏轼仅有一水之隔，苏轼在五月接到诏令后，曾写信给他，相约在徐闻县见面。两人临别前，秦观把自己预写的一篇挽词给苏轼看，“其语哀甚，读者悲伤之”（《宋史・文苑列传》）。仿佛知道自己大限已近，苏轼看了挽词后，以“齐死生，了物我，戏作此言”（《书秦太游挽词后》）来安慰秦观，“遂相与啸咏而别”

（宋何薳《春渚纪闻》）。孰料这一别便是永诀。八月，秦观在藤州（今广西藤县）“出游华光亭”时去世（《宋史·文苑列传》）。

苏轼于七月四日抵达廉州贬所，他在《记过合浦》中回忆由海康（今属广东）前往合浦（今属广西）时的情形，因为“连日大雨，桥梁大坏”，所以苏轼必须改乘小船，傍着海岸而行。六月的最后一天夜晚，小船“碇宿大海中”，天上没有月亮，星星也是疏疏落落，苏轼环顾四周，不禁为自己屡遭劫难而感叹。但当他看到儿子酣睡在他的身旁，看到他视为此生最重要的《易传》《书传》《论语说》三本著述时，便也随之释然，就是这种由内而发的成就感，成为他生命航船上的压舱石，让他得以面对狂风恶浪。

在廉州尚未安定下来，苏轼便又接到诏书，“改舒州团练副使，徙永州”（《宋史·苏轼传》）。七月二十九日，苏轼与苏过一起离开廉州，赶往永州（今属湖南）上任。九月六日，经过郁林（今广西玉林）时，惊闻秦观病逝藤州的噩耗，苏轼悲痛不已，“两日为之食不下”（《与欧阳晦夫》），连声悲叹：“哀哉痛哉，何复可言！当今文人第一流，岂可复得？”（《与欧阳元老》）苏轼为此专门改道前往藤州，想去吊祭秦观之灵，可惜当他抵达藤州时，秦观女婿范冲已经扶柩而去，苏轼为此大感伤恸。

离开藤州之后，苏轼与苏迈、苏迨二子以及全家在广州相聚。随后乘舟北赴永州，十一月中旬途经英州时，朝廷再次下诏，复苏轼为朝奉郎，提举成都府玉局观，外军州任便居住。“提举成都府玉局观”，其实是朝廷赐给苏轼的祠禄官名，这是宋代大臣被罢职之后朝廷为示优礼所给予的称号，以道教宫观为名，无职事，仅借名食俸。就是说现在的苏轼可以享受一份七品的俸禄，而且可以随便选择住处。对此，苏轼感到由衷的高兴，此时的他一身疲惫，心中急切地希望能够尽快安定下来。

宋徽宗建中靖国元年（1101）正月刚过，苏轼北返到达大庾岭。

他在一村店休息，有一老翁问苏轼的随从："官为谁？"随从回答是苏尚书。老翁问："是苏子瞻欤？"回答说是。老翁就上前向苏轼行礼，说："我闻人害公者百端。今日北归，是天佑善人也！"苏轼笑了，非常感谢老翁，写了一首《赠岭上老人》诗题于壁上：

鹤骨霜髯心已灰，青松合抱手亲栽。
问翁大庾岭头住，曾见南迁几个回？

大庾岭对封建时代的官员而言有着特殊意义，如果官员被贬至大庾岭以南，那就意味着政治生命已经结束，一般少有北还的希望。当时有所谓"春、循、梅、新，与死为邻；高、窦、雷、化，说着也怕"的民谚，其中"春、循、梅、新"指的是广东的阳春、龙川、梅县、新兴等偏远地区，"高、窦、雷、化"指的是广东的高州、信宜、雷州、化州等蛮荒地带。这就是为何苏轼感叹"曾见南迁几个回"！苏轼曾在宋哲宗绍圣元年（1094）九月经大庾岭赴惠州，南迁六年后又过此岭北返，这从某种意义上说明苏轼的政治生命就要复苏了。

当时的朝廷中有一种舆论，认为既然章惇等人已经被驱除出朝廷，苏轼、苏辙兄弟作为在世的最具影响力的旧党领袖当然会得到重用，这几乎成了当时的士林公论。

不少人写信给苏轼，希望证实这一消息，章惇的儿子章援也是其中之一。那时，章惇已被贬谪至雷州，章援写了一封长达七百字的长信给苏轼，委婉地希望苏轼以后如果有机会，可以援救自己的父亲，或至少不要报复。苏轼在给他的回信中不但未将自己年老投荒、一贬再贬的痛苦遭遇归罪于章惇，更是以"海康风土不甚恶，寒热皆适中。舶到时，四方物多有"来安慰章援。另外他还写了信给章惇的外甥黄师是，要他转告章惇的母亲："海康地虽远，无瘴疠，舍弟居之一年，甚安稳。"（《与黄师是三首》其二）表现出超乎常人的胸襟、气度。

其实苏轼对于当时的政治形势有着非常清醒的认识，因为所谓的建中靖国并不就是“元祐更化”，而是新、旧两党人物兼而用之。新党立场非常鲜明的蔡京、蔡卞兄弟固然离开了朝廷，但是作为一种政治代价，旧党立场同样非常鲜明的苏轼、苏辙兄弟也不可能回到朝廷担任要职。据《续资治通鉴长编》记载：当初召回大批元祐大臣的时候，曾布就曾向蔡卞保证，其他旧党人物不好说，但苏轼、苏辙兄弟绝对不会回到朝廷来。他还以“两党得志”后将“怀私挟怨，互相仇害”，任何一方都不得势“则天下无事”劝进徽宗，让他对“元祐、绍圣两党，皆不可偏用”。因此当时就有所谓“左不可用轼、辙，右不可用京、卞”的说法。更何况，向太后与以前的高太后有很大的不同，她本人既不可能也无意长久拥有朝政大权，她虽然晋用了一些受章惇所排挤的元祐旧臣，但对于新党人物的蔡京却也很看重。至于宋徽宗，虽然以韩忠彦与曾布为左右相，但他本人显然更希望继承神宗、哲宗的衣钵，在韩、曾二人之间，他更亲近新党的曾布。况且当时朝中的旧党并无可用之才，正如王夫之在《宋论》中所说：“忠彦虽为世臣，而德望非温公（司马光）之匹。”在这种形势下，旧党的势力日微，曾布与其他新党人物就开始紧锣密鼓地酝酿召回蔡京，复兴绍圣时期的政策。

五月间，苏轼到达金陵。当他听到向太后已去世、曾布得势时，敏锐地觉察到朝廷的动向正在朝着不利于旧党人物方向发展。苏轼迅速打消了原来去颍昌（今河南许昌）与弟弟苏辙会合、并且终老颍昌的打算，因为颍昌距离开封这个政治中心也是政治漩涡实在是太近了。

归老常州　以安晚节

苏轼自从在英州接到“任便居住”的诏命之后，心中一直为北归养老的住处多有考虑。他所考虑的因素最主要有两点：

1. 与弟弟苏辙间血浓于水的亲情。苏轼心中非常渴望在垂暮之年，在历经劫难、九死一生之后，能与弟弟苏辙朝夕相处、重拾天伦，尽享“同归林下，夜雨对床”（《书出局诗》）之乐。

2. 应对朝廷政局变化。此时的苏轼对政治“心似已灰之木”（《自题金山画像》），一心只想“闭户治田养性而已”（《与子由弟十首》其八），他已不想再次卷入政治的漩涡中。

在给朋友的信中，他多次讨论有关归老之地的考虑，从中我们可以看出苏轼当时心中的矛盾和犹豫。在刚北返时，他曾一心“渡岭过赣归阳羡，或归颍昌”，想要与弟弟苏辙“老兄弟相守，过此生矣”（《与孙叔静三首》其二）。另一方面，秦观因受他的牵连而去世，心中既有不舍，更有自责。为了“安晚节”（《与李方叔四首》其三），所要考虑的归老之处便以远离朝廷为标准。他想住在“土如濡”“米胜珠”的江南，远离京城，以免再次卷入政治漩涡。

苏轼也曾想过回四川老家，在《与郑靖老二首》其二中他说：考虑到自己身体还算健康，圣上又赦免了自己的罪过，于是就计划着像陶渊明一般当个农夫，以“带月之锄，可以对秉”，他想“归蜀”终老，但若不能如愿，便以杭州为家。

常州亦是苏轼自海南北归，曾经多次考虑度过余生的地方。宋神宗熙宁七年（1074）与元丰七年（1084），他曾两度在那里买田：“臣有薄田在常州宜兴县，粗给饘粥。”（《乞常州居住表》）不至于忍饥受寒。另外，在贬谪惠州时，苏轼只带上了小儿子苏过和侍妾朝云，长子苏迈、次子苏迨已于宜兴安家，所以宜兴是有生活基础的。

宋徽宗建中靖国元年（1101），当苏轼到达虔州（今江西赣州）后，曾准备住在常州、舒州（今安徽安庆）或真州（今江苏仪征），他在给朋友苏伯固与钱济明的书信中写道，他年事已高，应以退居为要，但归老之地以舒、常、真三州皆可，并且让他们帮他留意是否有适合的房子可以典买。他还告诉钱济明，据虔州太守霍子侔说，常州东门外有裴氏宅想出卖，要钱济明帮忙派人去看看屋子，了解价格如何，如果适合居住，而又是能力可及，他就准备买下。

但心中的亲情再次动摇了苏轼的决心。苏轼收到弟弟苏辙邀他同归颍昌的书信，信中苏辙告诉苏轼："桑榆暮景，我们两兄弟相聚的时光有限，岂忍再长相别离？"言语酸楚，感人肺腑。苏轼对弟弟的深情厚谊"不忍违之"，于是再次改变主意决定归居颍昌。

然而就在这个时候，苏轼感到朝中风气丕变，于是与朋友程德孺、钱济明在金山相见，商量之后，"遂决议为毗陵之居"（宋何薳《春渚纪闻》）。苏轼写了一封信给弟弟苏辙，向他解释改变心意的原因。他说：

> 兄在真州，与一家亦健。行计南北，凡几变矣。遭值如此，可叹可笑。兄近已决计从弟之言，同居颍昌，行有日矣。适值程德孺过金山，往会之，并一二亲故皆在坐。颇闻北方事，有决不可往颍昌近地居者。事皆可信，人所报，大抵相忌安排攻击者众，北行渐近，决不静尔。今已决计居常州，借得一孙家宅，极佳。浙人相喜，决不失所也。更留真十数日，便渡江往常。逾年行役，且此休息。恨不得老境兄弟相聚，此天也，吾其如天何！然亦不知天果于兄弟终不相聚乎？士君子作事，但只于省力处行，此行不遂相聚，非本意，甚省力避害也。……兄万有一稍起之命，便具所苦疾状力辞之，与迨、过闭户治田养性而已。（《与子由弟十首》其八）

由信中所言我们可以得知，苏轼终于下定了退归常州的决心。他虽然非常渴望能与弟弟苏辙朝夕相处，尽享"同归林下，夜雨对床"

（《书出局诗》）之乐，却又因时势所逼，不能达成愿望，心中的遗憾难以名说，只能感叹此乃天意，天命不可违！

除了避开政治纷争之外，当时苏轼举家已在舟上度过多日，正值六月酷暑，急需一个安息之所，要早做决定。而且苏轼心知弟弟苏辙的经济情况也不如以前宽裕，不忍心再带着一大家人前去投靠他，增加他的负担，因此归老常州已成定案。

度岭以来，苏轼受到沿途各州县官员的热情款待，老百姓们的反应尤为热烈，所到之处无不是人接人送、前呼后拥。根据邵博《邵氏闻见后录》记载，六月中旬，当苏轼所乘船只到达常州时，苏轼头戴便帽，身披短袖坎肩，坐在船舱中，“夹运河岸，千万人随观之”——运河两岸有成千上万的百姓追随前行，争睹这位当代伟人的风采。苏轼对身边的朋友说：“莫看杀轼否？”邵博在记述了这一动人场景之后，情不自禁地议论道：“其为人爱慕如此。”苏轼所说的“看杀”出自《世说新语·容止》第十四，说卫玠是有名的美男子，弱不胜衣。他从豫章来到建康，大家久闻他的容止美名，想来一睹其风采的人围成一道道人墙。卫玠本来就体弱多病，不堪其劳，最后成病而死。苏轼之所以引用此典故，一方面是因为他当时已染暑热，身体不适，另一方面也有“盛名之下、其实难副”的自谦之意。更何况此时的苏轼实在不愿意再引起朝廷的过分关注，民间百姓对他的热烈关注、关心在当前的政治环境中则未必是什么好事。苏轼当时已是年过六十的老翁，即使不是鸡皮鹤发，也自然不是和卫玠一样的“璧人”。运河两岸千万人随观，为的是他绝世的文采风流，这自非卫玠的容止所能够比拟的。

三万日尽　癯仙西归

宋徽宗建中靖国元年六月，当苏轼终于决定归老常州时，他其实已身染重病。

自元符三年（1100）六月离开海南，从瘴疠之地内返，苏轼途中已身染瘴毒；加上这一年以来行走道途、生活不定，已过花甲之年的苏轼，怎能抵受如此的折磨？他早已精力衰颓。再加上多以舟楫为家，所行之处，河道熏污，秽气袭人，五六月间又正是暑夏之时，江浙地区天气炎热、气候潮湿，白天骄阳似火，夜晚暑气蒸腾，郁闷湿热。六月，六十六岁的苏轼终于病倒，他向朝廷“请老，以本官致仕”（苏辙《亡兄子瞻端明墓志铭》）。

从六月一日病倒到七月二十八日去世，这五十多天的时间里，苏轼的病况时好时坏。现存史料笔记中较为系统描述这段过程的有：宋人何薳《春渚纪闻》、清人陆以湉《冷庐医话》。其中《春渚纪闻》转载了苏轼好友冰华居士钱济明所记录的有关苏轼去世前的详细情况，《冷庐医话》则是对照了苏轼自海南北归之后的行止与身体产生的症状，详细地记录苏轼染疾弃世的过程。经由这两则重要的记录，再借助当时苏轼与朋友的书信往来以及其他相关史料笔记，我们大体能够还原苏轼生前的最后一段日子。

苏轼乘船北归之时正值南方盛夏酷暑，久居南海的苏轼只觉得“海外久无此热，殆不能堪”（《与米元章二十八首》其二十二），船舱中闷热不堪，于是夜半时分还在外面乘凉，并且喝了很多冷饮。六月一日，苏轼因为“饮冷过度，中夜暴下（痢疾）”，折腾了整整一个晚上。第二天他衰弱疲惫到了极点，只能卧床静养，看点金石印章，吃了些有补气固表作用的黄芪粥后，觉得好多了。

第二天，苏轼还约了米芾一起吃饭。谁想到几天之后，他忽然再次腹泻不止，消化系统紊乱，胃部闷胀不堪，完全没有食欲，身体难以平卧，晚上都睡不着。在与米芾的信中他叙述道：“某食则胀，不食则羸甚，昨夜通旦不交睫，端坐饱蚊子耳。不知今夕如何度。”（《与米元章二十八首》其二十七）只要吃了一点东西就觉得非常饱胀，但不进食又觉得身体羸弱不堪，整晚都无法入睡，更因腹部胀痛而无法躺下，只能通宵呆坐，被蚊虫叮咬。如此辛苦，不知该如何度过今晚！

过了几天，情况并未好转，加上舟行“河水污浊不流，熏蒸成病”，病情愈见沉重。苏轼觉得船舱内闷臭不堪，就叫船家将船停泊在闸门之外、空气较为流动之处，希望能“就活水快风，一洗病滞”（《与米元章二十八首》其二十三）。但即便如此，病情仍无好转。

随着病情的不断加重，苏轼预感自己将不久于人世，于是强撑着病躯，给弟弟苏辙写信，嘱托后事：“即死，葬我嵩山下，子为我铭。”（苏辙《亡兄子瞻端明墓志铭》）

六月十二日，苏轼离开真州（今江苏仪征），渡江过润州（今江苏镇江），前往常州。

十五日，苏轼到达常州，朋友钱济明正等候在那里。苏轼独自睡在船舱中，见钱济明进来问候，慢慢坐起身来，对钱济明说：“我好不容易才历经艰险，万里生还，不料现在却需将后事相托。只是自从贬往海南之后，我和子由就不得再见一面，倘若真是从此永诀，此痛难堪。”钱济明心中难过，无言以对。苏轼沉默良久，又说：“我在海外时，完成《论语说》《书传》及《易传》三本著作，现在全都托付给你，请先不要拿给世人看，相信三十年后，会有人真正懂得这些著作。”说着苏轼便要起身开箱取书，却找不到钥匙。钱济明连忙安慰他说：“你的身体一定能够恢复健康，以后的日子还长着呢，何必急着交代这些事情？”

到达常州后，苏轼住进钱济明为他租借的孙氏馆（今常州市延陵西路藤花旧馆遗址）。此后钱济明每天都来看望他，陪坐在病榻边聊天，听苏轼娓娓谈论往事，或是挑选出苏轼在岭南海外几年间所写的诗文一同欣赏。有时苏轼说得兴起，就会开心地笑起来，每当此时，钱济明便觉得他“眉宇间秀爽之气，照映坐人”（《春渚纪闻》）。

七月十二日，苏轼忽然觉得病势减轻，身子疏爽了许多，他说：“今日意喜近笔砚，试为济明戏书数纸。”于是起床手书《惠州江月五首》，第二天又作《跋桂酒颂》，一并送给钱济明。

看到苏轼病情有了起色，家人和朋友都为此而感到高兴。谁知到十四日晚上，苏轼病情急转直下，一夜高烧不退，伴以牙龈出血，直到天破晓状况才稍稍缓和。第二天，他在《与钱济明书》中详细地写下当晚的情况：“某一夜发热不可言，齿间出血如蚯蚓者无数，迨晓乃止，困惫之甚。”

从病象来看，苏轼患有瘴毒，以及肠胃、心肺、血液多方面的疾病。苏轼具有一定的医药知识，存世的《苏沈良方》相传便是他与沈括收集的验方。此时他分析自己的症状，自我诊断：

> 细察疾状，专是热毒，根源不浅，当专用清凉药。已令用人参、茯苓、麦门冬三味煮浓汁，渴即少啜之，余药皆罢也。（《与钱济明书》）

可是自病自诊，却有失误。专用清凉药虽是对症下药之举，但“胸胀热壅，牙血泛溢，又不宜服人参、麦门冬”。因为只有“麦门冬”性属清凉，“人参”“茯苓”却都是温补之药，正因“药不对病，以致伤生”（《冷庐医话》）。

苏轼所服药石无效，气寖上逆，无法平躺，只能终日倚坐床头。晋陵县令陆元光知道了这个情形，派人送来“懒版”，此物“纵横三尺，偃植以受背”，类似于今日的躺椅，靠在上面，苏轼感到舒服多了（《梁溪漫志》）。

苏轼自知不起，十八日，将三个儿子叫到床前，交代了后事，他说：“我生平没有做过什么坏事，死后必然不会坠入阿鼻地狱。我

心中毫无畏惧，你们别为我而哭泣。”（苏辙《亡兄子瞻端明墓志铭》）

二十三日，苏轼睡醒过来，看到径山寺长老维琳的名刺，得知他冒着暑热远道前来探病，惊叹不已，连忙写信邀他于夜凉时来家对榻倾谈，在信中他告诉维琳：“我生病卧床五十天，病情日益严重，我本已不心存奢望，但这两天似有好转，或许仍有希望也未可知。睡醒时，见到你所留下的名刺，旧友来访，令我心中惊讶叹息不已，天气暑热甚毒，白天实在不适合出门，不如等到日落天气稍凉时，到家中一访，不知您意下如何？现在我已行动不便，扶持而行也不过能行数步，亦无法久坐，不知阁下是否介意与我对卧而谈？希望您能来访。”（《与径山维琳二首》其一）

维琳方丈与苏轼交谊已久。早在十几年前，苏轼任杭州知州时，就曾聘请维琳前去主持径山寺法席。而今苏轼劫后余生，却已病入膏肓，维琳远道专程探疾，话题自然集中到生死问题上。

二十五日，苏轼病情加剧，他手书一段话与维琳道别：

> 某岭海万里不死，而归宿田里，遂有不起之忧，岂非命也夫！然死生亦细故尔，无足道者。惟为佛为法为众生自重。（《与径山维琳二首》其二）

苏轼慨叹自己虽然年老投荒但幸运历劫得生，正想退隐养老之时，却一病不起，此事怎能不说是上天命定呢！但我自己个人生死事小无足挂齿，请阁下为弘扬佛法，为天下苍生保重身体！

二十六日，他手书一段偈语给维琳，偈语写道：“与君皆丙子，各已三万日。一日一千偈，电往那容诘。大患缘有身，无身则无疾。平生笑罗什，神咒真浪出！”（《答径山琳长老》）

苏轼生于宋仁宗景祐三年（农历丙子年），至此时已在世二万三千四百六十日。其中“大患缘有身，无身则无疾”两句乃是他四年前所作《思无邪斋铭》中的成句。说明此时此刻，苏轼的头脑神智依然十分清醒。结尾“平生笑罗什”两句，维琳不解其意，苏轼索笔写道：“昔鸠摩罗什病亟，出西域神咒三番，令弟子诵以免难，不及事而终。”南北朝后秦时期天竺高僧鸠摩罗什病危之际，口出三道神咒叫他的弟子诵读以禳解病情，结果毫无效验，最终病故。苏轼听着维琳为他诵经祈福，认为这些东西都不足信，只有参透生死才是真正的大彻大悟。苏轼在他的这封绝笔手书中，明确地摒弃任何不切实际的迷信与虚妄。

二十八日，苏轼进入弥留状态，他的听觉、视觉已经渐渐模糊，维琳方丈在他耳边大声说：“端明宜勿忘西方！”苏轼喃喃回应道：“西方不无，但个里着力不得！”（宋周煇《清波杂志》）钱世雄也凑近他的耳畔大声说：“固先生平时履践至此，更须着力！”苏轼又答道：“着力即差！”

苏轼的这两个回答再次表明了他的人生观念：世间万事，理应顺其自然。文章之道贵在“随物赋形”，贵在“行于所当行”，“止于不可不止”，人生又何尝不是如此？西方极乐世界存在于每时每刻对自然、人生不经意的了悟当中，绝非一时一刻之下穷尽全力所能到达。

苏迈含泪上前询问后事，苏轼静静地躺在那里，不作应答，溘然而逝，时为宋徽宗建中靖国元年（1101）七月二十八日。

苏轼对于佛学有很深的造诣，但以他对待生活的态度，从来不可能将自己的生命最后托付给虚幻缥缈的西方极乐世界。即便真有所谓的西方极乐世界，对于苏轼而言，它也存在于自己对社会、对生活每一刻真实的把握之中，存在于自己对生命、对理想的每一次真实的实现当中，存在于自己情趣盎然、意趣横生的个性当中，对此，他自始至终都保持着清醒与自信。

面对死亡，苏轼平静而安详。他光明磊落，无怨无悔，他对生命的深刻体验，对人生的了然洞察，消解了病痛之苦与死亡之惧。

建中靖国元年五月，苏轼路经金山时，见到李公麟为他所作的画像，即兴写下一首诗，表达了自己彼时的心情，也算是对自己一生的总结：

> 心似已灰之木，身如不系之舟。
> 问汝平生功业，黄州惠州儋州。（《自题金山画像》）

对于仕途，苏轼也许早已心如槁木死灰、了无渴望梦想，但也正因如此，他的身心获得了从未有过的自在与快乐，思想也如不系之舟，进入无限广阔的自由空间。黄州、惠州、儋州的经历，对苏轼自幼渴望兴邦治国的功业理想而言，具有反讽意味；但如果就贬居三地时他所获得的文学、学术成就，所达到的人生境界而言，谁又能说不是一桩巨大的人生功业呢？正如他在《答苏伯固三首》之二中所说的："某凡百如昨，但抚视《易》《书》《论语》三书，即觉此生不虚过。"回顾这十多年的贬谪生活，却反而是他文学事业的辉煌时期，也是他人生思想发展、成熟乃至最后完成的关键时期。或许可以这样说，如果没有这一段生存挫折的磨练，也就不可能有后人心目中的那个苏东坡了。

苏轼病逝的消息很快传遍了全国，四方震悼，山河同悲："吴越之民，相与哭于市，其君子相与吊于家；讣闻四方，无贤愚皆咨嗟出涕。"（苏辙《亡兄子瞻端明墓志铭》）

"苏门四学士"中，秦观已经去世，黄庭坚、张耒、晁补之闻此噩耗，悲痛不已，用不同的方式表达着对老师的哀思。在荆州，当地士人举行了自发的哀悼活动，大病初愈的黄庭坚悲痛万分，"两手抱一膝起行独步"，挣扎着前往参加（《拊掌录》）。他"晚年悬东坡像于室中，每早作，衣冠荐香，肃揖甚敬”（《邵氏闻见后录》卷21），即将苏轼遗像悬挂正厅，每天早起整肃衣冠，上香拱拜。

在颍州，张耒听说恩师去世，素服举哀，并用自己的俸钱在荐福禅寺做了一场佛事，寄托内心无限的哀思。但他本人却因此而遭到贬谪：“言者以为言，遂贬房州别驾，安置于黄。”（《宋史·文苑列传》）

晁补之则沉痛地写下《祭端明苏公文》，祭文说“补之童冠，拜公钱塘，见谓可教，剔垢求光。顾惟冥顽，迄未闻道。愧负公语，以无成老。穷秋讣至，沉痛刳肠。扁舟东泛，道哭公丧”（宋晁补之《鸡肋集》）。大意是说，自己自幼得到苏轼的奖掖、教诲，如今老大无成，深感愧对恩师，如今听到恩师去世的消息，真是肝肠寸断！“间关岭海，九死来归。何嗟及矣，梁木其摧”（《鸡肋集》），为苏轼万劫归来，却遽然而逝，感到无限的悲伤。

陈师道乃是“苏门六君子”之一，他在《后山谈丛》中详尽记录了东京数百名太学生自发悼念苏轼的情景。太学生们齐聚慧林僧舍，举行饭僧仪式，痛悼一代文坛巨星的不幸殒落：

> 眉山公卒，太学生侯秦、武学生杨选，素不识公，率众举哀，从者二百余人，饭僧于法云。主者惟白下听慧林佛陀禅师闻而招致之。

至于亲朋好友、门生故旧的哀悼之文，更是多不胜数，无法一一列举，这里仅录“苏门六君子”之一李廌的祭文片断作为本章的结束：

> 道大不容，才高为累。皇天后土，鉴一生忠义之心；名山大川，还万古英灵之气。

读着这词语奇壮的祭文，人们无不为之痛心疾首。

苏轼永远地离开了我们，但他却永远不会消失。

他的生命，好似一段涓涓的溪流，渐行渐远，离开了我们的视线，但最终将汇入大海，永远不会干涸。

他的生命，好似一轮皎皎的明月，时隐时落，从我们的视野里消失，但终究还在星空闪耀，永远不会黯淡。

苏轼是永生的，他永远都将在中国文化的星河中川流不息、熠熠生辉。

第十章

天伦之乐

从积极的意义上来说，苏轼是幸福的，他在少年时代有好父母，壮年的时候有好伴侣，老年的时候有孝顺、能干的儿子，这是他苦难人生不幸中的万幸。

在前面几章里，我们跟随苏轼的脚步，一起经历他人生路途上的跌宕起伏，走近他的思想，品味他的作品。这一章我们主要通过对苏轼家庭生活的描述，来了解苏轼的妻子儿女，了解他们在苏轼人生历程中所扮演的角色。题目虽云“天伦之乐”，但其中快乐的时光实在不多，他们伴随着苏轼一生的坎坷、艰难、光荣、辉煌，不离不弃地与他共同经历了无数的酸甜苦辣。谚语说：“诗人就是情人。”苏轼也自认是“多情多感”（《采桑子》）的人，他在与家人的生活中充分体现出这种“多情多感”，其中有着“十年记梦”的深挚情爱，也有着“寄书阳羡儿”的理性，也正是这些深情厚爱，成就了苏轼许多超绝古今的抒情诗篇，交织出苏轼文化人格中一个重要的侧面。

敏静有识　十年记梦

苏轼一生中，共有两任妻子、一位侍妾、三个儿子。

苏轼的第一任妻子王弗与他是同乡，也是眉山人，是乡贡进士王方之女。她比苏轼小三岁，与苏轼结婚的时候才刚刚十六岁，据民间的传说，他们俩人是因为家乡的奇景“唤鱼池”命名，而结下良缘。婚后俩人感情甚笃，但是好景不常，王弗在治平二年（1065）五月二十八日病逝于汴京，去世的时候只有二十六岁，留下不满七岁的儿子苏迈。

王弗的性格较为内向，苏轼说她“未嫁事父母，既嫁事公婆，皆以谨肃闻”，对王弗的评价很高：一是“敏而静”，就是聪敏而不张扬；二是“有识”，就是有见识、有见解。

其实刚结婚的时候，苏轼还有点儿看不起夫人，只是觉得一个小县城的女孩儿，没有文化，也就是做做家务、伺候伺候公婆而已。王弗也不爱说话，只要看见苏轼在那儿读书，“则终日不去”，拿着针线活静静地在一旁听着，也不吭声。可是有好几次苏轼背书，背着背着突然卡了壳，记不起来了，王弗便抿嘴一笑，轻声给他提个词儿。这可让苏轼吃了一惊，没想到这个安安静静的小女孩儿还识字，不仅识字还懂得读书，还能帮助自己纠正错误。于是，苏轼指着满屋子的书逐一“拷问”，没想到王弗“则皆略知之”，都能说出个大概意思来。苏轼这才恍然大悟，自己的夫人不是个闷不做声的笨丫头，而是一个沉静聪慧有内涵的聪明女孩儿。

王弗矜持而稳静的性格，与苏轼坦直豪放的个性形成鲜明的对照，却又能相辅相成。她对自己的丈夫有着深入的了解。一方面，她对少年成名的丈夫充满崇拜，但另一方面，她也发现在实际的生活中，这个天才的文学家在与人交往的时候因性情率真而口无遮拦，在处世待人上往往犯糊涂，分不清好人坏人。王弗以自己洞察世情的慧心，时时照顾着苏轼。每当有客人来拜访，王弗就会“立屏间听之”——悄悄地躲在屏风后面听他们谈话，过后便帮助苏轼明辨人情是非。

一次，一个来访者走后，王弗对苏轼说：“这个人说话模棱两可，总在暗暗揣摩你的意思，一味迎合你，你何必和他多说话浪费时间？”还有一次，一个与苏轼初次见面的来访者与苏轼显得非常亲密，王弗分析道：“恐不能久。其与人锐，其去人必速。”这种人的交情不会长久，来得快，去得也快。

苏轼后来不得不承认，夫人的这些判断往往比他要准确得多，事后也往往得到证实。章惇就是一个最好的例子，当初在凤翔时，他就与苏轼主动交往，他的儿子章援也是苏轼的门生，但后来害得苏轼年老投荒却“皆惇所为也”（清赵翼《瓯北诗话》）。世间的事情就是这样没道理：苏轼知识渊博，是那个时代最杰出的诗人、学者，是优秀的进士、官员，然而他大事清楚，小事糊涂；夫人王弗不过是个粗通诗文、只有生活常识的普通女人，不理睬什么大事，只关心小事，然而生活基本上是由许多小事组成，大事通常不多，所以苏轼常常只好听夫人的话。一个杰出诗人与一个普通女子生活在一起，结果往往是妻子比丈夫更聪明，这就是生活的逻辑。

王弗除了在苏轼的人际关系上常有建言外，对于苏轼做出的一些逾越常规的事，也善于利用苏轼对父母的尊孝而予以劝诫。苏轼喜欢文物收藏、研究炼丹，他在《先夫人不发宿藏》中回忆，自己在凤翔时，因为怀疑坟地之中是“古人藏丹药”的地方，居然想去掘墓挖坟。王弗借婆婆的话，劝诫夫君停止这种不道德的行为，“使吾先姑在，必不发也”，让苏轼十分惭愧。

苏轼对妻子王弗的感情很深，俩人之间不只声气相投，夫人的聪慧有识对他更有很大的帮助。“有识”二字，乃是古代对读书人的极高评价，苏轼用这两个字来形容自己的夫人，可见他对王弗是多么敬重。对苏轼来说，王弗既是爱妻，又是诤友，他将她看作是自己精神上的依靠。可惜好景不长，王弗年纪轻轻就撒手人寰，与苏轼的恩爱婚姻只有十年。对此，苏轼只能在墓志铭的结尾不胜悲伤地叹息：“呜呼哀哉！余永无所依怙。”（苏轼《亡妻王氏墓志铭》）

在王弗去世十年后，四十岁的苏轼又在梦中见到了她，深情地写道：

> 十年生死两茫茫。不思量，自难忘。千里孤坟，无处话凄凉。纵使相逢应不识，尘满面，鬓如霜。　夜来幽梦忽还乡。

小轩窗，正梳妆。相顾无言，惟有泪千行。料得年年肠断处，明月夜，短松冈。(《江城子·乙卯正月二十日夜记梦》)

十年的阴阳隔绝并没有减轻他对妻子的深情怀念。十年来，诗人经历了更多的人生仕途上的艰难险阻，这些都引发出他更为强烈的关于人生无常、岁月无情的感伤。生活上的困顿，让他一次次地回忆起王弗的聪明睿智及对他的深情与体贴。可是十年后的自己早已是苍颜白发，往昔的意气风发、俊朗潇洒已不复现，现在即便相见，相信妻子可能也认不得自己了。而聪慧的夫人那美丽沉静的模样，却永久地收藏在诗人的心里。恍惚之间，诗人仿佛又一次见到了久别的妻子，还是那样年轻，还是那样深情，可千言万语又从何说起呢？只有泪水止不住的流淌……

第一任夫人王弗在苏轼心目中是那么的聪敏、智慧，在苏轼人生的天伦之乐中，留下短暂但极其美好的第一乐。

妇德皆修　顿失中馈

苏轼的第二任夫人王闰之是苏轼原配夫人王弗的堂妹，他们相识于治平三年（1066）苏轼蛰居家乡服父丧期间。熙宁元年（1068）七月苏轼除父丧，十月成婚。当时王闰之二十一岁，比苏轼小十一岁，她给苏轼生了两个儿子，即苏迨与苏过。

王闰之的性格质朴贤惠、温柔体贴，她精心照顾着这个家庭，全心全意地体贴丈夫。这在苏轼为她写的《祭亡妻同安郡君文》里有很详尽的叙述：

维元祐八年，岁次癸酉，八月丙午朔，初二日丁未，具位苏轼，谨以家馔酒果，致奠于亡妻同安郡君王氏二十七娘之灵。

> 呜呼！昔通义君，没不待年。嗣为兄弟，莫如君贤。妇职既修，母仪甚敦。三子如一，爱出于天。从我南行，菽水欣然。汤沐两郡，喜不见颜。我曰归哉，行返丘园。曾不少须，弃我而先。孰迎我门，孰馈我田。已矣奈何，泪尽目干。旅殡国门，我实少恩。惟有同穴，尚蹈此言。呜呼哀哉！

在祭文中，苏轼写出了他对王闰之的评价：第一，“妇职既修，母仪甚敦。三子如一，爱出于天”。王闰之对堂姐留下的长子苏迈，就像对待自己的孩子苏迨、苏过一样疼爱。这在苏轼看来尤为难得；第二，得失如一，随遇而安。在与苏轼共同生活的二十六年的时间里，她经历了苏轼在朝为官、八年外任、遭贬黄州、返回朝廷等各个时期，与丈夫在政治风浪中起伏升沉、饱受磨难，但始终保持着朴实诚挚的品格——既不因苏轼遭贬而口出怨言，也不因苏轼的荣耀而喜形于色。她的安于忧患、穷而不怨、富而不骄，令小叔苏辙亦感佩服。他在为王闰之写的祭文中说：“贫富戚忻，观者尽惊。嫂居其间，不改色声。冠服肴蔬，率从其先。性固有之，非学而然。”（《祭亡嫂王氏文》）意思是说：苏轼的命运起伏跌宕、时欢时悲，面对如此地覆天翻的生活境遇，旁观者都觉得无法适应，但王闰之却不改声色，处之泰然。锦衣玉食，她不惊喜，牛衣耕织，从不埋怨。苏辙认为，她的这种平和恬淡的大度是与生俱来的天性，绝非后天的培养。她像一块温润的美玉，维持着这个家庭吉祥、平静的氛围。

王闰之虽不像王弗那样，可以在苏轼的交游往来间给予意见，但她对苏轼的日常起居和习性爱好了如指掌，对苏轼的性格，有着很大的包容和体谅。当苏轼在山东密州做知州时期，正值旱灾肆虐、蝗灾四起、百姓饥馑、民不聊生。当时密州的荒凉境况到了“绿蚁沾唇无百斛，蝗虫扑面已三回”，“洒涕循城拾弃孩”（苏轼《次韵刘贡父李公择见寄二首》）的程度。苏轼身为地方父母官，为百姓之苦而深感黯然。然而他自己家中的境况也是捉襟见肘，当时的苏轼已“仕宦十有九年”，身为一州之首却“家日益贫”“斋厨索然”，以至于与通判刘廷式绕城墙求“杞菊食之”（苏轼《杞菊赋》）。这种说法也许有文人的夸张成分在其中，却是身处灾祸境遇下身心交瘁的真实写照。在这样的境况下，他的心情如何能够好起来？

有一天他正在书房里走来走去，为密州百姓的生计而愁眉不展的时候，三岁的小儿子苏过走了过来，拉住他的衣服，非让爸爸陪他玩耍。苏轼平时最喜欢小儿子，可最近哪有这心思？苏过太小没眼色，几次三番不放手，惹得苏轼火冒三丈，忍不住一声断喝，吓得小苏过放声大哭。王闰之连忙跑进来将孩子抱给丫鬟。

苏轼气哼哼地说：“这小子真不懂事，傻透了！”王夫人柔声劝他：“小孩子不懂事，你何必跟他生气？”转身出去拿来一小壶酒，几碟小菜，瞅了眼满脸怒气的丈夫，轻声细语地说：“你说咱们儿子傻，我看你比他还要傻，整天愁眉苦脸有什么用呢？来，喝杯酒，开心点儿吧。”

苏轼曾在《后赤壁赋》中记录了王闰之给他与朋友们提供“及时酒”的事情：“有客无酒，有酒无肴，如此良夜何……妇曰，我有斗酒，藏之久矣，以待子不时之须。”这个故事也足以证明王闰之对丈夫的了解和体贴。

王闰之虽则贤惠，但的确不如王弗精明聪慧。比如“乌台诗案”爆发时，苏轼在湖州被抓走之后，王闰之“几怖死”，几乎快被吓死，她担心朝廷会从书稿中再次罗织苏轼的罪状，就在一怒之下烧毁了丈夫的许多诗文手稿。苏轼后来在给朋友文彦博的信中说：“既去，妇女恚骂曰：‘是好著书，书成何所得？而怖我如此！’悉取烧之。比事定，重复寻理，十亡其七八矣。”（《黄州上文潞公书》）意思是说，我被抓走后，老婆骂道：“就喜欢写这些诗文著作，有什么好处？几乎把我们吓死！”于是全都拿来烧了，等到后来再整理，已经烧毁了十之七八。在当时那种危急的时刻，王闰之不可能冷静地思考这些诗文手稿对于苏轼的重要性，对于一个文学家而言，这些诗文手稿凝聚着他的情感与心血。但一个弱女子，当他面对被官府抄家、前途茫茫、丈夫又锒铛入狱、生死未卜的局面时，一时迁怒于那些惹祸的诗文，也许是可以理解的，也是可以被谅解的。

王闰之虽然烧了苏轼的诗文手稿，但是在黄州时期，却充当了苏轼种田的好帮手。有一次，家里的耕牛害了重病，快要死了。僮仆赶紧请来牛医，谁知医生看了半天也找不出病因。王闰之听说后，亲自来到牛棚，看罢之后说："这牛患了豆斑疮，赶紧多给它饮青蒿粥。"僮仆们立即煮了一大锅青蒿粥，病牛吃罢后很快痊愈，恢复了体力，又能下地耕田了。苏轼十分高兴，在写给朋友的信中，曾自豪地谈及此事。

其实，王闰之也不是一个只知操持家务、完全不解风情的妻子，有时候她也会表现出多情多才的一面。元祐七年（1092）正月，苏轼在颍州任知州。一天晚上，梅花盛开，月色明媚，王闰之对苏轼说，"春月色胜如秋月色，秋月令人惨凄，春月令人和悦"，为什么不叫朋友们来梅花月下饮酒呢？苏轼大喜，说：我不知道夫人也能作诗啊，夫人的一番话真是诗人的语言！于是招呼朋友们来喝酒（赵令畤《侯鲭录》）。随后更乘兴作《减字木兰花·春月》词：

> 春庭月午，摇荡香醪光欲舞。步转回廊，半落梅花婉娩香。　轻云薄雾，总是少年行乐处。不似秋光，只与离人照断肠。

苏轼所达到的文学艺术高度，是王闰之难以企及的，但苏轼对她却充满感激，只因她的出现弥合了这个因王弗弃世而残缺的家庭，为苏轼营造了一个得以憩息、宁静温馨的港湾。

宋哲宗元祐八年（1093）八月一日，苏轼担任端明殿学士、翰林侍读学士、礼部尚书，倍享荣耀，四十七岁的王闰之却不幸去世了。王闰之陪伴着苏轼走南闯北，共度宦海浮沉的艰难岁月，这个贤内助的骤然去世，对当时年已五十八岁的苏轼可说是个重大的打击。苏轼极其悲痛地在祭文中号呼：“我曰归哉，行返丘园。曾不少须，弃我而先。孰迎我门，孰馈我田。已矣奈何，泪尽目干。”

在苏轼的心目中，第二任夫人王闰之，是如此的温柔、坚韧，在苏轼人生的天伦之乐中，留下了重要但又不无遗憾的第二乐。

好义忠敬　患难知音

除了这两位夫人，苏轼的情感生活中还有一位重要人物，就是他的侍妾王朝云。苏轼为三个与自己最亲近的女人，都写过诗词，比起那两位夫人，苏轼有关朝云的文字最多。比如《悼朝云并引》《朝云墓志铭》《惠州荐朝云疏》《朝云诗并引》《西江月》等祭文、诗词。从这些文字中，我们看到了一个敏而好义、忠敬如一的朝云。

宋神宗熙宁七年（1074）苏轼任杭州通判时，当时的苏夫人王闰之怜悯朝云的身世，将她买下作为侍女。当时朝云年仅十二岁，二十三年间她一直跟随苏轼辗转南北，无论升陟贬黜，始终忠诚不贰。在宋代，姬妾本是荣华富贵的美丽点缀，没有义务与主人荣辱与共。苏轼在朝中为官时为了应酬方便，也曾蓄养过数名歌女，但后来都相继辞去，只有朝云随他南迁惠州，成为他流放生涯中忠实的伴侣。为感念朝云对他的情义，苏轼写下《朝云诗》：

> 不似杨枝别乐天，恰似通德伴伶玄。
> 阿奴络秀不同老，天女维摩总解禅。
> 经卷药炉新活计，舞衫歌扇旧因缘。

丁酉夏 康震

竹杖芒鞋輕勝馬誰怕

一蓑煙雨任平生

康震

丹成逐我三山去，不作巫阳云雨仙。

苏轼在这首诗中以“不似杨枝别乐天”来赞美朝云的不离不弃，以“恰似通德伴伶玄”来感念朝云随他南迁。白居易的侍妾中，以擅唱《杨枝》著名的樊素，在白居易晚年病中离开了乐天。苏轼平素最为仰慕陶渊明、白居易，与自己相比，白居易晚年的这段境遇当然令他感慨万千。朝云原本并不识字，后来在苏轼熏陶之下，开始读书习字，并“粗有楷法”；又曾跟随泗上比丘尼义冲学佛，“亦略闻大义”（《悼朝云诗并引》）。“天女维摩总解禅”就是指朝云在苏轼学佛之后，也从而学佛并粗知佛学大义。但朝云在来到岭南之后，不能适应当地水土，在惠州时因为经常生病，生活便成了不是念佛就是熬药。朝云因能歌善舞而得以与苏轼结下“舞衫歌袖旧因缘”，但她却不愿像秦观所赠《南歌子》词中的巫阳神女，“瞥然飞去”之后，空使“前世是襄王”的主人“断人肠”。因此就算她学佛功成，也不愿作“巫阳云雨仙”，只想伴随苏轼前往“三山”，为苏轼“一生辛勤，万里相随”（《惠州荐朝云疏》）。苏轼心中如何能不珍视朝云这分非常难得的真挚感情？

苏轼因“乌台诗案”获罪时，遣散婢仆，但朝云不肯离去。后来苏轼身陷牢狱，夫人王闰之因过分忧惧，卧病多时，奶娘任采莲又年迈体弱，家中事务多亏朝云打理支撑。苏轼被贬谪黄州，终将朝云收为侍妾。

在黄州的时候，朝云生了一个儿子，取名苏遁，不料苏遁因无法适应舟车劳顿的贬途生活，不到一年就夭折了。苏轼对这个晚年所得的幼子疼爱非常，他说“幼子真吾儿，眉角生已似”，而且他因遭贬而“常鲜欢”，只因幼子而“一笑喜”，如今忽失爱子，“归来怀抱空，老泪如泻水”。但最伤心的并不是苏轼，而是年轻的母亲朝云。她因为失去爱子而痛不欲生，终日以泪洗面：“母哭不可闻，欲与汝俱亡。故衣尚悬架，涨乳已流床。感此欲忘生，一卧终日僵。”（《去岁九月二十七日在黄州生子名遁，小名干儿，颀然颖异，至今年七月二十八日病亡于金陵，作二诗哭之》）

当苏轼再次被贬谪到惠州之时，王闰之已经去世，独有坚强的朝云跟从在旁，并且毅然承担起主妇的责任，在生活上细心周到地照顾着苏轼的饮食起居，精打细算地安排着一家人的生活。她每天念佛练字，与苏轼谈禅论道。对于现实生活上的拮据与艰困，她泰然处之，无怨无悔。此时的朝云深深地了解苏轼，了解他济世爱民的仁者之心、超然达观的人生境界，应当说，她在精神上渐渐与苏轼趋于同一。

宋人费衮的《梁溪漫志》中记载有这样一个故事，充分地说明了诗人与朝云的相知：

> 东坡一日退朝，食罢扪腹徐行，顾谓侍儿曰：“汝辈且道是中何物？”一婢遽曰：“都是文章。”坡不以为然。又一人曰：“满腹都是机械。”坡亦未以为当。至朝云乃曰：“学士一肚皮不合时宜。”坡捧腹大笑。

一天，吃完饭后，苏轼在院子里散步，忽然，他拍拍自己的肚子问侍妾、婢女：“你们说，这里都装的是什么？”一个婢女赶忙说：“您肚子里装的都是锦绣文章啊！”苏轼微微一笑，不以为然。另一个婢女接着说：“您满腹经纶，肚子里都是巧妙机关。”苏轼摇摇头，未置可否。最后，朝云不紧不慢地说：“依我看，学士一肚皮装的都是不合时宜。”一言中的，苏轼不禁捧腹大笑。这个故事虽有调侃、戏谑的成分，但从中却可看出，朝云的见识远远高于诸位侍女，只有她，才配做东坡的知音。

宋哲宗绍圣三年（1096）七月五日，朝云在惠州病逝，年仅三十四岁。失去患难中的知己，苏轼心中的悲痛无以言喻。苏轼将她安葬在丰湖岸边栖禅院东南山坡上的松树林中，并刻碑以铭。苏轼尽管心中悲怆难忍、依恋不舍，但在《朝云墓志铭》中，并没有像《亡妻王氏墓志铭》《祭亡妻同安郡君文》中那样，表露出浓重的儿女私情。其中有的只是如对挚友般中肯的高度评价。在《悼朝云并引》中，他说："苗而不秀岂其天"，表露出他对朝云之死的伤心，但他更衷心地祈愿她能超脱生死轮回，进入仙佛的境界。虽然现在与朝云生死相隔，但他自己也将在余生晚境勤修佛道，希望有一天能与她相会在佛国净土之上。

苏轼有一首《蝶恋花·春景》词，据说也与朝云有关：

> 花褪残红青杏小。燕子飞时，绿水人家绕。枝上柳绵吹又少，天涯何处无芳草。　墙里秋千墙外道。墙外行人，墙里佳人笑。笑渐不闻声渐悄，多情却被无情恼。

这首词本非为朝云而作，是苏轼借伤春而抒发自己贬谪岭南、坎坷寥落的人生遭遇。暮春景色，满目衰落。墙内佳人本是无心无情，而墙外行人却因多情而心生烦恼，万端愁绪皆由心造。一切原本自然，何须如此执着、自生烦恼？据说，苏轼请朝云演唱这首词。朝云轻启朱唇，歌喉将发之际却泪满衣襟，苏轼十分惊讶，朝云说："奴所不能歌者，惟'枝上柳绵吹又少，天涯何处无芳草'二句。"从此之后朝云"日诵'枝上柳绵'二句，为之流泪。病极，尤不释口"(《冷斋夜话》)。

"枝上"一句，描述了人生的无常；"天涯"一句，化用屈原《离骚》中的诗意表达人生普遍之意，两句词形象地表明，人生无常本就是不可违抗的自然原则。苏轼一生升降沉浮，但在严酷的现实之前，他也不过就是墙外失意的过客。朝云深深理解苏轼的苦闷，想到人生在世，苦多乐少，欢娱稍纵即逝；想到人世无常，一呼一吸倏忽之间便有生离死别之虞；想为苏轼分担他的悲苦怨愤，却又无着力处，每想及此，便泪如泉涌，无法再歌。果然，"'枝上'二句，断送朝云"（宋何士信《草堂诗余正集》），"朝云不久抱疾而亡，子瞻终身不复听此词"（《冷斋夜话》）。

朝云的事迹，引起后世不少才情之士的共鸣。比如，曹雪芹在《红楼梦》中，曾借贾雨村之口，把朝云等古人看作与贾宝玉同类的"情痴情种"。她与苏轼的确已经超越了旧时一般的姬妾与家主的关系，而达到同志同道者的境界。东坡曾经自比白居易说："我甚似乐天，但无素与蛮。"言下之意慨叹无能歌善舞的樊素与小蛮相伴左右。但后来的事实却证明，朝云实在是樊素与小蛮之辈远不能及的。她心甘情愿又义无反顾地与苏轼共赴患难，"敏义忠敬"之誉实在当之无愧。在苏轼曲折的一生中，他有幸遇到几位于他有特殊意义的至亲女性：他的母亲程氏，他的两位夫人王弗、王闰之，而朝云是身份虽低但更为重要的一位。

在苏轼的心目中，侍妾朝云是如此的知心、忠敬。在苏轼人生的天伦之乐中，留下最难能可贵但又最难割舍的第三乐。

虽愿愚鲁　虎父虎子

苏轼一生共有四个儿子，迈、迨、过、遁。

苏轼的长子名叫苏迈，字伯达，生于宋仁宗嘉祐四年（1059），生母王弗。苏轼时年二十四岁，刚参加礼部考试之后，返乡居母丧。次子苏迨，乳名叔寄，生于宋神宗熙宁三年（1070），生母王闰之。苏轼时年三十五岁，在京城担任监官告院，后权开封府推官。第三子苏过，字叔党，小名似叔，生于宋神宗熙宁五年（1072），生母王闰之。苏轼时年三十七岁，时任杭州通判。第四子苏遁，小名干儿，生于元丰六年（1083），生母朝云，苏轼时年四十八岁，谪居黄州，但此子很快夭折。

苏轼因为自己一生名高招忌，又加上“多直言”，因此屡遭祸患，殃及亲友。也许是有感于此，在儿子们的教育问题上、成长目标上就采取了一个基本原则，这从苏轼在苏遁出生时所作《洗儿戏作》诗中表达得非常清楚：“人皆养子望聪明，我被聪明误一生。惟愿孩儿愚且鲁，无灾无难到公卿。”就是希望自己的孩子能够从他身上得到教训，甘为“庸人”，过得平平安安，不要像他自己反被聪明误。

苏轼屡次被贬，但他对儿辈爱护甚深，不愿意连累儿子们跟他一起受苦。被贬惠州的时候，儿子们要求同往，他却只带朝云、苏过同行，安排苏迈与苏迨带领家眷留住宜兴。他在惠州给长子、次子写信说：“寄书阳羡儿，并语长头弟。门户各努力，先期毕租税。”（《正月二十四日与儿子过赖仙芝王原秀才僧昙颖行全道士何宗一同游罗浮道院及栖禅精舍，过作诗，和其韵寄迈迨》）鼓励他们不要想念自己，要独自应对生活。

总的来看，苏轼对三个儿子的教育主要集中在品格修养、学业文章、做事能力几个方面。

长子苏迈是家里的顶梁柱，在各种艰难困苦的环境之下，他都一直伴随着父亲。苏轼在湖州被捕的时候，苏迈获准随行照顾父亲；苏轼被关进汴京监狱后，苏迈每天给父亲送饭；苏轼被贬黄州，又是苏迈徒步相随照顾父亲到达黄州，并前后打点家中事务；后来苏轼被贬惠州，苏迈又携带家人来惠州与苏轼团聚；苏轼在常州病重去世，苏迈都一直陪侍在苏轼的身边。

苏轼对这位长子的评价是“天资朴鲁”（《与迈求婚启》），苏轼曾对朋友陈季常说起苏迈：“长子迈作吏，颇有父风。二子作诗骚殊胜，咄咄皆有跨灶之兴。”（《答陈季常书》）他写有《付迈一首》：“使人谓汝庸人，实无所能，闻于吾者，乃吾之望也。慎言语，节饮食，晏寝早起，务安其形骸为善也。”别人说你是庸人，好像没有能力，我听到以后倒觉得这是我对你的希望，你一定要小心说话，节制饮食，晚睡早起，保重身体健康。跟前面所提到的《洗儿》诗中表达的是同样的期望。

苏迈很有诗才，经常与苏轼在一起联句。苏轼夸奖苏迈：“传家诗律细，已自过宗武。短诗膝上成，聊以感怀祖。”（《夜坐与迈联句》）杜甫曾有《示宗武》一诗夸奖儿子宗武善于作诗，能够传承家学。苏轼则声称，苏迈作诗已经超过了宗武。元丰七年（1084），苏迈任江西德兴县县尉，苏轼送他到湖口，他陪同父亲在湖口勘察著名的石钟山，这样说来，苏轼的名篇《石钟山记》也有苏迈的一份功劳。

苏迈善为文，写得一手好字，《姑溪集》上说：“东坡帖乃其子迈作，亦自可喜。苏氏诸子，源同派异，种种皆有过人处。”苏轼在苏迈前往德兴时，曾经送给苏迈一方砚台，并亲手在底座刻上四句铭文：“以此进道常若渴，以此求进常若惊。以此治财常思予，以此书狱常思生。”（《迈砚铭》）他告诫儿子，作为一个官员，一定要如饥似渴地学习，要精进努力，奋发向上，同时保持一颗仁爱好生的慈悲心，不吝惜财物，积极地付出、给予，帮助那些需要帮助的人，作为县尉负责一县的治安，审理案件要慎重，绝不可草菅人命。

苏迈的形象是质朴方正、任劳任怨。

次子苏迨小时候身体较弱，苏轼在诗中写道：“我有长头儿，角颊峙犀玉。四岁不知行，抱负烦背腹。师来为摩顶，起走趁奔鹿。”就是说他长得眉目端正，但是一直到四岁时还不能行走，后来辩才和尚为他落发摩顶，不过几日，能行走如常（《赠上天竺辩才师》）。苏轼说苏迨“为学颇长进，论古事废兴治乱颇有可观”（《与友人一首》）。苏迨与欧阳修的孙女年龄相当，气质性格也颇多相似之处，后来与欧阳修的孙女喜结良缘，正是天生的一对。但苏迨妻子早逝，

苏轼为此感到伤悲，并为她作了祭文，祭文上说：“使我白首，乃反哭汝，命也奈何！”（《祭追妇欧阳氏文》）

三个儿子中，苏过的性情最像苏轼。他天资聪慧，喜欢吟诗作文，苏轼说他“作诗楚辞不凡”；长大以后，翰墨文章颇能传承家风，时人称之为“小坡”。

对于这个儿子，苏轼有着一种特殊的感情。苏轼南贬惠州时，只有苏过与朝云相伴。后来苏轼被贬海南，又是苏过抛下自己的妻子儿女独自在海南陪伴父亲。历经这些磨难之后，苏过锻炼出耿介刚直、超然达观的个性。苏过认为苏轼的一贬再贬，是因为他功高名重、正直方刚，有鉴于此，苏过在海南写下《志隐》一文，主张安贫乐道的精神，苏轼看了以后，心有所感说“吾可以安于岛矣”。苏过在诗中说：“谪官罗浮定天意，不涉忧患那长生。”（《和大人游罗浮山》）苏轼在《与王定国第四十首》中说：“某既缘此绝弃世故，身心俱安，而小儿亦遂超然物外，非此父不生此子也，呵呵！”对于苏过抛下妻子儿女来海南相伴，苏轼也是大发感慨：“家在惠州白鹤峰下，过子不眷妇子从余来此。其妇亦笃孝，怅然感之。”（《追和戊寅上元》）“其叔辙每称过孝，以训宗族”（《宋史·苏轼传》）。

在海南，苏轼用心教导苏过诗文。在《与程秀才三首》其三中写道：“儿子到此，抄得《唐书》一部，又借得《前汉》欲抄，若了此二书，便是穷儿暴富也。呵呵！”在《答刘沔都曹书》中说：“然幼子过文益奇，在海外孤寂无聊，过时出一篇见娱，则为数日喜，寝食有味。”在《与郑嘉会二首》之一中说：“此中枯寂，殆非人世，然居之甚安。况诸史满前，甚可与语者也。著书则未，日与小儿编排整齐之，以须异日归之左右也。”在《和陶游斜川》中写道：“过子诗似翁，我唱儿辄酬。未知陶彭泽，颇有此乐不。”父子二人以诗文唱和，情深感厚，情趣相得。苏辙曾说：“吾兄远居海上，惟成就此儿能文也。”（《宋史·苏轼传》）

与苏轼一样，苏过也擅长绘画，苏轼在《题过所画枯木竹石三首》中写道："老可能为竹写真，小坡今与石传神。山僧自觉菩提长，心境都将付卧轮。"苏过也很喜爱修习道家养生之术，他每天半夜起来打坐，俨然有世外超尘之志。苏轼在《游罗浮山一首示儿子过》一诗中，骄傲地称许道："小儿少年有奇志，中宵起坐存黄庭。近者戏作《凌云赋》，笔势仿佛《离骚经》。"

苏过办事能力也很强，苏轼说："幼子过相随，甚干事，且不废学。"（《与钱济明十六首》其五）"过甚有干蛊之才，举业亦少进，侍其父亦然"（《答张文潜四首》其一）。

看来，无论在品格修养、学业文章、做事能力等几个方面，苏过都有乃父之风，难怪苏过被称为"小坡"。

"两翁归隐非难事，惟要传家好儿子"（《别子由三首兼别迟》）。在苏轼的心目中，三个儿子都是"传家好儿子"。这在苏轼人生的天伦之乐中留下"足慰人心"的第四乐。

从积极的意义上来说，苏轼是幸福的，他在少年时代有好父母，壮年的时候有好伴侣，老年的时候有孝顺、能干的儿子，这是他苦难人生不幸中的万幸。

在苏轼的人生历程中，还有一个非常重要的人物，与他的命运休戚相关，那就是他的好兄弟苏辙，我们将在下一章《手足之情》中专门讲述苏轼与苏辙兄弟之间的深情厚谊。

第十一章

手足之情

那样曲折磨难的人生经历，那样险象环生的政治环境，玉成了苏轼和苏辙兄弟的文学才华和人生境界，映照出他们二人患难与共的兄弟情谊，使得中国的文学史出现了深沉感人和光彩夺目的一段；也正是因为有了他们，我们才真切地体会到什么叫患难知己，什么叫休戚与共，什么叫最为真实、真诚的人心！

对于豁达豪放而又极重感情的苏轼来说，血浓于水的骨肉亲情是他生活的精神支柱和创作源泉。除了妻子和孩子之外，苏轼与弟弟苏辙手足间的同胞之情，也同样感人至深。

苏轼与苏辙的感情甚深，在仕途上，他们休戚相关、荣辱与共；在生活中，他们相互照应，时时记挂着对方；在文学上，他们互通有无、切磋琢磨；在精神上，他们相互慰藉，惺惺相惜。他们的手足之情，成为文学史上流传千古的佳话。

苏氏小妹　托情而生

苏洵共有三男三女，苏轼排行第五，苏辙排行第六。长子景先在苏轼出生后的第二年就夭折了，苏辙的诗上说："兄弟本三人，怀抱丧其一。"（《次韵子瞻寄贺生日》）据苏洵《极乐院六菩萨阁记》上的记载推算，长女大约出生不久，便于天圣六年（1028）夭折了。次女于庆历五年（1045）苏轼十岁那年去世，死时应在十二岁左右。幼女八娘十六岁时嫁给舅父程濬之子程正辅。婚后程家待她很不好，八娘心情抑郁，嫁过去不到两年，就于皇祐四年（1052）病逝。八年后，苏洵还写了一首长诗《自尤诗》，沉痛叙述八娘被程家虐待致死的详细过程，诗中写道"当时此事最惊众，行道闻者皆酸辛"，通过描写旁观者对八娘遭遇的不平，表达出痛失爱女的悲愤之情。苏家与程家还因此不相往来长达四十年，直到苏轼谪居惠州之时，才与当时担任广东提刑的前姐夫程正辅逐渐融洽了关系。

也许有人要提出质疑：苏轼不是还有一个学识了得、才智过人、幽默俏皮的妹妹吗？她不是还嫁给了苏轼的学生秦观吗？

没错，在民间的传说当中，苏轼是有个妹妹叫苏小妹，关于她与秦观结婚时“三难新郎”的逸事，最早的记录是在明代小说家冯梦龙的小说集《醒世恒言》，这篇小说题为《苏小妹三难新郎》。故事说在洞房花烛夜，苏小妹给新郎秦观出了一个上联——“闭门推出床前月”，意思是我关上门、推开窗，看到一轮明月照到了床前。苏小妹让秦观对出下联，否则就不准进洞房。秦观虽是个文思敏捷的才子，但此刻心中焦急，在门外徘徊沉吟了许久，还是无法对出下联。苏轼一看妹夫如此为难，就想帮他一把，但又不好直接说破，于是从旁偷偷拣起一块小石头，扔到院中的池塘里。秦观听见这“扑通”一声，就如修禅之人得到了当头棒喝一般，立刻被激起了灵感，下联就对出来了——“投石冲开水底天”，这下可真对得工整而巧妙！这水里不是有星星、月亮的倒影吗？水里也有另外一个天空啊！那不就是“投石冲开水底天”？简直是绝对！这样新郎就获得进洞房的权利了。这是个多么有趣的故事啊！

然而，非常遗憾的是，事实上苏轼并没有什么妹妹；那位才高八斗、机敏过人的苏小妹也全是后人杜撰。首先，苏轼和他的弟弟苏辙常有书信往来，现存的就有好几百封，在这些书信中，既没有提到他们有一个妹妹，也没有提到过秦观和他们苏家有什么亲戚关系。除此之外，苏轼的朋友们所写的书信以及他们的笔记里，也从未提到苏轼兄弟还有个妹妹苏小妹。最重要的是，苏轼和秦观第一次见面是在宋神宗熙宁十年（1077），当时苏轼四十二岁，任徐州太守，秦观赴京赶考，途经徐州，特来拜谒苏轼。时任徐州教授的陈师道记录了秦观第一次拜见苏轼的情景：“杨秦子过焉，丰醴备乐，如师弟子。”（宋陈师道《秦少游字序》）当时的秦观已经二十九岁，而且早在宋英宗治平四年（1067）就已娶妻，他的夫人徐文美是曾任潭州宁乡主簿的徐成甫的女儿。秦观在《徐君主簿行状》中写道：“（徐成甫）女三人，曰文美、文英、文柔……以文美妻余。”在所有关于秦观的史书、笔记中，也无任何有关秦观曾与苏姓女子结婚的记录，由此可见，苏小妹与秦观婚配之事实在是小说家之言而已。

除了“三难新郎”之外，民间传说中还有许多关于苏小妹的轶事，而且都是异常生动有趣。故事中的苏轼常与苏小妹斗嘴，两人互相嘲弄取乐。有一次，苏轼取笑苏小妹说：“未进门前三五步，额头已到大堂前。”意思是你的脑门儿特大，进门刚走两三步，额头先到客厅了。苏小妹也不甘示弱，反讥苏轼：“去年一滴相思泪，至今尚未到腮边。”意思是你去年掉的一滴眼泪，至今还没有流到腮边，取笑苏轼的脸特别长。兄妹俩的对子不但机智入神，而且幽默有趣，成了妇孺皆知的佳话。

可是，既然史实中并无苏小妹其人，那么，为什么在小说家笔下和民间传说中会出现一个如此栩栩如生的苏小妹形象呢？

其实，传说中才气超群的苏小妹也绝非凭空而来的，苏小妹的原型应该就是苏轼的三姐八娘。苏洵在纪念八娘的《自尤诗》序中说：“女幼而好学，慷慨有过人之节，为文亦往往有可喜。”诗中还说：“余家世世本好儒，生女不独治组紃（xún，饰履的圆形饰带，指女工）。读书未省事华饰，下笔亹亹（wěi，勤奋不倦）能属文。”可见，苏洵教女和教子的方法是没有差异的，苏家的女儿没有跟从流俗专攻女工针黹，而是秉承尊儒好学的家风，自幼学习诗书文章。因此，苏八娘也和她的两个弟弟一样，从少年起就聪慧能文，并有男儿般的慷慨气节。人们乐于传诵种种虚构的苏小妹的故事，并安排她与秦观的浪漫姻缘，也许是出于对苏八娘不幸遭遇的同情与惋惜，以及对苏洵三次丧女之痛的深情慰藉。

此外，只要我们认真总结一下苏小妹身上的特点就会发现，她的性格脾气跟苏轼太相像了！苏小妹最大的特点就是，喜爱出一些类似于脑筋急转弯的文学难题，向兄长和朋友、亲人问难。总是给那些风流才子、文学青年们出一些机智、有趣，又颇有难度的文学急转弯，而这正是苏轼乐此不疲的文字游戏。在后人的心目中，像苏轼这样一个智慧、风趣的人物，应该有着许多美好的奇闻逸事。但是一些道听途说的故事，又不好直接安在苏轼身上，所以那些作者认为，苏轼应该有一个同样可爱、聪明而风趣的小妹妹，这才便于把有关的奇闻逸事演绎出来。就因如此，一个文学人物形象的苏小妹诞生了。事实上，苏小妹就是苏轼的一个美丽的倒影，苏轼的形象在她的映衬下，显得愈发生动、亲切和有趣。这正是苏小妹的意义所在。

敏兄笃弟　文坛双璧

苏轼与苏辙既为兄弟，亦是知己，两人一生相伴、诗文酬唱、患难与共。

苏辙，字子由，号“颍滨遗老”，出生于宋仁宗宝元二年（1039），比苏轼小三岁。苏轼、苏辙兄弟相知相勉的一生，堪称中国文化史的传世佳话。在中国文学乃至文化史上，虽有不少富有才华的兄弟或者父子，如“三张”，即西晋诗人张载、张协、张亢兄弟；再如“二陆”，即西晋陆机、陆云兄弟；再如“三曹”，即魏晋建安时期著名诗人曹操、曹丕、曹植父子等。但如苏轼兄弟一般，一同为当世的大文学家，一同在政坛上大放光彩，一同经历宦海沉浮，彼此志趣相投，又都视对方为知己的兄弟，实是绝无仅有。这种可贵而难得的手足之情，为苏轼兄弟的人生增添了无限的精彩。

苏轼、苏辙之间的深情厚谊，是在从小一起读书、一同成长的过程中培养而来的。苏辙在《祭亡兄端明文》中写道：“手足之爱，平生一人。幼而无师，受业先君。兄敏我愚，赖以有闻。寒暑相从，逮壮而分。”他们俩从小就跟随父亲学习，春夏秋冬、寒来暑往，日日在一起刻苦攻读；学成之后又跟随父亲出川，一起考进士、应制举，双双得中同榜进士、同榜制举，一直到入仕之后才不得不分开，开始了聚少离多的生活。他们不仅是兄弟，也是同窗知己，在同一个文化层次上成长。在苏辙眼中，苏轼的身份是兄长更兼师长，“辙幼从子瞻读书，未尝一日相舍”（《逍遥堂会宿二首并引》），对兄长的依恋、信任之情溢于言表。苏轼也把懂事持重的弟弟当作挚友看待：“我少知子由，天资和且清。岂独为吾弟，更是贤友生。”（《初别子由》）

苏轼兄弟在文坛上享有崇高的地位，黄庭坚对他们有“二苏上连璧，三孔立分鼎”（《和答子瞻和子由常父忆馆中故事》）的赞誉。苏轼的诗、词汪洋恣肆，清新豪健，开创词之“豪放”一派。而苏辙沉稳执着，老成持重，文章虽“雄杰之气或不如兄，然而冲和淡泊，遒逸疏宕”（茅坤《苏文定公文钞引》），亦是自成一家。

宋仁宗嘉祐四年（1059）秋，苏氏兄弟服完母丧，由苏洵带领从四川移居京城。一路上山川之秀、人文之美令父子三人“杂然有触于中，而发于咏叹”（苏轼《南行集前叙》），作诗百余篇，后结为《南行集》。其中，苏轼、苏辙兄弟二人有大量的同题诗作，显露出二人杰出的诗歌才华，也显示出兄弟二人的不同才性。例如，经过岷江边的村落“牛口”时，苏轼兄弟二人都以《夜泊牛口》为题作诗。

苏轼诗云：

日落红雾生，系舟宿牛口。
居民偶相聚，三四依古柳。
负薪出深谷，见客喜且售。

煮蔬为夜餐，安识肉与酒？
朔风吹茅屋，破壁见星斗。
儿女自咿嚘，亦足乐且久。
人生本无事，苦为世味诱。
富贵耀吾前，贫贱独难守。
谁知深山子，甘与麋鹿友。
置身落蛮荒，生意不自陋。
今予独何者，汲汲强奔走。

黄昏时分，夕阳西下，长江岸边有座小小的牛口村，村民们三三两两地靠在柳树旁。樵夫在笑嘻嘻地向客人们兜售着柴禾。这里的村民虽然无酒无肉，破壁败屋，却自由自在地享受着天伦之乐。在苏轼的笔下，乡村虽然潦倒贫穷，却呈现出陶渊明诗中特有的清贫恬静的田园生活氛围。在诗歌的结尾，苏轼表达出留恋乡野生活的愿望。

苏辙的是：

行过石壁尽，夜泊牛口渚。
野老三四家，寒灯照疏树。
见我各无言，倚石但箕踞。
水寒双胫长，坏裤不蔽股。
日暮江上归，潜鱼远难捕。
稻饭不满盂，饥卧冷彻曙。
安知城市欢，守此田野趣。
只应长冻饥，寒暑不能苦。

同样的村落，同样的人物，在苏辙笔下却显得萧瑟荒凉、穷愁凄苦。

与苏轼的诗相比较，苏辙的诗更注重细节的写实，更具有一种质朴厚重的生活气息。它没有苏轼诗歌那种安贫乐道的氛围，却充满了对民生疾苦的关爱与悲悯。

苏洵曾撰写的《名二子说》就从取名的角度，比较了苏轼、苏辙二人在性格上的差异。他指出，苏轼的缺点是“不外饰”，这样的性格必然使他一生遭遇波折磨难；而苏辙则“善处乎祸福之间”，这样的性格常能让他免于灾祸。父亲的评价恰是苏轼兄弟一生命运的准确注脚。

苏轼和苏辙兄弟俩都非常欣赏对方的才华，他们互相的评价往往最为中肯。

苏辙非常敬重自己这位才华横溢、学识渊博的哥哥。苏辙在为兄长所作的墓志铭中说：“我初从公，赖以有知。抚我则兄，诲我则师。”（《亡兄子瞻端明墓志铭》）在祭祀嫂夫人的文章中也说：“辙幼学于兄，师友实兼。志气虽同，以不逮惭。”（《祭亡嫂王氏文》）他认为苏轼不仅是自己的兄长，更是自己的老师，自己的诗文成绩不如兄长。

苏轼则认为兄弟二人各有所长，弟弟苏辙也有胜出自己的地方。在给朋友的信中，苏轼写道：“子由之文实胜仆，而世俗不知，乃以为不如。其为人深不愿人知之，其文如其为人，故汪洋淡泊，有一唱三叹之声，而其秀杰之气，终不可没。”（苏轼《答张文潜书》）苏轼认为苏辙的文章胜过自己，但世人并不了解这一点，这是因为苏辙为人低调，所以他的文章风格也很低调。其实他的文章一唱三叹，汪洋淡泊，很有秀杰之气。事实也的确如此，苏辙擅长各种文体，尤以策论最为出色，其文纵横捭阖，雄辩宏博，说理透辟，感染力极强。苏辙的记游之文清新明快，刻画入微，也有很高的成就。

苏轼和苏辙兄弟二人虽然彼此欣赏，但从不互相吹捧，反而常给对方提意见。

苏辙屡屡指出兄长口无遮拦，容易招致祸患。对苏辙的缺点，苏轼也会毫不客气地指出，他认为苏辙为人处世的大节毫无问题，但有时候不大注意细节，而这往往却会坏了大事。要注重小节，避免影响大局，这恐怕是苏轼遭逢文字之祸后忧惧心理的反映，是他从自身经历得来的经验教训，以此来劝诫弟弟，自然是十分恳切的。

情深意切　志趣相谐

苏轼和苏辙兄弟二人在诗、文上均达到了很高的造诣，诗文便成了他们交流思想和感情的工具。翻开《苏轼诗集》和苏辙的《栾城集》，其中属于兄弟二人寄赠唱和的诗歌均不下百首，诗中有他们对少年生活的珍贵回忆，有他们对彼此的思念和牵挂，也有他们关于政治思想和人生态度的沟通。苏轼几乎每到一个任所，都会寄书给苏辙，晚年遭贬时更是如此。从这些诗、词书信当中，我们可以清楚地感受到，他们兄弟之间的情意是那样深厚。其中，苏轼兄弟关于"夜雨对床"的约定，是最让人感动的一段佳话。

宋仁宗嘉祐六年（1061）冬，二十六岁的苏轼带着妻子王弗和两岁的儿子苏迈前往凤翔任官，子由送兄、嫂出汴梁，走了百里多路，到郑州西门外才依依话别。这是二十多年来他们兄弟之间的第一次离别，苏轼登上高坡目送弟弟渐行渐远，他第一次感受到人生聚散的无常与感伤，写下了著名的诗篇《辛丑十一月十九日，既与子由别于郑州西门之外，马上赋诗一篇寄之》：

……

登高回首坡垄隔，惟见乌帽出复没。
苦寒念尔衣裘薄，独骑瘦马踏残月。
路人行歌居人乐，童仆怪我苦凄恻。

亦知人生要有别，但恐岁月去飘忽。
寒灯相对记畴昔，夜雨何时听萧瑟？
君知此意不可忘，慎勿苦爱高官职。

诗的大意是：当你的身影渐渐远逝，我忍不住登上高坡张望，只见你头上的乌帽在山丘间时隐时现。想着你此刻衣衫单薄，骑一匹瘦马，在寒风残月中独自向前，怎不让人牵念！快乐的人们永远不能理解我的感伤与悲切。无奈的人生总有太多聚散离别，可是我总是担心岁月匆匆，美好时光难以再现。今天晚上我们寒灯独对，你可曾记得怀远驿中我们彼此相约的誓言？不知何时我们才能再次聚首？再次凭窗挑灯听夜雨？荣华富贵不过一时，不值得贪恋，子由啊，不要忘了彼此深厚的兄弟情缘。

诗中“寒灯相对记畴昔，夜雨何时听萧瑟”一句点明了兄弟二人曾有的“夜雨对床”的约定。在与兄长的诗歌唱和中，苏辙有“误喜对床寻旧约，不知漂泊在彭城”（《逍遥堂会宿二首》其一）、“夜深魂梦先飞去，风雨对床闻晓钟”（《舟次磁湖以风浪留二日不得进子瞻以诗见寄作二篇答之前篇自赋后篇次韵》）等句，多次提醒彼此曾有的功成辞官的约定。苏轼因“乌台诗案”被投入狱，在最为困厄绝望的时候，他又想起了与苏辙的约定，写下了绝命诗《狱中示子由》：“是处青山可埋骨，他年夜雨独伤神。与君今世为兄弟，又结来生未了因。”在以为自己的生命即将走到尽头的时候，苏轼并未直接抒发自己的悲痛，而是想象自己死后，弟弟将会多么孤单。他也许会在多年后的某个雨夜，因兄弟之间的约定而黯然伤神。

然而人生在世，总是聚少离多。自从和弟弟苏辙一同走上仕途之后，他们经常是天各一方，难晤一面。在最初的时刻，“夜雨对床”这一约定唤起的是兄弟二人对往日美好岁月的回忆；在浮沉不定的宦海当中，这一约定又成为支撑他们走向人生彼岸的精神期待。当他们身处困境、难以挣脱羁绊与牢笼的时候，这一约定又多少带给他们一点精神的慰藉。然而，这个约定最终却没有实现，它成为一个永远无法实现的美好愿望，永远存在于苏轼、苏辙兄弟二人的理想之中。苏轼死后，子由将他与王闰之共同葬于河南郏县小峨眉山，并命子孙在自己百年后，也将自己的遗骸葬于兄长墓旁，小峨眉山处遂有“二苏坟”之称。也许，只有在美好而永恒的天国里，他们的约定才能最终得以实现吧……

苏轼、苏辙兄弟虽然性格各异，但是他们的相同之处要远远多于他们的不同之处，他们情深意切的原因，正在于他们的志趣相投。每当遭遇政治困境时，苏轼和苏辙兄弟俩经常为对方开解心中的郁闷不平。

宋神宗熙宁四年（1071），苏轼在杭州做通判，苏辙在陈州（今河南淮阳）做学官。苏轼在写给弟弟的诗中以谐谑的方式抒发愤懑不平之气，排解子由与自己仕途受挫的烦闷：“宛丘先生长如丘，宛丘学舍小如舟。常时低头诵经史，忽然欠伸屋打头。斜风吹帏雨注面，先生不愧旁人羞。”（《戏子由》）

陈州古称宛丘，所以苏轼戏称弟弟为“宛丘先生”。诗的大意是：宛丘先生高大的身材如耸立的山丘，宛丘低矮的学舍如破败的小舟。宛丘先生常常低头诵读经史，偶尔伸懒腰便会撞上屋梁碰破头。在这座漏风漏雨的学舍里，宛丘先生自得其乐，丝毫不在意旁人的讥讽。

本诗题为《戏子由》，通篇都是戏谑之语，但其旨不在“戏”而在“赞”，赞子由的秉性为人，并自嘲书愤，与子由共勉。可以说，此诗以戏谑为表，却内含悲愤。

苏轼任密州知州时，曾经将一座废旧的城台，修葺成一处“高而安，深而明，夏凉而冬温”，可以登临远眺的休闲胜地。“雨雪之朝，风月之夕”，苏轼常常与朋友、宾客“相与登览，放意肆志，乐趣无穷”（苏轼《超然台记》）。苏辙永远是哥哥的知音，当他听说之后，特意为这座城台取名为“超然台”，并写了一篇《超然台赋》。苏轼因此名而作《超然台记》，以表明自己超然物外、无往而不乐的思想。

宋仁宗嘉祐六年（1061）冬，苏轼途经渑池赴凤翔府任职，得到苏辙的寄诗《怀渑池寄子瞻诗》，因而和韵：

> 人生到处知何似，应似飞鸿踏雪泥。
> 泥上偶然留指爪，鸿飞那复计东西。
> 老僧已死成新塔，坏壁无由见旧题。
> 往日崎岖还记否，路长人困蹇驴嘶。（《和子由渑池怀旧》）

人生是如此难以捉摸，生、老、病、死的命运又是这般无法把握。苏轼仿佛看到在茫茫的雪原上，一只鸿雁快速地掠过，偶然在雪地上停留片刻，留下一星半点痕迹，转眼间鸿雁早已不知去向。雪花依然在纷纷飘落，鸿雁留在雪地上的爪印也渐渐模糊，天地间，依旧是苍茫一片……其实，这种深刻的人生无常之感，正是由于对兄弟难舍难分的骨肉亲情过分执着而引起的。如果这就是人生无常的话，那么我们倒宁可多多地拥有这种宝贵的无常感受，因为这种骨肉亲情是多么的珍贵、多么的感人至深啊。

显然，促使年轻的苏轼大发人生无常慨叹的，是兄弟之间二十多年的深厚情谊。但是这著名的诗句又恰恰印证了苏轼此后的人生轨迹，他就像那只随处飘零的鸿雁，在大宋皇朝的山水之间都留下了艰辛的足迹，也留下了智慧幽默的精彩人生，最后又回归到茫茫的自然中去。

林语堂先生曾说：“往往为了子由，苏轼会写出最好的诗来。”

苏轼和苏辙兄弟之间的情谊，在诗文交往、政治磨难和生活的曲折中，上升为一种更高层次的人文情感、人文情怀。

患难始终　休戚与共

苏轼与苏辙是同科进士，同一年考中制举，同为北宋时期重要的政治家，同列于“唐宋八大家”之列。他们的政治立场也基本相同，因此共同经历了仕途的辉煌时刻，也共同遭遇了政治的低谷阶段。

宋神宗熙宁二年（1069），苏辙曾在制置三司条例司任职，因与王安石的助手、变法派的另一重要人物吕惠卿政见不合，很快被排挤出来，又因上书批评新法，几乎被治罪。熙宁三年，苏辙外放出任陈州学官，从此苏辙便不再议论新法短长。这种处世原则，是苏轼无法模仿的，因为这与他的个性太不符合。对苏辙的性格，“苏门四学士”之一的张耒在《明道杂志》中曾说：“某平生见人多矣，惟见苏循州（辙）不曾忙…… 虽事变纷纭至前，而举止安徐，若素有处置。”意思是说苏辙的性格趋于沉静内敛，遇事稳重，思维周密。正因为性格稳重，虑事周全，情绪不冲动和不张扬，苏辙比苏轼更适合做官，在复杂的政治斗争和人际关系中，他不会冒冒失失地闯祸。因此，在元祐时期党争激烈的政治环境中，苏辙虽然身处政府要冲，位高权重，但所受政敌的攻击，反比苏轼轻。

相反的，苏轼则性情外露，胸无城府，他考虑问题很少深思熟虑，一般都是想到什么就说出来，心中藏不住任何不满不同的意见，因为“话之在口，如蝇之在喉”，如果忍气吞声则是辛苦自己，但说了出来，则会得罪别人。苏轼两相权衡，还是决定“与其逆己，不如逆人”，所以还是有什么就说什么。正因为如此，苏轼才会在一轮轮的政治斗争中反复起伏，历经了太多的波折与苦难。

苏轼和苏辙虽然性格各有特点，但是两人都具有独立不惧、刚正不屈、不计较个人得失的品格，而且无论在多么艰难险恶的环境之中，彼此始终互相关照、休戚与共。苏辙一生都在为苏轼过于情绪化的性格和一张无遮拦的嘴担心，他不止一次地奉劝哥哥要少用诗歌讥讽时事，与不了解的人打交道要注意提防。但当苏轼因文字得祸以后，他又是不遗余力，四处奔走，向皇帝说情，动员各种关系营救苏轼。在这方面苏轼就像一个永远长不大、总是让人操心的小弟弟，苏辙倒成了经验丰富、善于处理棘手之事的兄长。

“乌台诗案”爆发前，御史台派出干将皇甫僎去湖州逮捕苏轼。苏辙得知这一消息后立刻做了两件事情：第一，连夜赶写一份奏章，请求朝廷解除自己现任官职为兄长赎罪；第二，立刻派人飞马赶往湖州，希望赶在皇甫僎到达之前通报消息，让苏轼有个心理准备。因为此事，苏辙被朝廷以“漏泄禁中语”贬为筠州酒税，就是管理盐、酒税务的小官。

苏轼被贬黄州后，苏辙也将到筠州贬所。苏辙心知这次兄弟二人同遭贬谪，也不知何时才得以再见，于是特意与女婿文务光奔驰二百余里前来陈州（今河南淮阳）为兄长送行，其实此时的苏辙本因俸少口多，已经穷困到“明日无晨炊”的窘境。自从苏轼入狱之后，他又奉养嫂、侄长达一年，早已债台高筑，但他仍然亲自将兄长的家眷护送至黄州后才奔赴筠州。

宋哲宗元祐六年（1091），苏轼被调往朝中担任翰林学士承旨，此时苏辙已经位居尚书右丞。兄弟同居高位，必然遭人忌恨。因此，奉诏当天苏轼便写了一道辞免状，请求继续外任，并于四月、五月先后上了《辞免翰林承旨》第二状与第三状。而苏辙也接连四次上书请求外任，认为“只可使弟避兄，不可使兄避弟；只可使不肖避贤，不可使贤避不肖。区区愚恳，竭尽于此。伏乞圣慈察臣深心，除臣一郡，上以全朝廷之公道，下以伸兄弟之私义。……”（苏辙《兄除翰林承旨，乞外任札子四首》其一）兄弟二人为了保全对方争着留高位给对方，而甘愿请求外任、屈居下僚。不可否认，苏轼兄弟彼此推让官职的根本目的在于政治利益的考虑，而他们之间深厚的手足之情恰恰就是在这一点上得到了充分的表现，这不能不令近千年之后的我们肃然起敬！

宋哲宗绍圣元年（1094），哲宗亲政，苏辙从门下侍郎被贬为汝州知州，苏轼从定州知州被贬为英州知州。定州距离英州千山万水，年届六十岁的苏轼年老体弱，左臂肿痛复发，此时英州的来人尚未到，定州送行的人又不肯前去，自己又无钱雇人买马。万般无奈之下，苏轼不得不绕道汝州，向苏辙寻求经济上的援助。苏辙送给兄长七千缗（相当于七百万文钱），解除了苏轼的燃眉之急和后顾之忧。

宋哲宗绍圣四年（1097）五月，苏轼被贬儋州，苏辙被贬雷州。苏轼途经广西梧州的时候，听江边父老说苏辙刚刚经过，于是赶紧去追，并写了一首长诗给苏辙，相约在藤州相会并安慰弟弟："莫嫌琼雷隔云海，圣恩尚许遥相望。"（《吾谪海南，子由雷州，被命即行，了不相知，至梧乃闻其尚在藤也，旦夕当追及，作此诗示之》）此时的苏轼穷困潦倒，疾病缠身，将赴遥远的海南，但他不改幽默的个性，拿自己与朝廷开玩笑，诗的大意是：琼州、雷州虽然被大海阻隔，但我们却可以隔海相望，以解除思念之苦，这不正是皇恩浩荡吗？这个洒脱的玩笑当然饱含着苦涩的滋味，此时的苏轼早已将生死置之度外。在这分洒脱的背后，自然有兄弟之间两心相通的慰藉作支撑。

苏轼兄弟俩在藤州会面后，在路旁找到一家小店坐了下来。两人的面色都是那么的疲倦劳顿，但这次宝贵而短暂的相聚让他们暂时忘掉了身心的困顿，甚至忘掉了自己正在贬谪的路途中。不一会儿，店家将汤饼端上桌来，苏辙勉强吃了几口，感到实在难以下咽，禁不住长叹一声放下了筷子。苏轼却满不在乎，一口气将那一大碗汤饼吃了个一干二净，还抬头对弟弟说："吃这样的饭食，你难道还想慢慢地咀嚼品尝吗？"说罢便大笑着站起身来。

佛祖释迦牟尼曾训诫他的弟子说，饮食只为疗饥病，饭菜即是药物，人们不应该执着于饭菜的味道。苏轼所努力践行的便是这苦行僧式的饮食观念。自从南迁以来，苏轼便处处以修行人自居。处境越艰难，就越是要苦修苦行："平生学道真实意，岂与穷达俱存亡。"（《吾谪海南，子由雷州，被命即行，了不相知，至梧乃闻其尚在藤也，旦夕当追及，作此诗示之》）只有这样方才能达到修行的目的。而我们从这个故事当中就可以看出，苏轼与苏辙两人生活态度的差异，实际来源于对待苦难的不同观念。

苏轼兄弟此次在赴贬所途中相聚，实属难得的机会，因此一路上走走停停，藤州至雷州不过五六百里，他们却走了二十五天。这似乎不合情理，但是只要细细想来，又非常合乎情理，因为按照朝廷的规定，苏轼一旦到达雷州，就必须尽快渡海奔赴儋州。兄弟二人之所以在路上拖延时间，无非是想尽可能远离在雷州迅速分离的那一刻。在将近一个月的时间里，他们二人同床而眠，朝夕相处，形影不离。六月五日，一行人抵达雷州。三天后，苏轼离开雷州，苏辙送哥哥过徐闻至海边。当晚苏轼痔病发作，呻吟不止，苏辙也一夜没睡，陪伴着苏轼，并且为他诵读陶渊明《止酒》诗，劝苏轼戒酒，于是苏轼作《和陶止酒》一诗："萧然两别驾（驾，一作"加"），各携一稚子。子室有孟光，我室惟法喜。"诗的大意是：我们又要远别，带着年幼的儿子；可喜的是你有贤惠的妻子相随，而我自从朝云故去后，只能与佛法相伴了。

在困境之中，苏轼依然将自己的苦难置之度外，转而诙谐轻松地安慰一同遭难的弟弟，这分兄长的胸怀与深情真是让人感叹。十一日清晨，兄弟俩在海边依依惜别。苏轼登上舟船，回头望去，只见瘦高的弟弟向自己招手，内心的滋味真是难以言表。他们俩又怎么知道，这次分别竟然成为永诀！

雷州一别之后，苏轼在海南度过了三年贬谪的生活，奉召北返内移之后，定居颍昌的苏辙曾多次给兄长写信，希望两个人在晚年的时候能同住一起。但是由于政治形势的急剧变化，苏轼最后还是决定住在距离京城较远的常州。没想到数月之后，苏轼就在常州一病不起，撒手西去，终年六十六岁。苏辙隐退后，七十七岁时病逝于许昌（今属河南）。

回望苏轼、苏辙兄弟两人间的情深意长，令我们感动，令我们为之扼腕叹息，他们的这段难能可贵的手足之情，也成为人们千古传颂的一段佳话。他们兄弟二人从小一起长大，一起走出了故乡眉山，一起在广阔的世界里各自奋斗，两人都做出了令人瞩目的成绩。他们心中最大的愿望，就是晚年的时候能够重返故乡，兄弟俩相守终老。然而造化弄人，雷州分别之后，他们却终是没有能够再次聚首，这对于两个亦师、亦友、亦兄弟，同时也是最为亲密的知己来说，真是一个悲剧。

那样曲折磨难的人生经历，那样险象环生的政治环境，玉成了苏轼和苏辙兄弟的文学才华和人生境界，映照出他们二人患难与共的兄弟情谊，他们使得中国的文学史出现了深沉感人和光彩夺目的一段。也正是因为有了他们，我们才真切地体会到什么叫患难知己，什么叫休戚与共，什么叫最为真实、真诚的人心！苏轼和苏辙就像两盏明灯，能够永远照亮我们未来的路途，也能够照亮我们每个人的心。我想，这就是苏轼和苏辙手足之情给予我们最为宝贵的财富。

第十二章

东坡印象

苏轼以他的亲身实践，为人们树立了一种理想人格的标准。这个理想人格可以用古圣先贤的两句话来表达：一是“诚意、正心、修身、齐家、治国、平天下”；二是“富贵不能淫、贫贱不能移、威武不能屈”。

在前面十一章里，我们伴随着苏轼的人生旅途一路走来，经历了光荣与梦想，也经历了苦难与挫折，苏东坡的印象渐渐清晰起来——

他有颀长高大的身材，炯炯有神的目光；他有诙谐幽默的谈吐，潇洒自在的举止；

作为一方父母官，他处理政务总是夹杂着浓厚的人情味儿；

在涉外场合，他的才学就是最具个性色彩的外交手段；

他精通书画。为了获得他的一纸作品，许多人绞尽脑汁甚至不择手段，而他总是慷慨给予，从不斤斤计较；

在他的推挽奖掖中，苏门四学士、六君子等大批青年才俊崭露头角、脱颖而出；

但他绝不是文坛霸主，而是一位名副其实的文坛园丁；

苏轼，一分刚毅坚强的人格精神，一种融通爽豁的人生境界，一个旷逸洒脱的魅力印象……

颀然子瞻　烨瞳秀眉

东坡印象的第一印象就是他的相貌。

在民间，流传着许多不同版本的苏轼画像。这些画像虽然千差万别，但有几个共同的突出特点：

第一，身材魁梧高大。有的画像着意突出表现其肩宽背阔、大腹便便；

第二，头戴高高的“子瞻帽”，浓眉大眼、鼻直口方；

第三，脸型长且宽阔，还有一脸浓密威武的络腮大胡须；

第四，多数的画像都着意表现苏轼惬意的神情、潇洒的姿态。

问题是，这些流传于民间的苏轼画像，是否符合他本人的相貌特征呢？

这需要从苏轼兄弟、朋友们以及后人的诗作、笔记中寻找相关的证据。首先，论身材。苏轼曾说自己：“七尺顽躯走世尘，十围便腹贮天真。此中空洞浑无物，何止容君数百人。”（《宝山昼睡》）说苏辙与他兄弟二人：“江边父老能说子，白须红颊如君长。”（《吾谪海南，子由雷州，被命即行，了不相知，至梧乃闻其尚在藤也，旦夕当追及，作此诗示之》）苏轼在给表弟的诗中，甚至提到了彼此在身材、头骨方面近似的遗传特征：“长身自昔传甥舅，寿骨遥知是弟兄。”（《表弟程德孺生日》）

苏辙在恭贺兄长生日的诗中也说：“颀然仲与叔，耆老天所骘。”（《次韵子瞻寄贺生日》）苏轼的朋友孔武仲在一篇赋中则这样描写苏轼的身材：“东坡居士壮长多难，而处乎江湖之滨。……颀然八尺，皆知其为异人。”（《东坡居士画怪石赋》）

其次，论面部特征。苏轼在《传神记》中说：“吾尝于灯下顾自见颊影，使人就壁模之，不作眉目，见者皆失笑，知其为吾也。目与颧颊似，余无不似者。”孔武仲在《谒苏子瞻因寄》一诗中则说他：“华严长者貌古奇，紫瞳烨烨双秀眉。”至于苏轼的脸型，大画家米芾有清晰地描述：“方瞳正碧貌如圭，六月相逢万里归。”（《苏东坡挽诗五首》其一）

再次，论胡须。宋人邵博在《邵氏闻见后录》卷三十中记载了一则故事：

秦观与苏轼两人在一起闲谈，苏轼取笑秦观胡须太多。秦观与老师开玩笑说："君子多乎哉！"这句话出自于《论语·子罕》，有人称赞孔子多才多艺，孔子回答说，我从小家境贫寒，所以学会了很多生活技能。但在孔子看来，君子的最高境界在于仁爱，而不在于掌握具体的技能。所以他自问："君子多乎哉？"——君子需要这么多的技能吗？自答曰："不多也"，不需要。秦观巧妙借用原话的谐音，成了"君子多'胡'哉！"将字面意思转换成"胡须多的就是君子"。

苏轼多么聪明，他立即打趣地回答说："小人樊须也！"这是《论语·子路》中孔子的一句话，原话是"小人哉，樊须也！"樊须是孔子的学生，他向孔子请教如何种田，孔子认为樊须只关心如何种田这一类具体的小事，不关心仁爱治国的大事，所以是小人，是没有智慧的人。苏轼也巧妙地借用谐音，转换成"小人'繁'须也"，凡是胡须多的人都是小人。这虽然不过是个小小的文字游戏，却可以看出苏门师生间平易和谐的氛围，两位大文学家的广博学识与敏捷才思。这正是北宋文人士大夫的雅趣所在。当然，通过这个故事，我们从反面可以得出结论：苏轼并无繁须，只有少许胡须。

综合以上的材料，我们大体可以勾勒出苏轼的身材、面貌。

苏轼与弟弟苏辙的身高大约都有七、八尺，这在古代算是比较高的身材了，从诗作中可以得知，高身材乃是苏家的遗传因素。苏轼腰围自然不会达到十围，但至少说明中老年后的他的确很有些发福了，头发虽然已经花白，面颊的颜色依然红润。他的脸型并不宽，而是天庭较方正、下颌较尖圆的圭形。其中颧骨的特征最为明显，以至于投影在墙也能辨别出他的模样。颧骨既然如此突出，想必他的面颊是较为清瘦的。苏轼的眉毛并不浓重，但是挺秀而有英气，眼睛也不算很大，却炯炯有神。所以整体来看，苏轼的面部是比较清癯的形貌。至于胡须，按照他与秦观的对话，他不是络腮大胡子，也许就是较为稀疏的胡须，因此民间流传画像中胡须飘逸的景象是不存在的。

那么，究竟有没有一幅较为接近苏轼本人相貌的画像呢？

据说苏轼的朋友、北宋大画家李公麟曾画过一幅苏轼的画像。黄庭坚在《跋东坡书帖后》中对此有明确的记述，他说："庐州李伯时近作子瞻按藤杖、坐盘石，极似其醉时意态。此纸妙天下，可乞伯时作一子瞻像，吾辈会聚时，开置席上，如见其人，亦一佳事。"看来这幅画像表现的是，苏轼坐在一块"盘石"上，手按藤杖，仿佛喝醉酒时的样子。

如果我们按照上述这些相貌特征按图索骥，倒是有一幅较为接近苏轼本人真实面貌的画像。清代著名学者翁方纲曾邀请友人朱野云临摹过一幅苏轼画像。从这幅画像的情态来看，的确与黄庭坚的描述非常接近。虽然我们还无法确证这幅画的原作就是李公麟的那幅画，但是仅仅从前面所罗列的苏轼相貌的种种特征而言，这幅画也的确是比较接近苏轼原貌了。

总之，苏东坡真实的容貌印象与我们平常所了解的民间印象有不小的出入。如果仔细揣摩，我们可能会有一个有趣的发现：民间流传的东坡画像与千人一面的佛陀像、罗汉像、圣贤像很有几分相似，大都身材魁梧、浓眉朗目、方面大耳、鼻直口方、天庭饱满、地阁方圆，一部长髯飘洒胸前。或许，在百姓的心目中，像苏轼这样潇洒快活、风趣诙谐、才气横溢而又人情味儿十足的文人，与佛陀、罗汉、菩萨也没有什么太大的区别吧？再说，佛陀、罗汉、菩萨本来不就是有智慧、有道德的圣人吗？苏轼既然拥有智慧与仁爱，善于反省与超脱，更兼有情趣与才华，画成佛陀像、罗汉像又有什么不对呢？从这个意义上来说，苏轼的真实相貌究竟如何似乎并不很重要，重要的是苏轼真实的精神气质、人格印象，永远铭记在我们每个人心中。

寓文于政　亦庄亦谐

苏轼为官施政，具有独特的个性特征，集中体现为诗人风采与文人情怀的高度融合，以及由这种融合所表现出来的浓厚的仁爱精神。

苏轼曾先后两度在杭州为官，他办公有一个独特的习惯，就是将办公桌挪到西湖边上："至冷泉亭，则据案判决，落笔如风雨，分争辩讼，谈笑而办。"（《梁溪漫志》）一边欣赏着西湖美景，一边判决审理辩讼案件，谈笑之间便完成了工作。这当然首先表现了苏轼高水平、高效率的为政才能、工作作风，但也许，西湖的美景也赋予了苏轼落笔如风雨的灵气与智慧吧。

一次，两个人打上公堂来。原告是绸缎商，被告是制扇商。被告曾向原告赊了价值二万贯钱的绫绢，谁知逾期却分文未还，绸缎商于是将制扇商告上衙门。其实，这位被告也并非奸商，只因老父亲病故，办理丧事亏欠不少债务；又因当年夏天多雨，扇子的销路很差，所以债上积债，一时无力偿还。

苏轼听罢二人的陈述，觉得各有各的难处，也各有各的道理。如果简单依法公判，虽然给绸缎商讨回了公道，但制扇商势必家破人亡；如果同情制扇商，又如何保护绸缎商的利益呢？看来这不是一个简单的法律问题，而是一个如何切实为百姓解决实际困难的问题。苏轼思考良久，终于有了个两全其美的好主意！他让被告取来二十把上好的团扇，然后挥洒笔墨，在团扇上点染竹石花木、题写诗词短文，而且署上自己的字号，转眼工夫，这二十把团扇就成了二十幅东坡字画。他告诉被告，将这二十把团扇拿到市场上，每把按一千文出售。消息传得很快，被告刚刚走出衙门，仰慕东坡字画的人们就纷纷闻讯而来，不一会儿就将团扇抢购一空，被告的债还清了，原告的利益也得以保护（事载《春渚纪闻》）。

苏轼的这桩轶事与前面曾提到的“吴味道贩纱”一案有异曲同工之处。与那些严格依法断案的循吏甚至酷吏相比，苏轼的为官之道、执法之道似乎有执法不严、违法不究甚至以情代法的重大嫌疑，算不得合格的行政官员。然而我们细细考察就会发现，在这个带着浓厚文艺氛围与和稀泥味道的案件背后，却透露出苏轼处理政务、判决案件、维护法律的一个基本原则，那就是：无论做什么官、办什么案、执行什么法律，必须以老百姓的利益为根本出发点，而不能为办案而办案，为执行法律而执行法律。用现在的语言说，就是一切工作、生活的原则，都应当坚持以人为本。

诚然，像苏轼这样“以情代法”，没有超逸绝伦的艺术才情也是做不到的。

宋哲宗元祐时期，苏轼作为当朝翰林学士，经常奉命接待外国使节。在很多重大的外交场合，他将自己杰出的文学艺术转化为高超的外交艺术，为大宋皇朝赢得了崇高的声誉，维护了皇朝天国的尊严。一次，苏轼陪同各国使节对月品茶，席间有位辽国使节想与苏轼比试对联，以较才艺高下。他出的上联是：“三光日月星”，扬言此联在辽国“遍国中无能属者”。苏轼听罢上联，应声答道：“四诗风、雅、颂。”（事载宋岳珂《桯史》）这个下联比起上联更加巧妙，本来诗有风、雅、颂三种，雅又分大雅、小雅，故而又称为四诗。这样敏捷的才思，只有以渊博的学识为基础，才有可能擦出灵感的火花来。

事实上，苏轼的诗文之名在辽、西夏、高丽等国早已广为传颂。在一次外交宴会上，辽国使者刘霄举杯来到苏轼面前，高声朗诵苏轼《闻乔太博换左藏知钦州以诗招饮》中的诗句：“痛饮从今有几日，西轩月色夜来新。”热情地邀请苏轼满饮杯中之酒。苏轼不无惊异地写道：“虏亦喜吾诗，可怪也。”（《记虏使诵诗》）类似的例子还有很多，可以说是不胜枚举。作为北宋艺术才华最全面的艺术家，苏轼超凡的文学才华，对增进宋朝与周边各国的文化与情感交流起到了一定的推动作用。

苏轼一生酷爱交友，他曾说自己："上可以陪玉皇大帝，下可以陪悲田院乞儿。"（《蓼花洲闲录》）在他的朋友当中，既有手握重权的王公大臣，也有不名一文的田野农夫。不过，苏轼交往最多的还是那些学养丰厚的读书人。宋朝是中国历史上文治臻于顶峰的时期，饱学之士比比皆是，酬酢歌筵之上，言谈谑笑之间，往往语露机锋，言含逸趣。苏轼在与朋友们的交游中，其博学多闻的修养、诙谐善谑的个性展露无遗。

有一次，苏轼与好朋友刘贡父闲聊，说他当初与弟弟苏辙准备制科考试时，每天享用"三白"饭，觉得味道美极了，从此不相信世间还有什么别的山珍海味。贡父好奇地问："什么是三白饭？"苏轼回答说："一撮盐、一碟生萝卜、一碗白米饭，所谓三白也。"贡父听后哈哈大笑。很久之后的一天，苏轼突然收到刘贡父送来的请柬，邀他同吃"皛（xiǎo）饭"。苏轼这时候早就不记得"三白饭"的事情了，他认为："刘贡父读书多，这个皛饭必有出处。"可到了贡父家一看，发现饭桌上只有一碟盐、一碟萝卜、一碗白米饭，这才恍然大悟，知道自己中了圈套。但苏轼不动声色，将这顿"皛饭"吃了个一干二净。临走上马之前，他对刘贡父说："明天咱们再聚会，我会准备毳（cuì）饭给你吃。"刘贡父明知苏轼要跟他开玩笑，"报复"他，但还是想弄清楚什么是"毳饭"，所以依然如期前往。两个人在客厅里高谈阔论，直到日已过午，苏轼始终不提吃饭的事。刘贡父饥肠辘辘，只得开口问："毳饭准备好了吗？"如此反复再三，苏轼才将贡父引入餐厅，可是饭桌上空空如也。苏轼摊开手，笑着说："盐也毛（即冇，音 mǎo，意谓"没有"），萝卜也毛，饭也毛，不必客气，请！"贡父一听，不禁大笑起来："早知道你要报一箭之仇，但万万没有想到是这一招！"这时候，仆人们才送上早已准备好的美酒佳肴，两位好朋友痛痛快快地大吃了一顿（事载《曲洧旧闻》）。

这自然只不过是一场文字游戏，但也是智慧而快乐的知识游戏，若非鸿儒硕彦之士，也不可能享受到这样的快乐与谐趣。问题在于，当时的博学之人虽不少，但像刘贡父这样的“棋逢对手”毕竟不多，有时苏轼仗着自己广闻博览，取笑同僚，便难免有“以高才狎侮公卿”（清潘永因《宋稗类钞》）的感觉了。

有一次，苏轼去拜访宰相吕大防。当时吕大防正在午睡，苏轼在外静候多时，方见他缓步走出来。苏轼心中老大的不高兴，他环顾四周，忽见客厅瓦盆里养着一只绿毛龟，便对吕大防说：“吕大人，绿毛龟并没有什么稀奇，最珍贵的当属六眼龟。”吕大防惊讶地问：“真有这样的乌龟？”苏轼煞有介事地说：“有啊！五代后唐庄宗时期，宫里有一只外国进贡的六眼龟。宫中优伶艺人敬新磨编了一个口号，说：‘不要闹，不要闹，听取这龟儿口号：六只眼儿睡一觉，抵别人睡三觉！’”（事载宋孙宗鉴《东皋杂录》）吕大防这才明白又被苏轼戏弄了。

从苏轼与刘贡父、吕大防的戏谑、戏弄中，我们感受到一种遮掩不住的俏皮与乐趣。这种俏皮与乐趣，似乎每天都在苏轼的内心涌动着，止不住要表现出来，而它的表现形式却往往又伴随着苏轼的博学与机智。受到嘲笑与愚弄的人，虽然在当时不免感到尴尬甚至恼羞成怒，但从理智上来说，又不得不佩服苏轼的机趣。事实上，苏轼之所以在文人与百姓当中都享有很高的声誉，其中一个重要的原因就在于，他虽然是渊博的大学者，但在世人心目中，他很少给人以高山仰止、遥不可及的鸿儒巨儒印象。苏轼的渊博学识好比山顶巨大而平静的湖水，常常化作涓涓溪流与洒脱的瀑布呈现在世人面前，这溪流与瀑布就是日常生活中轻巧轻松、令人愉悦的“小聪明”，但是这“小聪明”之所以具有如此浓厚的趣味与魅力，就是因

丁酉歲 康震

只恐夜深花睡去故
燒高燭照紅妝

歲次丁酉仲春於京華 康震學書

为隐藏在背后的“大智慧”。从另一方面来说，苏轼在官场与生活中表现出的这种轻巧智慧，也是北宋文化昌明的一个象征。文人的才情艺术进入官场、进入政治生活、进入人们的日常生活，艺术与审美成为日常生活中不可或缺的精神需求，并且以书画、诗词、戏曲、漫谈、戏谑、宴集等各种不同的形式、方式表现出来，呈现出宋代文人生活学问化、艺术化、审美化、诗意化的生活意趣。

工书善画　禅趣盎然

苏轼是北宋著名的书法大家，名列“苏黄（庭坚）米（芾）蔡（襄）”四大家之首。他的书法作品在当时享有很高的知名度。幼子苏过曾对父亲的书法有这样的评论：

> 吾先君子，岂以书自名哉？特以其至大至刚之气，发于胸中而应之以手，故不见其有刻画妩媚之态，而端乎章甫若有不可犯之色。少年喜二王书，晚乃喜颜平原，故时有二家风气。（宋葛立方《韵语阳秋》）

他的门生、大书法家黄庭坚也有相近的评论。

在苏过与黄庭坚看来，苏轼书法的主要特点并不单纯在于“书”本身，而是因为胸中有至大至刚的丈夫之气、浩然之气、忠义之气，发自胸中，通过手书表现出来。因此苏轼的书法丝毫没有雕琢做作以至妩媚之态，而是拥有端正方直、凛然不可侵犯的本色。苏轼年少的时候喜欢晋人王羲之、王献之的书法，后来研习唐人柳公权的书法。及至中晚年，又非常喜欢唐人颜真卿的风格。所以从苏轼的书法中，时时可以窥见“二王”与“颜体”的影响。总的来说，他的字既有晋人风神俊爽、细致流畅的特点，又有唐人雄劲洒脱、丰润有韵的个性。苏轼本人也很喜欢草书，在《次韵致张朝奉仍招晚饮》一诗中，他说："我本三生人，畴昔一念差。前生或草圣，习气余惊蛇。"因为喜欢草书，以至于怀疑自己前生乃是"草圣"张旭，可见痴迷的程度。

苏轼的书法名气大，前来索要的人也不少。苏轼对前来索书的人是什么态度呢？据黄庭坚《题东坡字后》描述，苏轼不像有些自高其价的所谓"书法家"，他对于自己的字并不惜墨如金。但他也不愿拿自己的书法去应酬别人，如果有人直接开口向他索取，还会遭到他的诘责，不但得不到一个字，还会落得个不痛快。但是苏轼也有"弱点"，如果掌握了他的这个"弱点"，可以不费吹灰之力，手到擒来。这"弱点"主要集中在两个方面：

第一，苏轼兴致颇高的时候，喜欢写字，而且一旦写起来，就不愿停手，非要写得淋漓尽致、尽兴而止。在礼部出科举试题的时候，苏轼只要有兴致，桌案之上无论什么优劣纸张，他都会高高兴兴地写上一阵子。这个时候，莫说索要，就是随便拿走一摞字，苏轼也不会在意。

第二，苏轼喜欢喝酒，但是酒量又不大，三五杯不到就会烂醉如泥。只要喝醉了酒，无论在什么地方，他都会旁若无人的倒头便睡，不一会儿就鼾声如雷。最为奇妙的是，醒过来后，他的头一件事情就是索要文房四宝，趁着醉意挥毫疾书。苏轼曾回忆自己酒醉后"乘兴作数十字，觉酒气拂拂从十指上出去也"（《东坡志林》）。这个时候往往是随手写罢便可随意送人，毫不在意。所以那些渴望得到苏轼书法的人，最好的办法就是设法邀请苏轼饮酒，只愿他能够快点醉、快点睡、又快点醒，然后再快点写，因为他们深知"东坡老人翰林公，醉时吐出胸中墨"（黄庭坚《题子瞻画竹石》）。

当然，大多数人既不可能与苏轼同在礼部出考题，又无缘与苏轼同桌饮酒，那怎么才能得到苏轼的墨宝呢？办法还是有的。

当时，有一位殿前副都指挥使姚麟，非常喜欢苏轼的书法。但他是个武官，没有机会结识苏轼，于是找到与苏轼相识的朋友韩宗儒。姚麟许诺，只要韩宗儒能够拿来苏轼一帖墨宝，便可得到十几斤羊肉。韩宗儒觉得这个“买卖”很划算，便隔三岔五地给苏轼写信，只要收到苏轼回函，便立刻去姚麟那里领取羊肉。这个事情不知怎么让黄庭坚知道了，便对苏轼说：“当年王羲之手书一纸《黄庭经》换得一群白鹅，您写的这些信函也可称之为《换羊书》了！”苏轼听后哈哈大笑，也并不以为意。

不久正巧赶上宋哲宗的生日，苏轼在翰林学士院里忙着起草各种制诰文书，没有时间给韩宗儒回信。宗儒非常着急，一日之内接连写了几封书信给苏轼，然后专门派了一个仆人立等苏轼回信。苏轼刚在信纸上写了几句话，忽然记起黄庭坚的话来，不由暗笑。他放下毛笔，对等在一旁的韩家仆人说：“告诉你家韩公，本官今天不杀羊！”（宋赵德麟《侯鲭录》）

苏轼不仅是书法大家，也是一位出色的画家，擅长画枯木、怪石、墨竹。北宋大画家米芾对此有较详尽的记叙：

> 苏轼子瞻作墨竹，从地一直起至顶。余问：“何不逐节分？”曰：“竹生时何尝逐节生？”运思清拔，出于文同与可，自谓“与文拈一瓣香”……子瞻作枯木，枝干虬屈无端，石皴硬亦怪怪奇奇无端，如其胸中盘郁也。（《画史》）

南宋画论家邓椿谈到苏轼的画风说：

> 先生亦自谓“吾为墨竹尽得与可之法”，然先生运思清拔，其英风劲气来逼人，使人应接不暇，恐非与可所能拘制也。（《画继·轩冕才贤》）

孔武宗也曾作《东坡居士画怪石赋》《子瞻画枯木》诗，描写、歌咏苏轼所绘的怪石、枯木。

可见，苏轼的枯木、怪石、墨竹都很有特点，具有豪迈的抒情气息与鲜明的写意风格。

苏轼不仅精于绘画，而且还精通画理。在苏轼看来，诗理与画理是相通的，它们都是通过“摹写物像”来抒发内心的情思。他对王维诗、画的评价就体现了这个思想：“味摩诘之诗，诗中有画。观摩诘之画，画中有诗。”（宋胡仔《苕溪渔隐丛话前集》）

黄庭坚对苏轼的画论大加赞扬，说“子瞻论画语甚妙”（《跋东坡论画》）。其实，苏轼在绘画与绘画理论上的成就、造诣，与他的表兄文同有直接关系。在《文与可画筼筜谷偃竹记》中，苏轼对自己的绘画以及绘画理论做了精辟的总结：

首先，艺术创作的素材来源于生活实际。譬如画竹，必须遵循竹子生长的实际情况，方能画得传神，背离生活实际的艺术创作是没有生命力的。

其次，艺术创作一定要做到“成竹在胸”。也就是要对艺术创作的对象了如指掌，对其整体的面貌有透彻的理解，方能进入成熟的创作，方能创作出传神的艺术品。

再次，艺术创作一定要善于及时地捕捉创作灵感。艺术的灵感来源于生活，又是艺术经验的积累与瞬间迸发，只有及时捕捉才能抓住艺术创作的最佳时刻。

复次，艺术创作一定要注重实践。将实践放在首要的位置，在实践中要做到心手合一、心物合一，也就是将创作者的体验与对象的形态、实践的手段紧密地结合起来。

最后，艺术创作与精神修养密切相关。了解并能真正顺应掌握艺术创作规律的人，也必然懂得人生、宇宙的修养大道。

文同（字与可）是北宋“文湖州竹派”开创人物，“以墨深为面，淡为背，自与可始也”（米芾《画史》）。他在墨竹的画法方面积累了许多宝贵的艺术经验，在某些领域具有开创之功。作为“文湖州竹派”的重要成员，苏轼不仅对墨竹的写意画法有深刻体验，而且对艺术真实与生活真实的问题也有深刻的认识：

> 黄筌画飞鸟，颈足皆展。或曰：“飞鸟缩颈则展足，缩足则展颈，无两展者。”验之信然。乃知观物不审者，虽画师且不能，况其大者乎？君子是以务学而好问也。（《书黄筌画雀》）
>
> 蜀中有杜处士，好书画，所宝以百数。有戴嵩《牛》一轴，尤所爱，锦囊玉轴，常以自随。一日曝书画，有一牧童见之，拊掌见笑曰：“此画斗牛也，牛斗，力在角，尾搐入两股间。今乃掉尾而斗，谬矣。”处士笑而然之。古语云：“耕当问奴，织当问婢。”不可改也。（《书戴嵩画牛》）

黄筌是五代西蜀著名的宫廷画师，擅长珍禽异卉。戴嵩是唐代画牛的名家，但由于没有认真观察生活，所画的飞鸟与斗牛都违背了生活的起码常识，从这一点来说，画的价值等于零，也因此闹出了笑话。苏轼身边的画家朋友，也常常犯这样的错误。

一天，黄庭坚请秦观等人欣赏当代大画家李公麟的《贤己图》。图的内容是六七个人围着大盆掷骰子，其中五枚骰子已经停住，都是六点，只有一枚还在盆中旋转。画中一人伏在盆边张嘴疾呼，其余的人都神色紧张地站在一旁。人物形象惟妙惟肖，黄、秦等人都赞不绝口。正巧苏轼进来，瞥了一眼说：“公麟怎么说起闽语来了？”大家不知他是什么意思。苏轼解释道：“四海之内说‘六’一般都闭口，只有闽语是张口。现在盆中的五个骰子都是六，剩下那个不知是几，那个人肯定是在喊‘六’，但嘴巴却大大地张开，这是为什么？”李公麟是安徽人，没有去过福建，也不会说闽语。他听了苏轼的这番评论，也觉得心服口服（事载宋岳珂《桯史》）。

北宋时期，佛教中国化的步伐进一步加快，作为佛教中国化的重要成果，禅宗得到更加深入的发展，门派林立，大师辈出。尤其值得注意的是，方外禅门的僧侣与世俗世界的士大夫交往日益频繁深入。就宋代士大夫而言，佛禅教义开始逐渐渗透进他们的思想意识当中，开始成为与儒学、道家思想并驾齐驱的重要意识形态，对士人的言行、品格发生着重要的影响；就佛禅僧侣而言，与士大夫的交往既是宣扬佛法禅意的重要途径，更是僧侣们提升佛门禅林在世俗世界中地位的切实需要。

佛教在古代中国的传播，士大夫阶层是非常重要的环节。他们的手中不仅拥有世俗的政治、经济权力，更拥有感悟佛法、宣扬禅理的知识权力，佛教要在古代中国发扬光大，必须首先获得士大夫阶层的认同。事实上，许多佛门高僧本身也是非常博学的学者、学问家。而士大夫之所以对佛教禅宗的兴趣越来越大，就是因为佛禅能够在儒、道之外，给士大夫们提供又一方安身立命、感悟人生、安妥性命、体验存在的精神园地。佛禅的这种巨大的精神作用，是儒、道所不能替代的，是对儒、道思想的必要补充。援佛入儒，实际上已经成为当时佛教发展的一个潮流。

苏轼成长的家庭环境，佛教气氛十分浓厚。父亲苏洵喜欢与名僧交游，更捐给佛寺钱财塑造菩萨造像。母亲程氏夫人仁慈宽厚，笃信佛教，每天都要摆设供品，虔诚礼佛。受到父母的耳濡目染，苏轼少年时期便接触了一些佛教书籍，对于佛教有初步的了解。后来随着生活阅历的不断丰富，官场坎坷经历的挫折与磨难，生老病死、悲欢离合的体验，苏轼对于佛教的兴趣越来越浓厚。佛教不仅成为苏轼解脱人生苦难、开放心灵桎梏、追求人生境界的重要思想资源，而且与他的文学艺术趣味相结合，形成一种饶有兴味的佛禅人生境界。

苏辙曾在《亡兄子瞻端明墓志铭》中，论及苏轼的佛教信仰，说：

> 既而谪居于黄，杜门深居，驰骋翰墨，其文一变如川之方至，而辙瞠然不能及矣。后读释氏书，深悟实相，参之孔、老，博辨无碍，浩然不见其涯也。

可见，苏轼被贬黄州之后，基于对自身命运的反思反省，开始对佛教进行深入认真的研读，并与孔孟儒学、老庄道学相互融汇。换句话说，苏轼对佛教的研修与领悟，从来都不是孤立的，而是着眼于自身已有的人生信念与学问修养，从自身的实际需要出发来研究佛法、参用佛法。在《答毕仲举书》中，他清楚地表达了自己对于佛禅的理解与认识：

> 佛书旧亦尝看，但暗塞不能通其妙，独时取其粗浅假说以自洗濯，若农夫之去草，旋去旋生，虽若无益，然终愈于不去也。若世之君子所谓超然玄悟者，仆不识也。往时陈述古好论禅，自以为至矣，而鄙仆所言为浅陋。仆尝语述古："公之所谈，譬之饮食龙肉也；而仆之所学，猪肉也。猪之与龙，则有间矣。然公终日说龙肉，不如仆之食猪肉，实美而真饱也。"不知君所得于佛书者果何耶？为出生死、超三乘遂作佛乎？抑尚与仆辈俯仰也。

显然，苏轼对佛禅的兴趣并不在于玄虚缥缈的说理，他更加关注佛禅对于现实人生的切实作用。龙肉固然华美高贵，但遥不可及，现实生活中不存在龙肉，龙肉永远也不能解决肚子问题；与龙肉相比，猪肉虽然粗鄙平庸，却能实实在在地解决饥饿问题。

那么，对于苏轼而言，究竟什么是人生的实际问题、饥饿问题呢？在《答毕仲举书》中，苏轼又说：

> 学佛老本期于静而达，静似懒，达似放。学者或未至其所期，而先得其所似，不为无害。仆常以此自疑，故亦以为猷。

所谓“静”“达”，也许就是“实美而真饱”，就是身在黄州的苏轼对学佛的期许，那象征着佛教空静与达观的境界，这种境界的本质就在于破除执着。然而，“静”极便有“惫懒”的倾向，“达”极也有放任疏放的危险。苏轼意识到了这个危险的倾向，所以他所要求的静、达便是执着又不执着。所谓执着，便是依然要关注现实、关注人生、关注民生，这是苏轼的人格基础；所谓不执着，就是在面临人生失意之际，要善于开解自己的心结，要善于转换自己的心态，要勇于面对现实生活中的一切挫折磨难。从这个意义上来说，佛教自然是苏轼口中的“猪肉”了。

因此，对于佛学的研修并不曾使苏轼彻底走向虚无与消沉，相反，在佛禅的帮助下，他的生活走向了通脱畅达，显得更加兴味盎然。苏轼知杭州时期，与净慈寺大通禅师交谊甚厚。这位大通禅师自持戒律甚严，一般的信众若要见他，也须沐浴斋戒，更不要说是女性了。

一次，苏轼与朋友携妓在西湖游玩。路过净慈寺时，居然率领众歌妓直入大通禅堂。大通见状，心中不快，顾自闭目诵经，毫不理会苏轼。苏轼心中有数，随手写下一首《南歌子》小词，叫歌妓当场演唱，词曰：

> 师唱谁家曲，宗风嗣阿谁？借君拍板与门槌，我也逢场作戏、莫相疑。　溪女方偷眼，山僧莫皱眉。却嫌弥勒下生迟，不见阿婆三五、少年时。

开头两句本是高僧登堂说法的开场话。意思是：“师父念的哪家经？

传承哪派的门风？”但通篇却借歌妓之口，嘲讽大通虽然号为禅师，却完全没有禅师自在洒脱、不拘一格的风采，连偷眼小女也不敢看上一眼，实在有悖于禅宗门风。虽然只是一首小词，但是人物情态生动，语言风趣俏皮，难怪一曲唱罢，一贯严肃的大通也止不住笑出声来（事载明田汝成《西湖游览志余》）。

禅宗是有宋时期佛教发展的主流，它的悟道方式多种多样，没有什么特别的定规与禁忌，总的目的就是要破除执着，寻求心灵的顿悟。为此必须打破常规，以非同寻常的方式表达对禅宗妙谛的领悟，一些著名的禅宗大德甚至呵佛骂祖，做出惊世骇俗之举。苏轼的行为，无疑受到了这一思潮的影响。

在杭州任通判时期，苏轼在给焦山纶长老的一首诗中，编造了一个有趣的故事，表达自己对执与不执的理解：

法师住焦山，而实未尝住。
我来辄问法，法师了无语。
法师非无语，不知所答故。
君看头与足，本自安冠屦。
譬如长鬣人，不以长为苦。
一旦或人问，每睡安所措。
归来被上下，一夜无着处。
辗转遂达晨，意欲尽镊去。
此言虽鄙浅，故自有深趣。
持此问法师，法师一笑许。（《书焦山纶长老壁》）

故事说有一个人，留着长长的胡子，本不觉得胡子多余、麻烦。可有一天，有人问他：晚上睡觉时，如何处理胡子？是放在被子的外面还是里面？这下麻烦了，这个人睡下后，一会儿把胡子放在被子上面，一会儿又把它掖进被子里，无论怎样都觉得不合适，折腾了整整一夜，再也无法入睡。这个故事说明，人的确不能有执着的念头，只要这个念头起来了，就会深深地陷入其中不能自拔，自己的身心也将无法得到解脱。

苏轼与佛印和尚关系很好。一次，东坡与佛印同游寺院，看见两个巨大金刚矗立在寺门前，东坡问佛印："这两尊佛，哪一个更重要？"佛印答道："拳头大的那一个。"大殿内有一尊观音像，手持一串念珠，东坡问："观音自己就是菩萨，还向谁祷告？"佛印回答："向自己祷告。"东坡又问："为什么向自己祷告？"佛印答道："求人不如求己！"

又一次，苏东坡与佛印对坐，东坡说："古人有诗云'时闻啄木鸟，疑是叩门僧。''鸟宿池边树，僧敲月下门'。看来古人喜欢将'僧'与'鸟'相对。"佛印答曰："没错，我与您对坐，我是僧，您是鸟啊！"

这些小故事的真实性现在很难考辨清楚，很显然，在与佛印的争辩中，苏轼总是处在被嘲弄、愚弄的位置，与苏轼那些嘲弄同僚的故事形成了鲜明的对照。林语堂怀疑这些故事都是佛印自己杜撰、散播出去的，我想，佛印也许没有这么做的必要性，如果有，倒是引发了我的另外一个联想：在这些故事中，真正愚弄、嘲弄苏轼的其实并不是佛印，而是玄妙深微的佛法真谛，佛印在故事中所扮演的只不过是个佛法的符号而已。如此说来，这些故事的本意其实也不是要嘲弄、愚弄苏轼，因为任何人在庄严广大的佛法、佛祖面前，都是未觉悟者，都是正在等待接受点化、教化，准备走向自觉境界的愚氓之人，苏轼只不过是这些人当中的一个罢了。

我想，这些故事如果真是佛印编造的，他的目的也应该是崇高的，是想借助苏东坡的大名来宣扬佛法，引人向善。以苏东坡的智慧、俏皮、博学，只有他嘲弄、恶作剧其他人，岂有他自己反被他人恶作剧、愚弄的道理？如果真有这样的人，这个人当然不一般了，这个人不是别人，就是佛祖菩萨，就是佛法禅理。

从这些故事当中，我们还能够感觉到一个突出的印象，那就是在与佛教发生因缘的过程中，苏轼并没有因此成为一个整日陷入浩瀚佛经、苦读不止、不食人间烟火的居士。相反，与佛、法、僧三宝的频繁接触，令他的人生与生活更有趣味、更有情趣，他在我们心目中的形象似乎更加可爱了，而这种活泼的、可爱的、快乐的人生意趣，也正是佛教所希望达到的境界吧！

苏门多士　和而不同

苏轼不仅是北宋文化昌明的杰出代表，还是一个善于奖掖后进的好老师、好导师。苏轼自己在成长的道路上曾受到张方平、欧阳修等人的识拔荐誉，这使他认识到名人引荐延誉的重要性。欧阳修去世之后，苏轼从欧阳修手中接过宋代诗文革新运动的大旗，成为北宋最具影响力的文坛领袖。苏轼门下聚集了一大批有识之士，他们把欧阳修开创未竟的文学事业，推向全面的成熟与繁荣。北宋熙宁、元丰年间，黄庭坚、秦观、晁补之、张耒以文学受知于苏轼，到了元祐年间又同时入馆阁，时人称之为“苏门四学士”，再加上陈师道、李廌两位，就是“苏门六君子”。

当时的苏轼已是名满天下的“一代文宗”，一般士人对他仰之如北斗。但苏轼并没有因此而成为独霸文坛的霸主，而是成为奖掖后进、引导后生的园丁与导师。作为诗、词、文俱佳的文学全才，苏轼坚持文学艺术应有个人的特色，应当勇于创新的理念，坚决反对“强人同己”的僵化作风。在文艺思想和学术追求上，苏轼从不以自己的好尚强加于门生，而是尊重他们各自的艺术风格，以“海不择流，有容乃大”的心胸予以接纳和欣赏，极大地鼓励了门人弟子才能的自由发挥。

“苏门四学士”中，秦观与苏轼结识得最晚，但由于他们二人在人生观念上最为接近，因此彼此的交往也最为密切。秦观年过三十才参加科举，不料名落孙山。苏轼知道后写信安慰他说：“然见解榜，不见太虚名字，甚惋叹也。此不足为太虚损益，但吊有司之不幸尔。”（《答秦太虚》）宋神宗元丰二年，苏轼移知湖州，秦观曾在湖州与苏轼交游长达两个月。元丰三年“乌台诗案”发生之后，苏轼被贬黄州，秦观专门到黄州去看望。从此以后直至宋徽宗建中靖国元年秦观病逝藤州，他们之间书信往来不辍，在贬途中还常相约见面，彼此感情真挚浓厚，因此才有“苏子瞻于四学士中最善少游”（《避暑录话》）之说。有趣的是，在文学创作上，苏东坡开创了豪放词派，秦观却是传统婉约派的代表词人，两人在词坛上各领风骚、各具风采。

苏轼不仅鼓励门生大胆创新，发挥艺术个性，而且在苏门内部倡导自由议论与自由批评之风。苏门师生之间，往往畅所欲言，无所避讳。有一次，苏轼将自己所作的几首词拿给晁补之和张耒看，问他们：“我的词作与少游（秦观）相比如何？”这两位的回答颇为有趣：“少游的诗就像小词，先生您的小词写得像诗。”（语载《王直方诗话》）要知道，在苏轼的时代，词作一般是供人们在酒宴娱乐场合演唱之用的，所写的内容也大都是与歌儿舞女、男女情爱有关的题材，将小词写成诗歌风格，这绝对谈不上是对苏轼的赞誉，反而可能是一种善意的揶揄。至于秦观的诗歌，却写得如同小词一般，更是比较低的评价了。可见，晁、张二人对老师与秦观是各打五十大板。尤其是苏轼，他拿自己的词作与学生争胜，让学生评价，这说明他意欲在婉约之外，另开一门词风，却不料首先受到来自本门门生的批评，苏门开阔豁朗的风气由此可见一斑。

苏轼与黄庭坚在诗坛上并称“苏黄”，他们经常在一起切磋诗艺。有一次，苏轼对黄庭坚说："你的诗文如同蝤蛑、江珧柱（均为海鲜），格韵高绝，令人禁不住要食之殆尽。但是又不能吃得太多，太多则容易发风动气。"黄庭坚也不客气，对苏轼说："您的文章的确盖世称妙，但所作的诗句与古人还是有一定的距离。"应当说，他们都指出了对方诗文的突出优点，也点出了他们的突出缺点。黄庭坚作诗追求特立独行的风格，品质上乘却不免流于单一；苏轼为文才情奔放，妙趣横生，但句法不免流于疏放，不甚规整（语载宋胡仔《苕溪渔隐丛话前集》）。

苏轼与黄庭坚都是当时知名的书法家，两人也经常在一起谈论书法。一次，苏轼评论黄庭坚的书法说："鲁直近字虽清劲，而笔势有时太瘦，几如树梢挂蛇。"黄庭坚反唇相讥，说："公之字固不敢轻议，然间觉褊浅，亦甚似石压蛤蟆。"说罢，二人相对而视，不由得哈哈大笑起来（语载宋曾敏行《独醒杂志》）。这种直击弊病所在的坦率风气，实在是非常难得。

苏轼作为苏门的导师与核心，在指导与帮助学生的时候，特别注意因材施教、因人而异采取不同的教导方式。

晁补之曾作《闵吾庐赋》，苏轼读罢，觉得写得很不错，但是也存在不少的问题。在苏轼看来，文章之道首先要以平和为基础，平和之上再曲尽变化都是可以的，设若平和不足，却先将精力放在奇丽变化方面，那么对今后的发展会非常不利。晁补之这篇赋的毛病正在于此。苏轼本来想直言相告，后来仔细想想，觉得晁补之天性敏感，如果自己以导师的身份直接指出他文章的毛病，势必会触动他的自尊心，那样反而不能取得修正错误的效果。思之再三，苏轼提笔给黄庭坚写了一封信，信中说："我不便将对这篇赋的意见直接告诉晁补之，怕伤了他的自尊，我把我的意见告诉你，你跟晁补之是朋友关系，什么话都好讲，你就权当是你自己的意见告诉他吧！"苏轼本是一个性格开朗、豪爽、狂放、不拘小节的人，但他在对待弟子的问题上用心极为细致，这就是他的胸怀、他的用心，是文坛宗主的风范和气派。

苏轼不只在学问上关照弟子，在生活上也关心他们。

李廌连年科举不中，家里经济很困难。苏轼在杭州做知州时，得到朝廷恩赐的一匹宝马。因为早在朝廷任翰林学士的时候，苏轼就得到过一匹朝廷赏赐的宝马，因此想将这匹马转赠给李廌。但是转念又一想，李廌家贫，也许会将这匹卖掉接济家用。既然是朝廷恩赐的马匹，市场上必不常见，如果说不清楚马匹的来源，反而容易惹来麻烦，所以最好还是给他写张字据，说明情况，以备不时之需。那么，这张小小的字据该如何写呢？且看：

> 元祐元年，予初入玉堂，蒙恩赐玉鼻骍。今年出守杭州，复沾此赐。东南例乘肩舆，得一马足矣，而李方叔未有马，故以赠之。又恐方叔别获嘉马，不免卖此，故为出公据。四年四月十五日，轼书。(《赠李方叔赐马券》)

大意是说：早在元祐元年，朝廷就曾赐给我一匹宝马，这次在杭州，朝廷又赐给我一匹宝马。在南方，出门都是坐轿子的，有一匹马就足够了，正巧李廌君没有坐骑，所以我就把这匹宝马转送给他。可是我又想，李廌将来也许还会得到更好的马，他看不上我这匹马，难免就想卖掉，所以特别写这样一个证明书，以便将来买马的人知道这匹朝廷恩赐之马的来由。

从这封小小的字据上，我们能够窥见一代文宗巨擘那颗体察入微的善心。久试不第、家境贫寒的李廌本来就非常敏感脆弱，可能还有一种特殊的自卑心理。对于别人的馈赠，虽然从实际情况来说很需要，但是从心底里却不免非常排斥。如何能够让李廌顺畅自然地接受这匹良马，又不至于损伤到他的自尊心，如何在字据中明确说明这匹马的前后来历，又不使李廌感到自卑难堪，这的确需要费一番心思。苏轼之所以愿意费这个心思，无非是要帮助这个遭遇困难的年轻人，用他自己的话来说："某非私之也，为时惜才也。"（《与鲜于子骏三首》其三）苏轼并没有将"苏门四学士""六君子"看作是自己的私人"财产"，而是将他们看作国家的栋梁，照顾他们的学业、生活，也就是在帮助国家培养人才。

苏轼是北宋最大的文学家，但他从来不以一代文宗、文坛领袖自居自傲。在他看来，能够与苏门诸学子交游是人生的一大乐事，是造物者对他的厚爱，他说：

> 每念处世穷困，所向辄值墙谷，无一遂者。独于文人胜士，多获所欲。如黄庭坚鲁直、晁补之无咎、秦观太虚、张耒文潜之流，皆世未之知，而轼独先知之。今足下又不见鄙，欲相从游，岂造物者专欲以此乐见厚也耶？（《答李昭玘书》）

显然，从苏门的形成与发展来看，他们不是以社会政治地位、官爵高下、利禄得失为基础、为前提聚拢在一起的，而是本着大体相近的政治理想、生活态度、文化志趣、文学好尚，本着景仰苏轼己立立人、己达达人的仁者胸怀与卓越才华而汇聚在他的门下。所以，对苏轼而言，他本无意自立门户而门户自然形成，也正因为如此，苏门诸学士在政治倾向与文学创作上，都保持了个人独立的见解与风格。

在苏轼的影响下，苏门文人一方面以群体的力量继承发扬前辈文人的文学事业，同时各自独特的文学个性也得以自由发展，这是元祐时代能够出现文学艺术全面繁荣的重要原因。苏门学子不仅造就了元祐文坛的辉煌，而且由文学而国事，对那个时期的政治生活也产生了诸多积极的影响。

苏轼以“临大节而不可夺”的政治品格、旷达超然的处世态度，体现了儒家君子的卓越风范，这种独特的人格魅力，深深吸引着苏门诸学士。在苏轼言传身教的影响下，他们将个人人格的独立与完善作为立身之本，进退出处，大节无亏。也正因为如此，苏门内部真诚而牢固，历久弥坚。他们在剧烈的政治波折中虽屡遭贬谴，却始终能够互相劝勉、互相鼓励、相互扶持、共渡难关，对苏门的政治立场、观点姑置不论，仅就这种始终如一、坚守不变的政治品格、政治道德，就非常值得世人尊敬，也令那些朝三暮四者为之汗颜。

放怀山水　穷达事理

宋神宗元丰三年二月，苏轼贬任黄州团练副使。在黄州的五年，是苏轼人生观的转捩点，“乌台诗案”的牢狱磨练，让苏轼的人生境界跨向另一个高度；虎口余生，使他的内心慢慢趋向于冷静而闲适；勤读佛书，令他的性格转向旷达而超脱。

苏轼饱尝宦海浮沉，三迁三贬，其间的经历与感悟却让他登上了文学创作高峰。苏辙曾说，在苏轼贬谪黄州之前，当世学者中，能够与自己相“上下”的只有兄长苏轼。但当苏轼“既而谪居于黄，杜门深居，驰骋翰墨，其文一变，如川之方至，而辙瞠然不能及也”（苏辙《亡兄子瞻端明墓志铭》）。苏轼自己也颇为自得地说：“近者新阕甚多，篇篇皆奇。”（《与陈季常书》）

从黄州时期开始，苏轼的文学创作呈现出“变”与“新”的特点。他写下了一系列抒发人生感慨和歌咏自然山水的作品，如最为人乐道的“赤壁三咏”（《念奴娇·赤壁怀古》《前赤壁赋》《后赤壁赋》），此外还有其他的记游作品，如《定风波·莫听穿林打叶声》（三月七日，沙湖道中遇雨。雨具先去，同行皆狼狈，余独不觉。已而遂晴，故作此词）：

丁酉夏 康震

康震

莫听穿林打叶声，何妨吟啸且徐行。竹杖芒鞋轻胜马，谁怕？一蓑烟雨任平生。　料峭春风吹酒醒，微冷。山头斜照却相迎。回首向来萧瑟处，归去，也无风雨也无晴。

这是苏轼被贬至黄州后的第三个春天所写的词作。那天，他与友人走在沙湖道上，突然遇到一阵风雨。同行的人，有的盲目奔跑开去，有的到处找地方躲雨，个个显得狼狈不堪，但苏轼却完全不以为意，拄着竹杖穿着芒鞋，在雨中从容前行。此处由风雨的一角推向整个人生，照应出“回首向来潇洒处，归去，也无风雨也无晴”，表现出不畏人生坎坷，处变不惊、安之若素的超然情怀。苏轼历经了多年的政治风波，自然界变化中的雨晴既属寻常，那社会人生中的政治起落、荣辱得失又何尝不是如此？既属寻常，那无论是“荣、得”之际或是“辱、失”之时，又何必在意？

元丰七年（1084），苏轼因神宗手诏“人才实难，弗忍终弃”而量移汝州团练副使。正月二十五日，苏轼离开黄州。四月二十四日，在好友刘格与参寥和尚的陪伴下，往游庐山。苏轼本因“山谷奇秀，平生所未见，殆应接不暇”而“发意不欲作诗”（《东坡志林》）。但是，苏轼游山的消息早已不胫而走，所到之处，山中僧俗纷纷前来致意。苏轼兴之所至，不觉脱口吟道：

芒鞋青竹杖，自挂百钱游。
可怪深山里，人人识故侯。（《初入庐山三首》其一）

青山若无素，偃蹇不相亲。
要识庐山面，他年是故人。（《初入庐山三首》其二）

秀美的庐山高耸入云，缭绕变幻的云雾将它轻轻遮蔽，宛若一位娇羞的美女，总是不肯露出美丽的容颜；如若要看清这庐山的真面目，还得数次来游庐山，方能得到她的信任，方能如老朋友般地与她亲近。

半月之后，在东林寺长老常总和尚的陪同下，苏轼又游览了西林寺。此时的苏轼虽已不再像刚来庐山时，觉得庐山“不相亲”，却依然能感觉它“偃蹇”如旧、神秘莫测。同一座山峰，同一种景物，但身处不同的位置，从不同的距离、角度来观察，竟可得到截然不同的印象。下山之前，苏轼在西林寺壁上题诗一首：

> 横看成岭侧成峰，远近高低各不同。
> 不识庐山真面目，只缘身在此山中。（《题西林壁》）

这首诗算是苏轼庐山之行的一个总结。在前面的诗中，苏轼说“要识庐山面，他年是故人”，强调反复体验对认识真相的重要性。这首诗说“不识庐山真面目，只缘身在此山中”，强调的是跳出局部，通观全局，从整体来认识事物的真相。换言之，身在局中以我观物，往往因困于局中而不能通达全体。正如看庐山，横看与侧看，远看与近看，站在高处与低处看，看到的景致往往不同。身在庐山，往往见林不见山；常在庐山，更是容易将庐山之美失为平常，而丝毫不能觉察出庐山之美了。

五月，苏轼告别庐山，来到鄱阳湖边的石钟山。与庐山相比，石钟山也许丝毫不能激发起大文豪苏东坡的游兴，但它却也是一座非常神奇的山，正因为此，苏轼才不惜绕道深夜前往探访。

关于石钟山名字的由来，有两种解释：郦道元认为是因为山脚下有深潭，水石相击，声如洪钟，因而得名；唐代李渤却认为是因为这里有两块石头，被敲击时发音类似钟声的缘故。苏轼对李渤的结论大不以为然：敲敲天下的石头，大都会发出高亢、浊重的声音，问题是，为什么独独称这座山为钟山呢？钟之为钟的原因究竟是什么？俗话说眼见为实，正好，自己眼下也并不急着去汝州报到，于是便借着送儿子苏迈去德兴就任县尉的机会到石钟山实地勘察了一番。

六月九日，苏轼父子俩来到湖口石钟山。暮夜，皓月当空，他与苏迈乘舟至石钟山下，听闻水上似有钟鼓齐鸣，仔细查看，原来山下多有石穴缝隙，波涛涌入，激荡回旋，发出巨大的轰鸣。小舟徐行至上、下钟山之间，发觉有巨石砥柱中流，其石中空，上有洞穴，大风呼啸入内，洪涛起伏其中，风水搏击，往来冲撞，犹如猛兽奇鬼在大钟内兴风作浪，如何能不发出"窾坎镗鞳"的声响？更与先前的"噌吰"之音相和，不叫石钟山叫什么？

看起来，郦道元的解释并没有错，所以苏轼对儿子说"古之人不余欺也"。但郦道元的解释显然过于简略，以至令人难以置信；李渤虽躬自考察，精神可嘉，但浅尝辄止，自以为得计，殊不知仅得表面之皮毛，其中真相犹不得知。那些高高在上的士大夫，虽然有文化有见识，却绝不肯在森然可怖的月夜乘舟考察什么石钟山的；一般的水工船夫虽然明白其中的原因，但谁也不会意识到这样的事情有什么离奇，既懒得对人家讲，更不会用笔写下来，一段千古悬隔的"石钟山命名之谜"就这样延续了好几百年，最终探明根由并以生花妙笔了却这段悬案的，居然是苏子瞻这样一个被贬偏郡的闲散犯官。

当然，如果不是苏子瞻，《石钟山记》这篇准地质考察报告又如何能够写得如此惊心动魄、异彩纷呈？天下人又有谁能够得知这个小小的石钟山呢？

作为文学史上的名篇，《题西林壁》和《石钟山记》，既是苏轼出游感受的记录，也是他这一时期人生思考的一个方面的艺术总结。著名学者王国维在《人间词话》中说："要入乎其内，又要超乎物外。”要了解庐山山水之美，就必须进入庐山；但要一窥庐山全貌，便需要置身庐山之外。对石钟山的考察也是如此。

苏轼对山水的体察与描写，反映出他思想认识的变化。这是苏轼历经了生活磨难之后，所产生的一种感悟，也就是说，当事者本人未必真正了解当事的真相、全貌和本质。当事者只有跳出当事，摆脱自我的成见，从不同的角度、侧面观察，才能真正认识到事物的真相与全貌。这就是庐山与石钟山给予苏轼的启示。

可爱东坡　伟大东坡

现在，让我们想想，苏东坡到底是怎样一个人？

人们都非常喜欢引用林语堂的一段话，作为对苏轼生动而准确的概括：

> 苏东坡是个秉性难改的乐天派，是悲天悯人的道德家，是黎民百姓的好朋友，是散文作家，是新派的画家，是伟大的书法家，是酿酒的实验者，是工程师，是假道学的反对派，是瑜伽术的修炼者，是佛教徒，是士大夫，是皇帝的秘书，是饮酒成瘾者，是心肠慈悲的法官，是政治上的坚持己见者，是月下的漫步者，是诗人，是生性诙谐爱、开玩笑的人。（《苏东坡传》）

虽然林语堂认为，“这些也许还不足以勾绘出苏东坡的全貌”，但我们从中已经感受到东坡特有的人格魅力：他在社会生活的各个方面都表现出特有的精神风采。换言之，在社会与艺术生活的各个领域，我们都能看到东坡的身影、东坡的参与、东坡的表现，都能感受到东坡的存在、东坡的影响、东坡的力量。而且，由于他所具有的天才的艺术表现力、极其诙谐幽默的个性、极其渊博的学识，以及对社会世事的深刻体验与洞察，使得这种参与、表现、影响与存在，展现出强烈的个性、开阔的视野、旷达的境界、艺术的美感……总而言之，林语堂的这个概括，展现出苏轼享有并创造生活的独特方式与魅力。这个享有与创造的过程是美的，具有一种不可抗拒的吸引力与感召力，成为萦绕在我们心头的一种具有永恒魅力的理想的生活方式、人格模式。这让我们感受到苏轼的可爱，也感受到苏轼的伟大。

苏轼给我们最强烈的第一个印象就是：特别富有生活的情趣，特别善于发现并创造生活的趣味。这种情趣与趣味并不因其或多或少的通俗格调而走向庸俗，相反，苏轼巧妙地将高雅的情趣与通俗的面目统一在一起，所以苏轼在世人与后人眼中，永远都是一个雅俗共赏的知识分子。本来，在我们的眼里，日复一日的枯燥生活似乎早已丧失了吸引力，但是在苏轼的眼中、笔下、话语间，如此无趣的生活却显现出极其活泼动人的一面。或者说，正是苏轼以他对生活的理解与感受，赋予了枯燥生活以鲜活、有趣的性格，他以自己特有的方式改造并创造生活。这也集中地体现在他与社会各阶层人群平等而友善的交往当中。正是在这种交往中，他自己充分地享受着各式各样生活的趣味与快乐，也让不同的人分享到了这样的趣味与快乐。

苏轼给我们最强烈的第二个印象就是：面对生活的苦难，表现出超然旷达的境界。苏轼的一生，经历了三次巨大的贬谪生涯，还有其他数不清的不如意与挫折，但是他却从来没有被这些挫折所打倒、所击垮。即便是在孤悬海外的儋州，孤独的他也依然笑面人生、苦中寻乐。其实，当一个人身处困厄之中的时候，他的生存状态、精神状态已经下降到正常人生的水平面以下，是一种负值人生。当此之际，如果还能够以平常、正常的生活心态来面对一切，那自然就是旷达与达观。换言之，超然旷达不是在平常生活之上更高的精神境界，而是个人境遇降至平常以下的时候，依然能够保持平常的生活态度。从这个意义上来说，平常是福，是生活的本质与第一义谛。东坡就身体力行地实践了这个真理。

苏轼给我们最强烈的第三个印象就是：他天才的文学创造力与表现力。苏轼是一个创作能力极强、创作精力极为旺盛的大文学家。在六十六年的生涯当中，他给我们留下二千七百多首诗、三百多首词、四千八百多篇文章，总数加在一起接近八千首（篇）。如果从二十多岁算起，他的创作生涯维持了长达四十余年的时间。更重要的是，这种长久、丰富的创造力，体现在诗、词、文等多种文学样式当中，名作佳作层出不穷、举不胜举，这在中国古代最杰出的文学家群体中，是非常罕见的。

苏轼给我们最强烈的第四个印象就是：他是中国古代历史上少有的文化全才。比如，从诗歌创作来说，他与门生黄庭坚并称“苏黄”，是宋代诗风形成最重要的奠基者、推动者之一；从词创作来说，他与南宋辛弃疾并称“苏辛”，是中国词史最杰出的词家之一，更是“豪放词派”的开创者；从散文创作来说，他与业师欧阳修并称“欧苏”，是宋代成就最大的散文家之一，极大地推动了古代散文的发展与成熟；从书法创作来说，他与黄庭坚、米芾、蔡襄并称“苏黄米蔡”，其书法风格自成一派，是北宋著名的书法四大家之一；从学术成就来说，他是北宋“蜀学”的代表人物，与当时以程颐为代表的“洛学”、以张载为代表的“关学”并驾齐驱……

在中国古代文化史上，还很少有人像苏轼这样，广泛地涉猎文、史、哲及其他艺术门类。有很多人可能在自己所擅长的某一领域中是最杰出的，但是没有一个人像苏轼这样在各个领域中都表现出了特别卓越和杰出的才华。这还不包括他在建筑、农业、绘画、宗教、饮食、医药、保健等方面所表现出的浓厚兴趣与深入研究。

但这些还远远不是苏轼最重要的价值与意义。

苏轼以他的亲身实践，为人们树立了一种理想人格的标准。这个理想人格可以用古圣先贤的两句话来表达：一是“诚意、正心、修身、齐家、治国、平天下”（《大学》）；二是“富贵不能淫、贫贱不能移、威武不能屈”（《孟子》）。苏轼的一生，不论遇到多么大的挫折与困难，不论遭遇到多少艰难曲折，都始终不曾放弃对国家、百姓的责任感，都始终坚持匡时救世的报国之志。无论他的生活境遇多么艰苦，个人地位发生了怎样的变化，面临怎样的威权压迫，他都始终敢于仗义执言、不吐不快，这不是急躁冒进的个人主义，而是一种独立自主的可贵人格，这正是苏轼可爱的地方，也是他伟大的地方。

在苏轼的身上，有李白旷逸超凡的神仙气，有杜甫执着坚守的忠义气，还有白居易穷达融通的从容风度、陶渊明采菊东篱下的悠然情怀。可以说，他的思想与人格，既是先贤圣哲传承而来的结晶，又是对所有这一切传统的融汇与开拓。正因为如此，苏轼在追求独立人格境界的同时却并不止于老庄的虚无悲凉，否则他的诗、词便不会那么一往情深；他在渴望现实人生圆融完善的同时却并不止于人伦亲情，否则他的文章便不会那么旷达、超逸。苏轼与他的诗、词、文章，总是如此的丰厚、充实、平静、温和，饱含着人间深情与超越的智慧。这正是他成熟的思想人格使然。

在苏轼之前的思想家与文学家们，都在努力寻找一种更加健全、完善的人格模式。文化繁荣、民生富庶的宋代社会，让这种努力逐渐成为可能。而苏轼则以他卓越的天才和学识，使这种努力最终成为现实。我们可以说，苏轼代表了中国古代知识分子最健全、最融通，也最为后人所仰慕的一种人格模式，这种人格模式的成熟与实现，是中国古代社会文化充分发展、发达的结果。

苏东坡，这个乐观主义者，伟大的文艺天才，老百姓最亲密的朋友，他将勤政爱国、关注民生的执着精神，达观自我、超然物外的旷逸气质，热爱生活、诙谐天真的盎然情趣，闲适优雅、从容不迫的潇洒风神完美地结合在一起，终于成就了一个可爱的苏东坡、伟大的苏东坡，成就了一个千百年来在百姓心目中永恒不朽的苏东坡。

主要参考书目

［宋］李焘《续资治通鉴长编》，中华书局 2004 年版

［宋］杨仲良《续资治通鉴长编纪事本末》，国家图书馆出版社 2003 年版

［元］脱脱《宋史》，中华书局 1985 年版

［清］毕沅《续资治通鉴》，上海古籍出版社 1987 年版

［清］黄以周《续资治通鉴长编拾补》，中华书局 2004 年版

［清］徐松《宋会要辑稿》，中华书局 1957 年版

［清］王文诰辑注，孔凡礼点校《苏轼诗集》，中华书局 1982 年版

孔凡礼点校《苏轼文集》，中华书局 1986 年版

邹同庆、王宗堂《苏轼词编年校注》，中华书局 2002 年版

薛瑞生《东坡词编年笺证》，三秦出版社 1998 年版

王水照《苏轼》，上海古籍出版社 1981 年版

曾枣庄《苏轼评传》，四川人民出版社 1984 年版

王水照、朱刚《苏轼评传》，南京大学出版社 1998 年版

王水照、崔铭《智者在苦难中超越—— 苏轼传》，天津人民出版社 2000 年版

林语堂《苏东坡传》，百花文艺出版社 2000 年版

曾枣庄《苏洵年谱》，四川人民出版社 1983 年版

颜中其《苏东坡轶事汇编》，岳麓书社 1984 年版

曾枣庄《苏轼年谱》，陕西人民出版社 1986 年版

四川大学中文系唐宋文学研究室《苏轼资料汇编》，中华书局 1994 年版
孔凡礼《苏轼年谱》，中华书局 1998 年版
孔凡礼《苏辙年谱》，学苑出版社 2001 年版
王水照《苏轼研究》，河北教育出版社 1999 年版
曾枣庄《三苏研究》，巴蜀书社 1999 年版
王水照《王水照自选集》，上海教育出版社 2000 年版
曾枣庄等《苏轼研究史》，江苏教育出版社 2001 年版
孙望、常国武主编《宋代文学史》，人民文学出版社 1996 年版
王水照主编《宋代文学通论》，河南大学出版社 1997 年版
杨海明《唐宋词史》，天津古籍出版社 1998 年版
袁行霈主编《中国文学史》（第三卷），高等教育出版社 1999 年版
吴熊和《唐宋词通论》，商务印书馆 2003 年版
谭其骧主编《中国历史地图集》（第六册，宋辽金时期），中国地图出版社 1982 年版
周宝珠、陈振主编《简明宋史》，人民出版社 1985 年版
白钢主编《中国政治制度通史》（第六卷，宋代），人民出版社 1996 年版
朱瑞熙等《辽宋西夏金社会生活史》，中国社会科学出版社 1998 年版
漆侠《中国经济通史》（宋代经济卷），经济日报出版社 1999 年版
姚瀛艇主编《宋代文化史》，河南大学出版社 1999 年版
徐吉军等《中国风俗通史》（宋代卷），上海文艺出版社 2001 年版

苏轼诗词选读选评

诗

和子由渑池怀旧

人生到处知何似？应似飞鸿踏雪泥。
泥上偶然留指爪，鸿飞那复计东西。
老僧已死成新塔，坏壁无由见旧题。
往日崎岖还记否？路长人困蹇驴嘶。

【古人点评】

此诗若绳以唐人律体，大概疏直欠工。然“鸿泥”之谕，直是造理，前人所未到也。且悠然感慨，令人动情，世不可率尔读之，要须具眼。

——元刘埙《隐居通议》卷10

游金山寺

我家江水初发源，宦游直送江入海。
闻道潮头一丈高，天寒尚有沙痕在。
中泠南畔石盘陀，古来出没随涛波。
试登绝顶望乡国，江南江北青山多。
羁愁畏晚寻归楫，山僧苦留看落日。
微风万顷靴文细，断霞半空鱼尾赤。

是时江月初生魄，二更月落天深黑。
江心似有炬火明，飞焰照山栖鸟惊。
怅然归卧心莫识，非鬼非人竟何物。
江山如此不归山，江神见怪惊我顽。
我谢江神岂得已，有田不归如江水。

【古人点评】

起二句将万里程、半生事一笔道尽，恰好由岷山导江至此处海门归宿，为入题之语。中间“望乡国”句，故作羁望语，以环应首尾。“微风万顷”四句，写出空旷幽静之致。忽接入“是时江月”一段，此不过记一时阴火潜燃景象耳。后思及江神见怪而终之以归田，矜奇之语，见道之言，想见登眺徘徊俯视一切。

——清汪师韩《苏诗选评笺释》卷1

六月二十七日望湖楼醉书五首（其一）

黑云翻墨未遮山，白雨跳珠乱入船。
卷地风来忽吹散，望湖楼下水如天。

【古人点评】

阴阳变化开合于俄顷之间，气雄语壮，人不能及也。

——清纪昀《苏文忠公诗集》卷7

望海楼晚景五绝（其二）

横风吹雨入楼斜，壮观应须好句夸。
雨过潮平江海碧，电光时掣紫金蛇。

【古人点评】

“雨过潮平江海碧”七字极有斟酌，确是逐日闲坐楼上看潮人语。

——清潘德舆《养一斋诗话》卷8

新城道中二首（其一）

东风知我欲山行，吹断檐间积雨声。
岭上晴云披絮帽，树头初日挂铜钲。
野桃含笑竹篱短，溪柳自摇沙水清。
西崦人家应最乐，煮芹烧笋饷春耕。

【古人点评】

起有神致。三四自恶，不必曲为之讳。又“絮帽”“铜钲”，究非雅字。

——清纪昀《苏文忠公诗集》卷9

於潜僧绿筠轩

可使食无肉，不可居无竹。
无肉令人瘦，无竹令人俗。
人瘦尚可肥，士俗不可医。
旁人笑此言，似高还似痴。
若对此君仍大嚼，世间那有扬州鹤。

【古人点评】

此不成诗，而流传众人之口，须知其以语句浅俗、便于援引而传，非以诗之工而传也。

——清赵克宜《角山楼苏诗评注汇钞附录》卷中

有美堂暴雨

游人脚底一声雷，满座顽云拨不开。
天外黑风吹海立，浙东飞雨过江来。
十分潋滟金樽凸，千杖敲铿羯鼓催。
唤起谪仙泉洒面，倒倾蛟室泻琼瑰。

【古人点评】

余雅不好宋诗而独爱东坡，以其诗声如钟吕，气若江河，不失于腐，亦不失于郛。由其天分高，学力厚，故纵笔所之，无不精警动人。不特在宋无此一家手笔，即置之唐人中，亦无此一家手笔也。……公集中无论长篇短幅，任举一句，皆具大魄力。如《有美堂暴雨》……其声直震百里，谁能有此？

——清李调元《雨村诗话》卷下

小儿

小儿不识愁，起坐牵我衣。
我欲嗔小儿，老妻劝："儿痴。
儿痴君更甚，不乐愁何为。"
还坐愧此言，洗盏当我前。
大胜刘伶妇，区区为酒钱。

【古人点评】

其旷达如此。

——明瞿佑《归田诗话》

百步洪二首（其一，节选）

长洪斗落生跳波，轻舟南下如投梭。
水师绝叫凫雁起，乱石一线争磋磨。
有如兔走鹰隼落，骏马下注千丈坡。
断弦离柱箭脱手，飞电过隙珠翻荷。
四山眩转风掠耳，但见流沫生千涡。

【古人点评】

用譬喻为文，是轼所长。此篇摹写急浪轻舟，奇势迭出，笔力破余地，亦真是险中得乐也。后幅养其气以安舒，犹时见警策，收煞得住。

——清汪师韩《苏诗选评笺释》卷 2

初到黄州

自笑平生为口忙，老来事业转荒唐。

长江绕郭知鱼美，好竹连山觉笋香。

逐客不妨员外置，诗人例作水曹郎。

只惭无补丝毫事，尚费官家压酒囊。

【古人点评】

子建称孔北海文章多杂以嘲戏，子美亦戏效俳谐体，退之亦有寄诗杂谈诙俳，不独文举为然。自东方生而下，祢处士、张长史、颜延年辈，往往多滑稽语。大抵才力豪迈有余，而用之不尽，自然如此。……坡集类此不可胜数。《黄州》云："只惭无补丝毫事，尚费官家压酒囊。"……皆斡旋其章而弄之，信恢刃有余，与血指汗颜者异矣。

——宋黄徹《䂬溪诗话》卷 10

东坡

雨洗东坡月色清，市人行尽野人行。

莫嫌荦确坡头路，自爱铿然曳杖声。

【古人点评】

"莫嫌荦确坡头路，自爱铿然曳杖声"，此类句出自天成，人不可学。

——清王文诰《苏文忠公诗编注集成总案》卷 22

正月二十日，与潘、郭二生出郊寻春，忽记去年是日同至女王城作诗，乃和前韵

东风未肯入东门，走马还寻去岁村。
人似秋鸿来有信，事如春梦了无痕。
江城白酒三杯酽，野老苍颜一笑温。
已约年年为此会，故人不用赋《招魂》。

【古人点评】

三、四亦用“似”字、“如”字，觉意味深长，沧浪《春睡》诗相去天渊矣。盖意不犹人，辞复超妙，坡仙所以独绝也。

——元方回《瀛奎律髓汇评》卷10

惠崇春江晓景二首（其一）

竹外桃花三两枝，春江水暖鸭先知。
蒌蒿满地芦芽短，正是河豚欲上时。

【古人点评】

指点景象，饶有余味，正以题画佳耳，若实赋则味减。

——清赵克宜《角山楼苏诗评注汇钞》卷12

泛颍（节选）

上流直而清，下流曲而漪。
画船俯明镜，笑问汝为谁。
忽然生鳞甲，乱我须与眉。
散为百东坡，顷刻复在兹。

【古人点评】

“画船俯明镜……水中少磷缁”，游戏成篇，理趣具足，深于禅理，手敏心灵。

——清查慎行《初白庵诗评》卷中

纵笔三首（其一）

寂寂东坡一病翁，白须萧散满霜风。
小儿误喜朱颜在，一笑那知是酒红。

【古人点评】

山谷云："诗意无穷，而人之才有限，以有限之才，追无穷之意，虽渊明、少陵不得工也。然不易其意而造其语，谓之换骨法；窥入其意而形容之，谓之夺胎法。"……东坡南中作诗云："小儿误喜朱颜在，一笑那知是酒红。"凡此之类，皆夺胎法也。学者不可不知。

——宋惠洪《冷斋夜话》卷1

吾谪海南，子由雷州，被命即行，了不相知，至梧乃闻尚在藤也，旦夕当追及，作此诗示之

九疑联绵属衡湘，苍梧独在天一方。
孤城吹角烟树里，落日未落江苍茫。
幽人拊枕坐叹息，我行忽至舜所藏。
江边父老能说子，白须红颊如君长。
莫嫌琼雷隔云海，圣恩尚许遥相望。
平生学道真实意，岂与穷达俱存亡。
天其以我为箕子，要使此意留要荒。
他年谁作舆地志，海南万里真吾乡。

【古人点评】

"落日未落江苍茫"，有景有情。"幽人拊枕坐叹息"，屡称"幽人"，其实非谪宦之称。"江边父老能说子"，入得飘忽，凡手定有数行转折。"圣恩尚许遥相望"，东坡难得如此和平。"天其以我为箕子"，比拟不伦。

——清纪昀《苏文忠公诗集》卷41

汲江煎茶

活水还须活水烹，自临钓石汲深清。
大瓢贮月归春瓮，小杓分江入夜瓶。
茶雨已翻煎处脚，松风忽作泻时声。
枯肠未易禁三碗，坐听山城长短更。

【古人点评】

东坡《煎茶》诗云：“活水还须活火烹，自临钓石汲深清。”第二句七字而具五意：水清，一也；深处汲清者，二也；石下之水，非有泥土，三也；石乃钓石，非寻常之石，四也；东坡自汲，非遣卒奴，五也。“大瓢贮月归春瓮，小杓分江入夜瓶”，其状水清美极矣。“分江”二字犹难下。“茶雨已翻煎处脚，松风忽作泻时声”，此倒语也，尤为诗家妙法。论到最后一句，杨引诗作“枯肠未易禁三碗，坐听山城长短更”。谓“山城更漏无定，‘长短’二字有无穷之味”。

——宋杨万里《诚斋诗话》

澄迈驿通潮阁二首（其二）

余生欲老海南村，帝遣巫阳招我魂。
杳杳天低鹘没处，青山一发是中原。

【古人点评】

东坡七绝亦可爱，然趣多致多，而神韵却少。……独“余生欲老海南村，帝遣巫阳招我魂。杳杳天低鹘没处，青山一发是中原”则气韵两到，语带沉雄，不可及也。

——清施补华《岘佣说诗》

六月二十日夜渡海

参横斗转欲三更，苦雨终风也解晴。

云散月明谁点缀？天容海色本澄清。

空余鲁叟乘桴意，粗识轩辕奏乐声。

九死南荒吾不恨，兹游奇绝冠平生。

【古人点评】

绍圣四年丁丑，东坡在惠州，年六十二矣。五月，再谪琼州别驾，昌化军安置，即儋州也。以六月二十日夜渡海，七月十三日至儋州。或谓尾句太过，无省愆之意，殊不然也。章子厚、蔡卞欲杀之，而处之怡然。当此老境，无怨无怒，以为兹游奇绝，真了生死、轻得丧天人也。四诗可一以此意观。

——元方回《瀛奎律髓汇评》卷43

赠岭上老人

鹤骨霜髯心已灰，青松合抱手亲栽。

问翁大庾岭头住，曾见南迁几个回？

【古人点评】

东坡还至庾岭上，少憩村店，有一老翁出，问从者曰："官为谁？"曰："苏尚书。"曰："是苏子瞻欤？"曰："是也。"乃前揖坡曰："我闻人害公者百端，今日北归，是天佑善人也。"东坡笑而谢之，因题一诗于壁间云……

——宋曾敏行《独醒杂志》卷2

自题金山画像

心似已灰之木，身如不系之舟。

问汝平生功业，黄州惠州儋州。

【古人点评】

按《金山志》："李龙眠画子瞻照，留金山寺，后东坡过金山，自题云云。”周必大《乾道庚寅奏事录》亦载此诗。

——清查慎行《初白庵苏轼补注》卷48

词

蝶恋花（送春）

雨后春容清更丽。只有离人，幽恨终难洗。北固山前三面水，碧琼梳拥青螺髻。　一纸乡书来万里。问我何年，真个成归计。白首送春拚一醉，东风吹破千行泪。

【古人点评】

（熙宁七年甲寅）得乡书，作《蝶恋花》。

——明傅藻《东坡纪年录》

少年游（润州作）

去年相送，余杭门外，飞雪似杨花。今年春尽，杨花似雪，犹不见还家。　对酒卷帘邀明月，风露透窗纱。恰似姮娥怜双燕，分明照、画梁斜。

【古人点评】

有感于雪中行役，作《少年游》

——清王文诰《苏文忠公诗编注集成总案》卷11

虞美人（有美堂赠述古）

湖山信是东南美，一望弥千里。使君能得几回来？便使尊前醉倒、且徘徊。　沙河塘里灯初上，水调谁家唱？夜阑风静欲归时，惟有一江明月、碧琉璃。

【古人点评】

陈述古守杭，已及瓜代。未交前数日，宴僚佐于有美堂，因请二车苏子瞻赋词。子瞻即席而就，寄《摊破虞美人》。

——宋杨绘《时贤本事曲子集》

沁园春（孤馆灯青）

孤馆灯青，野店鸡号，旅枕梦残。渐月华收练，晨霜耿耿，云山摛锦，朝露漙漙。世路无穷，劳生有限，似此区区长鲜欢。微吟罢，凭征鞍无语，往事千端。　当时共客长安，似二陆初来俱少年。有笔头千字，胸中万卷，致君尧舜，此事何难？用舍由时，行藏在我，袖手何妨闲处看。身长健，但优游卒岁，且斗尊前。

【古人点评】

公时由海州赴密，不复绕道至齐，一视子由，故其词如此耳。

——清王文诰《苏文忠公诗编注集成总案》卷10

蝶恋花（密州上元）

灯火钱塘三五夜，明月如霜，照见人如画。帐底吹笙香吐麝，此般风味应无价。　寂寞山城人老也，击鼓吹箫，乍入农桑社。火冷灯稀霜露下，昏昏雪意云垂野。

【古人点评】

（熙宁八年乙卯）公在密州。上元，作《蝶恋花》。

——明傅藻《东坡纪年录》

江城子（密州出猎）

老夫聊发少年狂，左牵黄，右擎苍。锦帽貂裘，千骑卷平冈。为报倾城随太守，亲射虎，看孙郎。　酒酣胸胆尚开张，鬓微霜，又何妨？持节云中，何日遣冯唐？会挽雕弓如满月，西北望，射天狼。

【古人点评】

所索拙诗，岂敢措手，然不可不作，特未暇耳。近作小词，虽无柳七郎风味，亦自是一家，呵呵。数日前，猎于郊外，所获颇多。作得一阕，令东州壮士抵掌顿足而歌之，吹笛击鼓以为节，颇壮观也。写呈取笑。

——宋苏轼《苏轼文集》卷53

浣溪沙（簌簌衣巾落枣花）

簌簌衣巾落枣花，村里村北响缲车。牛衣古柳卖黄瓜。　酒困路长惟欲睡，日高人渴漫思茶。敲门试问野人家。

【古人点评】

“牛衣古柳卖黄瓜”，非坡仙无此胸次。

——清王士祯《花草蒙拾·春晓亭子》

卜算子（缺月挂疏桐）

缺月挂疏桐，漏断人初静。时见幽人独往来，缥缈孤鸿影。　惊起却回头，有恨无人省。拣尽寒枝不肯栖，寂寞沙洲冷。

【古人点评】

东坡道人在黄州时作。语意高妙，似非吃烟火食人语。非胸中有万卷书，笔下无一点尘俗气，孰能至是！

——宋黄庭坚《山谷全书·正集》卷25

水龙吟（次韵章质夫《杨花词》）

似花还似非花，也无人惜从教坠。抛家傍路，思量却是，无情有思。萦损柔肠，困酣娇眼，欲开还闭。梦随风万里，寻郎去处，又还被、莺呼起。　不恨此花飞尽，恨西园、落红难缀。晓来雨过，遗踪何在，一池萍碎。春色三分，二分尘土，一分流水。细看来，不是杨花，点点是离人泪。

【古人点评】

《水龙吟》“细看来，不是杨花，点点是离人泪。”调则当是“点”字断句，意则当是“花”字断句。文自为文，歌自为歌，然歌不碍文，文不碍歌，是坡公雄才自放处。他家间亦有之，亦词家一法。

——宋杨湜《古今词话·毛稚黄论词》

定风波（莫听穿林打叶声）

莫听穿林打叶声。何妨吟啸且徐行。竹杖芒鞋轻胜马。谁怕，一蓑烟雨任平生。　料峭春风吹酒醒，微冷。山头斜照却相迎。回首向来萧瑟处，归去，也无风雨也无晴。

【古人点评】

此足征是翁坦荡之怀，任天而动。琢句亦瘦逸，能道眼前景，以曲笔直写胸臆，倚声能事尽之矣。

——清郑文焯《大鹤山人词话》

浣溪沙（山下兰芽短浸溪）

游蕲水清泉寺。寺临兰溪，溪水西流。

山下兰芽短浸溪，松间沙路净无泥。萧萧暮雨子规啼。　谁道人生无再少？门前流水尚能西。休将白发唱黄鸡。

【古人点评】

黄州东南三十里为沙湖，亦曰螺师店。予买田其间，因往相田得疾。闻麻桥人庞安常善医而聋，遂往求疗。安常虽聋，而颖悟绝人，以纸画字，书不数字，辄深了人意。余戏之曰：“余以手为口，君以眼为耳，皆一时异人也。”疾愈，与之同游清泉寺。寺在蕲水郭门外二里许，有王逸少洗笔泉，水极甘，下临兰溪，溪水西流。余作歌云……是日剧饮而归。

——宋苏轼《东坡志林》卷1

西江月（世事一场大梦）

世事一场大梦，人生几度秋凉？夜来风叶已鸣廊，看取眉头鬓上。　酒贱常愁客少，月明多被云妨。中秋谁与共孤光，把盏凄然北望。

【古人点评】

东坡升沉去住，一生莫定，故开口说梦。如云“人间如梦”“世事一场大梦”“未转头时皆梦”“古今如梦，何曾梦觉”“君臣一梦，今古空名”，屡读之，胸中鄙吝，自然消去。

——清黄氏《蓼园词评》

水调歌头（黄州快哉亭赠张偓佺）

落日绣帘卷，亭下水连空。知君为我，新作窗户湿青红。长记平山堂上，攲枕江南烟雨，渺渺没孤鸿。认得醉翁语，山色有无中。　一千顷，都镜净，倒碧峰。忽然浪起，掀舞一叶白头翁。堪笑兰台公子，未解庄生天籁，刚道有雌雄。一点浩然气，千里快哉风。

【古人点评】

东坡登平山堂，怀醉翁，作此词。张嘉甫谓予曰：“时红妆成轮，名士堵立，看其落笔置笔，目送万里，殆欲仙去尔？”余衰退，得观此于祐上座处，便觉烟雨孤鸿在目中矣！

——宋惠洪《石门文字禅》卷27

阳关曲（中秋作）

暮云收尽溢清寒，银汉无声转玉盘。此生此夜不长好，明月明年何处看。

【古人点评】

高适《九日》诗云:“纵使登高只断肠，不如独坐空搔首。”老杜有“羞将短发还吹帽，笑倩旁人为整冠”，亦反其事也。结句云:“明年此会知谁健，醉把茱萸仔细看。”与刘希夷“今年花落颜色改，明年花开复谁在”之意同。气长句雅，俱不及杜。戴叔伦《对月》云:“明年此夕游何处，纵有清光知对谁。”欲脱其胎而不可，盖才力不逮也。东坡用其意，作《中秋月》诗云:“此生此夜不长好，明月明年何处看。”遂成绝句。

——宋范晞文《对床夜语》卷3

鹧鸪天(林断山明竹隐墙)

林断山明竹隐墙，乱蝉衰草小池塘。翻空白鸟时时见，照水红蕖细细香。　村舍外，古城旁。杖藜徐步转斜阳。殷勤昨夜三更雨，又得浮生一日凉。

【古人点评】

此词从陶诗中得来，逾觉清异，较“浮生半日闲”句，自是诗词异调。论者每谓坡公以诗笔入词，岂审音知言者?

——清郑文焯《大鹤山人词话》

减字木兰花(立春)

春牛春杖，无限春风来海上。便与春工，染得桃红似肉红。　春幡春胜，一阵春风吹酒醒。不似天涯，卷起杨花似雪花。

【古人点评】

(绍圣五年戊寅)正月立春日，作《减字木兰花》词。

——清王文诰《苏文忠公诗编注集成总案》卷42

后记

苏东坡也许是中国人最喜欢的文学家。

林语堂说，一提到苏东坡，总会引起人亲切敬佩的微笑。的确，在苏轼的身上，总是弥漫着一股令人着迷的气息。那是艺术天才、渊博学者、踏月酒徒与爽直诙谐个性的神奇组合。事实上，苏东坡的知名度与魅力要远远大于苏子瞻。在大众眼里，东坡这个称呼具有更浓厚的草根意味，更为平易近人，也因此在民间拥有更大的影响力。

这就是为什么我要讲授苏轼的一个重要原因。

毫无疑问，苏轼是宋代最大的文学家，他的诗、词、文都有很高的成就，在朝野、民间广为传诵。他也是当时重要的政治家、思想家，几乎经历、参与了所有重大的政治事件；作为“蜀学”的领袖，他拥有自己独立的学说体系。因此，要讲好、写好苏轼，很不容易，需要下苦功夫、硬功夫。我以前虽然也写过一些关于苏轼的文字，课堂上更是多次讲授苏轼与宋代文学，但要真正在语言、文字中全面展示苏轼的个性、思想与风采，还得踏踏实实地重新做些功课。

比如，要重新阅读苏轼具有代表性的文学作品，这是了解苏轼的核心，也是研究苏轼的前提；要重新研读与苏轼相关的历史文献、文学文献，这是认识苏轼的关键，也是研究苏轼的基础；还要重新翻阅学术界的相关研究成果，了解苏轼研究的新进展、新情况，这是进一步理解、阐述苏轼的基础与参照系。总之，面对博大精深而又意趣盎然的苏东坡，只有扎扎实实地做好案头工作，才能真实、科学地展示他的人格、思想与文学，才能无愧于观众、读者，无愧于苏轼，也无愧于自己。

苏轼讲座结束后，我就开始着手撰写这本书。

这是一个更加艰苦的过程，需要重新设计框架结构，重新设置章节内容，还要考虑如何将评论与叙说更好地结合起来……为此，必须花较大的力气反复研读苏轼的重要作品，及其相关的文献史料笔记，力求对苏轼的生命、思想有更深入的认识。有时候，为了核实查证有关材料，为了核准几个事实的正误，往往要花费一两天的时间；而为了一个结论的准确表述，一段推论的逻辑、语法，往往也要字斟句酌、反复权衡方才罢手。对于书中所描述的人物事件与言语行为，也都力求做到以文献为依托，以事实为依据，绝不妄下断论，绝不随意猜度……

这个过程有时不免显得烦琐甚至枯燥，但乐趣也往往就在其中——毕竟，不是每个古代作家都能像苏东坡这样点燃后来者的激情与渴望，点燃现代人对遥远岁月的想象与眺望，点燃他们对诗词歌赋之美的追求与向往。从这个意义上来说，写作苏轼与其说是一个科学的过程，倒不如说是一个激情燃烧的美学过程。

总之一句话，我讲苏轼、写苏轼，就是因为喜欢他、敬爱他，就是因为他有喜有悲的人生、有声有色的诗词、有情有义的个性……不仅如此，我还希望与更多的人分享自己的喜爱与敬爱，希望通过自己的讲座、著述，让更多的人了解那个说不尽、道不完的苏东坡。现在，经过近一年的写作，这本小书终于要与大家见面了。虽然还有许多不尽如人意的地方，但就我而言，也算是对自己的苏轼情结有了一个小小的交代。

本书能够顺利出版，得到了许多人的帮助与支持。

著名苏轼研究专家、复旦大学中文系教授王水照先生，热情关注《苏轼》讲座，给予我许多鼓励与支持，在此表示衷心的感谢！著名古典文学专家、诗人、南京师范大学文学院教授钟振振先生，赋诗二首以为书序，又为本书欣然题签。恩师的垂爱奖掖，我永志不忘。

感谢中央电视台社教中心教育专题部副主任魏淑青女士，对我的讲座，她始终给予热情鼓励，令我充满信心。感谢《百家讲坛》栏目制片人万卫先生、策划解如光先生，从他们身上，我学到了不少书本以外的宝贵经验。感谢总导演高虹先生、编导组孟庆吉先生、郭巧红女士、李伟宏女士、王珊女士。从《诗仙李白》《诗圣杜甫》到《苏轼》《李清照》，每一期讲座的完成，都饱含着他们的劳动与智慧，也见证着我们彼此的深厚友情。

这是我在中华书局出版的第二本书。先前出版的《评说李清照》装帧清雅，雕印精美，令人心悦神怡。此番《评说苏东坡》的出版，再次得到中华书局总经理李岩先生、副总编辑顾青先生的关心支持。编辑室宋志军主任、娄建勇先生为审读、编辑书稿付出很多精力，在此一并表示感谢！

复旦大学中文系朱刚副教授惠赐珍藏的苏轼画像图片，同济大学中文系崔铭副教授赐予大著，对此高情厚谊，我深表感激。陈珀如女士在繁忙的工作之余，协助修葺、润饰书稿的部分文字、标题，付出许多的劳动与心血。对她的古道热肠与敬业精神，我表示由衷的钦佩与感激。我的研究生冷林蔚、杨鑫也曾协助整理、校对书稿，出力甚多，在此也表示感谢！

《苏轼》播出前后，我收到来自全国各地观众的来函、来电，表达对我的鼓励与支持，谢谢大家！我所在的北京师范大学、文学院及其中国古代文学研究所的领导、同事们，对我的讲座非常支持，给我许多宝贵的意见建议，谢谢你们！“百度贴吧——康震吧”的各位朋友始终关心支持我的工作，在此谨表谢意！本书在撰写中，有不少出版社表达出版意愿，对他们的厚爱也表示感谢！

本书参考了学术界苏轼研究的部分成果，书的末尾列出了部分主要参考文献、书目，其余限于体例、篇幅未能一一列举、注明，在此谨表示最衷心的感谢！学术界的长期研究与积累，是《苏轼》讲座成功的基础，也是这本小书得以顺利出版的基石。我自己的一点体会与思考，是微不足道的。

我的父母与家人始终关注着我的工作，没有他们的支持，这本书是不可能顺利面世的。家里的“小虎子”，已经成长为一名小学一年级学生，他让我在繁忙的工作中时时感受到生活的温情与活力。

最后，感谢苏东坡！是他，让我们在这个喧嚣忙乱的时代，依然能感受到一丝旷朗的清风迎面吹来；是他，让我们再回首，重新走过一段美的历程！

康震

丁亥岁冬

北京师范大学丽泽楼

再版后记

苏东坡是中国文化的宠儿和骄傲，更是中国文化的重要标识。有关他的文字、著述，实在太多了，多一本看不出多，少一本书看不出少，我这本《苏东坡》也许只能算是一种表白，一种崇敬偶像的真情表白。

苏轼常说自己“上可陪玉皇大帝，下可以陪卑田院乞儿”，“眼前见天下无一个不好人”（《蓼花洲闲录》）。他身边总是围绕着众多的好友和仰慕者，总是拥有熙熙攘攘的热闹。但我想，要真正走近东坡并不容易。他才华横溢、待人和善，但有时也会忍不住挖苦那些才能平平的人；他重情重义、爱憎分明，但有时不免意气用事，爱得太偏心，恨得太固执；他诙谐幽默、乐观通达，但有时说话“把门不严”，说者无意，听者有心，给自己无端招来麻烦……

这也许才是那个真实的东坡先生。他不是圣人，优点很多，缺点也不少，他身上的毛病我们可能也有，他身上的长处又让我们感到与他的差距。他好像是一个邻家大叔，但这个大叔是如此光彩辉煌，所以我们才会如此敬仰他、热爱他、崇拜他。

感谢中华书局决定再版这本书，使我能够与广大读者再次分享与苏轼有关的一切感受。感谢中华书局掌门人徐俊、顾青，以及申作宏、陈虎、傅可、孙永娟等诸位先生、女士，他们为这本小书的再版，付出很多心血。感谢我的学生周云磊、向飞、王聪、杨一泓，她们帮我认真核校书稿，润色插画，还协助处理一些冗务！《芥子园画传》《一词一画》给我很多启发，谨表谢意！感谢家人的照顾！感谢儿子为本书题写书名！感谢读者多年来的关心支持！

谨将这本小书献给亲爱的爸爸妈妈，祝您们健康长寿！

康震

2017 年 9 月 23 日秋分